# 视频序列运动目标检测与跟踪

瞿中　安世全　著

北京

## 内 容 简 介

本书以视频序列中运动目标检测与跟踪技术为核心，对运动目标检测与跟踪理论和方法进行探讨，吸纳国内外相关运动目标检测与跟踪技术的精华，阐述基于K-means、AdaBoost和LBP背景建模的特征分类以及Otsu结合肤色检测的微动目标提取算法；设计利用SVM方法提取HOG特征分类器对行人人体进行检测的算法、基于前景模板和Camshift相结合的目标跟踪算法；实现双层Codebook模型和短时滑动窗口相结合的背景更新方法，解决外部干扰问题，保证粒子多样性，减少计算量和时间复杂度；提出一种基于轨迹网格化分析的运动目标徘徊检测方法。

本书所有实验结果及分析均取自作者所在研究团队工作的研究成果，具有一定的前沿性和实用性。

本书既可作为高等院校计算机相关专业的数字图像处理、计算机视觉等专业教材或教学参考书，也可作为通信工程、电子信息工程、电子科学与技术、自动化等相关专业读者的数字图像处理课程教材，还可供相关工程师及应用开发人员参考。

**图书在版编目(CIP)数据**

视频序列运动目标检测与跟踪/瞿中，安世全著. —北京：科学出版社，2018.1

ISBN 978-7-03-055030-9

Ⅰ. ①视… Ⅱ. ①瞿… ②安… Ⅲ. ①运动目标检测-研究 ②目标跟踪-研究 Ⅳ. ①TP72 ②TN953

中国版本图书馆CIP数据核字(2017)第267239号

责任编辑：张艳芬 / 责任校对：桂伟利
责任印制：师艳茹 / 封面设计：陈 敬

科学出版社 出版
北京东黄城根北街16号
邮政编码：100717
http://www.sciencep.com

北京凌奇印刷有限责任公司 印刷

科学出版社发行 各地新华书店经销

*

2018年1月第 一 版 开本：720×1000 1/16
2018年1月第一次印刷 印张：15 1/2 插页：2
字数：299 000

POD定价： 139.00元
(如有印装质量问题，我社负责调换)

# 前　言

运动目标检测与跟踪是计算机视觉、图像处理和模式识别等相关领域的研究热点，其核心是对视频序列进行有效的分析和处理，包括运动目标检测、识别和跟踪等技术。近年来，运动目标检测与跟踪技术得到了快速发展，相关理论取得进一步突破，且结合其他学科提出的新方法广泛应用于实际工程项目中。本书的主要目的是研究视频序列中的运动目标检测与跟踪技术，为读者在相关领域的进一步学习和研究奠定基础。

本书研究视频中的微动目标特征提取与分类，分析基于边缘特征和 SURF 的图像特征提取技术，设计基于 K-means、AdaBoost 和 LBP 背景建模的特征分类以及 Otsu 结合肤色检测的微动目标提取算法，并提出阴影去除方法。同时，利用多线程技术实现坐席视频通话系统，能够对实时视频、录制视频或序列图像进行背景替换并输出结果，还可以将处理结果实时传输到用户手机上。

本书利用 SVM 方法提取 HOG 特征分类器对行人人体进行检测，采用 AdaBoost 算法提取 Haar-Like 特征和 MB-LBP 特征生成特征分类器对行人人头进行检测，设计三帧间差分算法，改进粒子滤波方法中的剩余重采样流程并降低均方根误差和平均运行时间。结合运动目标检测限定粒子滤波算法中粒子的采样范围，增加粒子代表性且提高跟踪效率和准确率。

针对混合高斯背景建模过程中容易出现的残影问题，利用优化学习率的方法对传统混合高斯背景模型方法进行优化，本书设计基于前景模板和 Camshift 相结合的目标跟踪算法，提出基于运动目标关键帧的遗留物主提取方法，实现双混合高斯背景模型的遗留物检测系统，并提高算法实时性和准确率。

在 YUV 颜色空间中，本书设计双层 Codebook 模型和短时滑动窗口相结合的背景更新方法，解决目标交叉、遮挡、光线和阴影等干扰，减少计算量和时间复杂度；根据连续多帧中目标位置估计目标的运动方向，重点选择该方向的粒子进行重采样，提高粒子滤波跟踪的效率和准确性；采用随机蕨丛和改进的 2Bit-LBP 特征训练分类器，使得检测器与跟踪器同时运行，提高目标跟踪的准确性和实时性。

本书通过提取运动目标的特征并设计合理的判断依据，检测目标穿越警戒线、逆向运动、突然加速、行人的跌倒等异常行为。同时，对运动目标轨迹进行网格化分析，统计轨迹在网格中的分布情况，设计一种基于目标轨迹网格化分析的徘徊检测方法，判定目标徘徊行为并进行跟踪报警。

本书是作者近八年来科学研究和研究生教学实践的结晶，历时两年写成。作者承担多项与运动目标检测与跟踪理论有密切关系的研究工作，在研究工作中参阅大量文献，经过深入分析论证，归纳成现在的体系。书中采用的视频和图像均来自公开的数据集或作者和研究生所在实验室采集的数据。全书由瞿中、安世全撰写，白羚、廖春梅、赵从梅、刘帅、柴国华、徐梦茹、耿明月、鞠芳蓉、陈宇翔、吴戈、王腾锋、陈思琪、黄旭、张玲、危学明、徐芳琳、曹悦欣、刘京、吕磊、王升烨、黄晓凌、孟琦、郭帅、文倩云、赵栋梁、辛宁、张亢、张宁、姚倩、关兴、马庆伟、张庆庆等研究生参与了实验分析、系统实现、文字校对等工作，在此表示感谢。

本书得到了重庆高校优秀成果转化资助重点项目(KJZH14219)、重庆邮电大学出版基金的资助，在此一并表示感谢。

限于作者水平，书中难免存在不妥之处，恳请读者批评指正，并提出宝贵意见，以便进一步完善。可请将您的宝贵意见和建议发送至 quzhong@hotmail. com。

作　者

2017 年 10 月

# 目 录

# 第 1 章　运动目标检测与跟踪概述

人类的视觉系统是以大脑为核心的高级信息处理系统，可同时获得时间和空间上的信息。科学研究证实，人类约 80％的外界信息都是通过视觉系统获取，人们观察运动目标，通过人眼视觉系统对其运动状态、轨迹以及行为等进行分析和预测[1]。随着数字图像处理、人工智能、模式识别等相关科学技术理论的快速发展，计算机被赋予视觉，从而可以模拟人眼视觉处理系统，运动目标检测与跟踪技术也成为数字图像处理、计算机视觉、人工智能等相关领域的研究热点，被广泛应用于安防、智能机器人、现代军事、智能交通等领域。

本书主要介绍运动目标检测与跟踪基础知识、视频序列中的微动目标检测方法、视频序列中的运动目标跟踪方法、行人检测和流量统计方法、视频序列中的遗留物检测方法以及运动目标异常行为检测与跟踪方法等。本书的总体框架如图 1.1 所示。

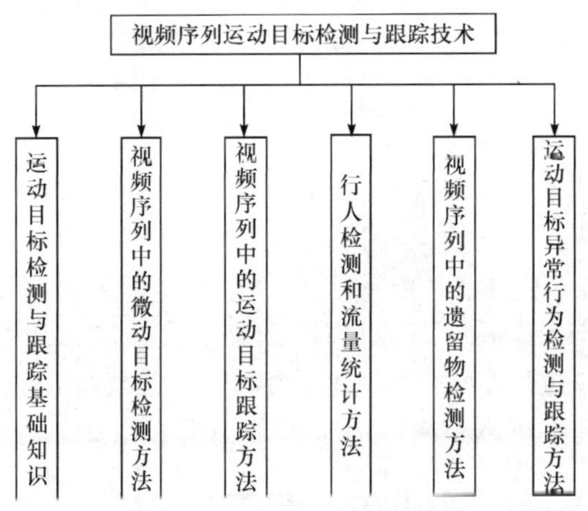


图 1.1　视频序列运动目标检测与跟踪技术总体框架

## 1.1　运动目标检测与跟踪的发展及现状

### 1.1.1　运动目标检测与跟踪的发展

进入 21 世纪以来，随着全球经济的飞速发展和工业化、城市化进程的不断加快，城镇人口比例在不断增大，私有车辆也越来越多，由此引发的社会安全和交通安全问题逐渐呈现出多元化、复杂化的增长趋势，引起各国政府相关部门及社会机构对视频监控技术的高度重视，由此成为运动目标检测与跟踪技术研究得以发展的重要社会动力。同时，伴随着计算机通信技术、运算技术和信息技术的发展，以及计算机硬件基础、图形图像和视频处理技术的不断提升，基于视频序列的运动目标检测与跟踪技术得到了快速发展，相关技术研究成果也得到广泛应用。

运动目标检测与跟踪技术已经有近 20 多年的研究历史，这项技术的研究内容主要涉及运动目标检测与提取、运动目标跟踪、运动目标识别、运动目标行为分析和理解等诸多方面，是计算机视觉研究的重要分支。对运动目标检测与跟踪技术的深入研究不但具有实际的研究价值，而且对计算机视觉其他领域的发展也具有重要的促进作用。

运动目标检测技术最初的应用主要是在视频监控系统中，常见于商业和军事上的应用，特别是具有高安全要求的金融机构、机场、政府部门等。但是，随着人们生活水平和要求的不断提高，针对人们自身生活环境的安全要求也越来越高。此外，接连不断发生的恐怖事件和犯罪分子的作案手段越来越高明等，各国政府和普通民众越来越清晰地认识到，这些人的犯罪活动不仅给国家带来名誉的损失，还会直接或者间接影响到经济和社会的发展，更重要的是严重威胁普通民众的日常生活和生命财产安全。因此，在人们的日常生活和商业活动中，诸如购物商场、银行以及各种大型娱乐活动等场所都安装了视频监控，应用运动目标检测技术对监控范围内出入的车辆或行人进行监控[2,3]。

运动目标跟踪技术在军事方面、安全监控、智能交通、视觉导航、医疗诊断以及气象分析等方面也有着广泛的发展和应用前景。军事方面，主要采用电视跟踪和红外跟踪技术，具体应用如导弹制导、空间飞行体和靶场测量等；安全监控方面，如通过摄像机实现动态场景视频跟踪监控，现已被广泛应用于社区、大型公共场所等；智能交通中，可以进行车辆的实时检测和跟踪，能够实时监控车流量、车速、车流密度、交通事故、违章逃逸车辆等交通状况，用于实时地智能交通调度和处理。

### 1.1.2 运动目标检测与跟踪的国内外研究现状

运动目标检测与跟踪作为数字图像处理和计算机视觉的一个热门研究领域在人类生产生活中具有很大经济效益和应用价值，一直以来吸引着大量学者对其进行深入研究，但是受环境复杂、目标运动状态多样性等客观因素影响，目前还无法找到一个在所有条件下都适用的方法。近年来，国内外学者提出了许多方法用于改进运动目标检测和跟踪技术，其目的就是为了提高运动目标检测和跟踪技术在不同应用条件下的准确性、实时性、鲁棒性，但是目前对运动目标检测与跟踪的研究依然面临着巨大挑战。

### 1. 国外研究现状

国外众多知名的高等院校和科研机构对运动目标检测与跟踪技术进行了持续深入的研究。到目前为止,运动目标检测领域取得了巨大进展,例如,美国卡内基梅隆大学的学者 Lipton 等对帧间差分算法进行了深入研究,提出了有效的改进算法;美国马里兰大学的学者 Davis 领导的研究小组一直致力于动态目标的研究,改进了传统背景模型算法;麻省理工学院的学者 Stauffer 等又对背景模型算法进行了改进研究,将背景模型的建立改进为自适应的过程。

在运动目标跟踪领域,国外对视频跟踪理论的研究起步较早。20 世纪中期,GAC 公司就开发出了地形识别跟踪系统,并将其应用于军事领域中。20 世纪 80 年代,美国国家科学基金会对复杂环境中目标检测和跟踪做了深入研究,为此领域的研究做了大量工作。英国雷丁大学科研团队主要对车辆和行人的跟踪进行了总体的研究和开发。美国马里兰大学学者研制的实时视觉监控系统 W4,不仅能实现对人的身体部分的定位,而且能实现多人的跟踪。

与此同时,国际学术期刊和学术会议也对运动目标检测与跟踪技术的发展做出了巨大贡献。主要的学术期刊有模式分析与机器智能(*IEEE Transactions on Pattern Analysis and Machine Intelligence*)、国际计算机视觉学报(*International Journal of Computer Vision*)、图像处理(*IEEE Transactions on Image Processing*)、计算机视觉与图像理解(*Computer Vision and Image Understanding*)、模式识别(*Pattern Recognition*)等;主要的学术会议有计算机视觉与模式识别会议(International Conference on Computer Vision and Pattern Recognition,CVPR)、国际计算机视觉学术会议(International Conference on Computer Vision,ICCV)、欧洲计算机视觉会议(European Conference on Computer Vision,ECCV)、亚洲计算机视觉会议(Asian Conference on Computer Vision,ACCV)、国际模式识别会议(International Conference on Pattern Recognition,ICPR)等,这些学术期刊和会议报道了当前运动目标检测与跟踪技术的相关研究热点和进展。

### 2. 国内研究现状

相比国外,国内针对运动目标检测与跟踪技术的研究起步较晚,但通过各大高校和科研机构近年来的研究探索,国内学者在运动目标检测与跟踪领域也做出了重大贡献。

在运动目标检测与跟踪技术领域,很多高校和科研机构进行了深入的研究,例如中国科学院北京自动化研究所的模式识别国家重点实验室对视频监控中交通异常行为和异常事件进行了研究,取得了可喜的成果;清华大学以人们生存的自然环境作为视频研究对象,对真实场景中视频内容进行了深入研究;西安交通大学开发出了智能车辆跟踪系统。但是,我国在运动目标跟踪方面还存在很多问题,如存在数据不能实时处理、图像质量较差、跟踪目标丢失等,这需要国内相关领域的学者共同努力来解决,以不断推动运动目标检测与跟踪技术的发展。

## 1.2 运动目标检测与跟踪技术

运动目标检测与跟踪技术是智能视频监控领域的核心技术,为后续监控中的目标识别、行为识别、场景理解等提供重要信息来源与技术基础。运动目标检测与跟踪技术直接操作于输入图像,通过合理的图像数据表达与分析,挖掘所关注目标的位置与形态特征,并将这些信息传递给后续计算机视觉分析系统,完成进一步的分析与处理。

### 1.2.1 运动目标检测技术简介

运动目标检测范围包括行人检测、车辆检测、物品检测、区域运动检测、粒子或生物体检测等。目标检测技术既可以面向单幅图像,也可以面向视频中的某一帧图像,图像既可以是可见光图像,也可以是红外、微波或其他成像方法获得的数字图像。运动目标检测的目的是从视频序列中将变化区域从背景中提取出来,首先用摄像机按一定时间间隔获取运动目标的视频图像,经视频采集卡将视频信号传输到计算机,利用计算机程序对其进行相关处理,然后检测出感兴趣的运动目标。运动目标检测的基本流程如图 1.2 所示。

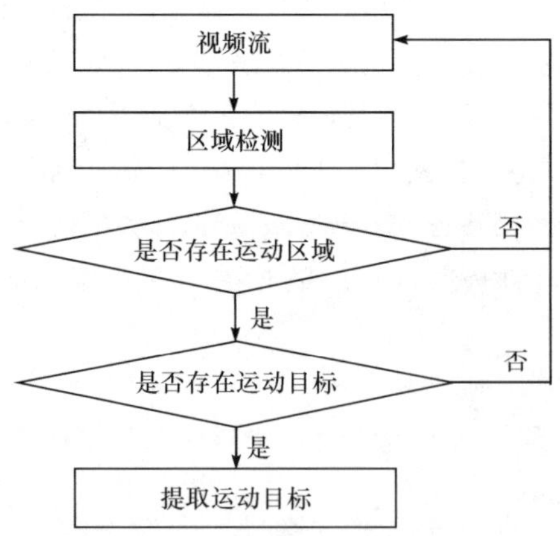


图 1.2 运动目标检测的基本流程

目前常用的运动目标检测方法主要有以下几种。

1. 基于光流的检测方法

光流是空间运动目标在观测成像上像素运动的瞬时速度。光流法[4]是指建立在光流场基础上，先从图像中提取光流场，结合图像特征信息来进行目标检测。光流场包含图像速度的大小和方向，同时描述了运动目标从上一幅图像到下一幅图像对应像素点之间的位移信息。图 1.3 为物体移动时的光流场，图 1.3(a)为物体远离时的光流场，图 1.3(b)为物体右移时的光流场。

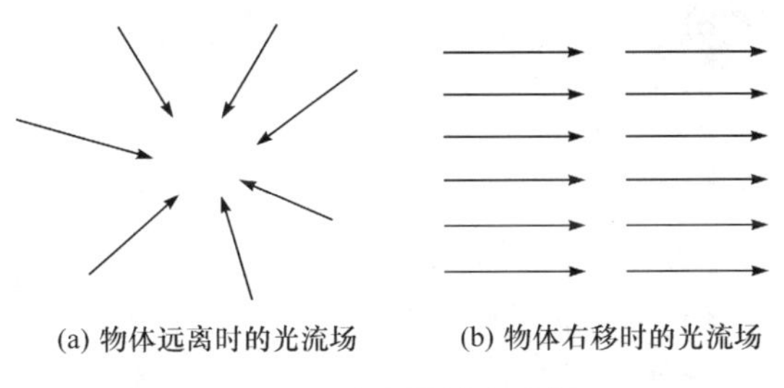

(a) 物体远离时的光流场　(b) 物体右移时的光流场

图 1.3　物体移动光流场

光流法的研究是利用视频序列中像素强度数据的时域变化和相关性来确定各自像素位置的“运动”，研究的是图像灰度在时间上的变化与景象中物体结构及其运动的关系。将二维图像平面特定坐标点上的灰度瞬时变化率定义为光流矢量。Shafie 等[5]提出的方法是通过对视频图像运动场进行构建，并结合视频中运动目标在时间和空间上的信息，以此对目标的运动信息进行描述。该方法可以在没有预知场景信息的情况下对视频中的运动目标进行检测，并且能够克服拍摄过程中产生的背景移动，对视频中的运动目标进行精确测速。光流法的缺点是：当检测区域的灰度等级变化不明显时，不能够对运动目标进行有效的检测。另外，当视频场景中的光线发生改变时，即使场景中没有运动目标，光流法也会检测出光流；当三维场景中的图像投射到二维空间时，图像中必然会损失一些灰度和亮度信息，这就导致该方法在检测运动目标时会存在孔径和遮挡，使得无法精确检测二维运动场景中的目标。由于该方法的计算复杂度高，因为为了保证算法的实时性，在实际工程应用中需要有特定的硬件作为支撑。

2. 基于帧间差分的检测方法

帧间差分法是一种通过对视频序列中相邻两帧进行“相减”运算来检测运动区域的方法[6]。其基本原理是：当视频中有区域发生变化时，相邻帧之间会有明显的不同，从而可以对相邻两帧作差并与预先设定的阈值比较来确定视频序列中的运动区域。帧间差分法也适用于动态背景中的运动目标检测，该算法计算量少且容易实现，能够对目标进行快速检测，但是在处理实际问题时，帧间差分法也出现了一些无法避免的问题，例如，检测的目标不完整，对光线比较敏感，当场景中的亮度变化过快时会对检测结果产生影响。另外，检测目标的速度过快或者过慢都会对检测结果产生影响，过慢可能无法有效检测到目标，过快可能检测到两个目标，从而影响帧间差分法在实际问题中的广泛应用[7]。

许多学者对帧间差分法进行了研究：例如，Bang 等[8]在研究中使用团块背景减方法进行运动目标和区域检测；Widyawan 等[9]在研究中使用帧差分法和动态模板匹配方法实现自适应运动检测；Chen 等[10]在研究视频监控中的火焰检测和分割算法中，对帧间差分法进行了深入研究。这些学者从不同的角度，对帧间差分法进行了改进，克服了基本帧间差分法的缺点，更加准确地对运动目标进行检测。

3. 基于背景减除的检测方法

背景减除法[11]是先建立一个背景模型，然后将模型与视频序列逐帧比较，若视频图像帧与所建立的背景模型的同一位置相同，则被认定为背景并更新背景模型，否则即为运动目标。背景减除法原理简单、易于实现且适应动态的背景变化，目前已成为运动目标检测领域的研究热点。背景建模是背景减除法的关键环节，常用的背景建模方法有高斯背景建模法、核密度估计建模法和 Codebook 背景建模法。

Stauffer 等[12]提出的混合高斯模型算法为图像中每个像素点建立多个高斯模型，检测时若当前图像帧中的像素点与模型匹配，则判定该点为背景点并及时更新背景，否则判定为前景点。高斯背景模型适用于动态背景情况，但算法对全局光照变化敏感，还存在参数调整困难、计算复杂度高、实时性差等缺陷。非参数核密度估计建模方法是通过每个像素点的历史数据建立非参数分布的背景模型，然后通过设定合适的阈值来进行前景检测[13]。与混合高斯模型相比，该算法准确度更高，但占用内存大、计算复杂且实时性差。Kim 等[14]提出的 Codebook 背景模型算法在 RGB 颜色空间中用码本(codebook)来描述像素点，用亮度范围和颜色扭曲度模型判断标准来构建背景[15]。该算法易于实现，适用于背景绝对静止的情况，但其在 RGB 色彩空间建模，亮度信息和色度信息融合，故导致计算冗余度大。

### 1.2.2 运动目标跟踪技术简介

运动目标跟踪技术是对视频序列的运动目标进行跟踪，其中的目标是引起兴趣的各类运动本体，如行人、车辆、飞机、导弹、基本粒子或星体等。目标跟踪的目的与目标检测相似，即获取目标当前时刻在图像中的位置或存在区域，不同的是目标跟踪需要保持目标的时空一致，即要求算法能够识别或区分不同时间出现在视频序列图像中的目标是否为同一目标。运动目标跟踪是以运动目标检测为基础，利用提取出来的运动信息，在连续帧中寻找与目标特征匹配的位置，最终获得运动目标的完整运动轨迹过程。运动目标跟踪的基本流程如图1.4所示。

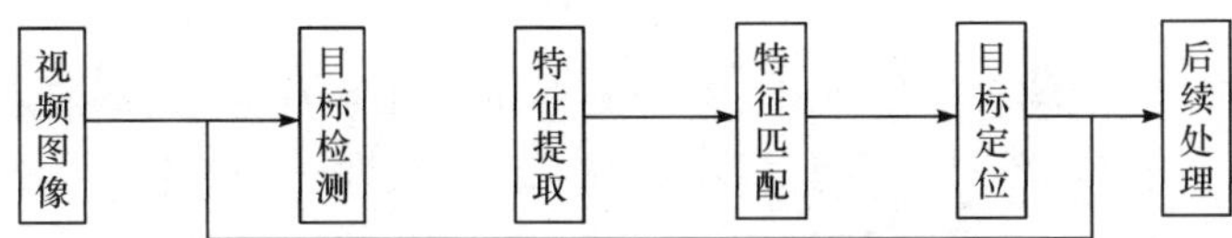


图1.4　运动目标跟踪的基本流程

目前常用的运动目标跟踪方法主要有以下几种。

1. 基于区域特征的跟踪方法

基于区域特征的跟踪方法中，首先要得到运动目标并建立目标模板，利用目标区域信息(如运动目标的质心、外接矩形框、目标区域的大小等)来对前后帧图像区域进行匹配，即要计算不同的区域信息特征项之间关联性的最大值，来确定运动目标在当前帧中的位置，实现目标在场景中位置的跟踪。由于基于区域特征的图像匹配和基于区域特征的图像分割过程联系比较紧密，因此可以利用跟踪—分割联合的方法进行目标跟踪。例如，Brox等[16]利用图像分割结果进行运动目标定位，反过来利用定位目标位置对图像的分割效果进行修正，从而对连续的运动目标进行跟踪。

基于区域特征的跟踪方法根据其处理场景复杂程度的不同，跟踪的效果也不同。在背景单一的环境中，该方法可以得到准确效果；但是，目标的运动状态和外部形状是复杂多变的，如目标旋转、外形变化、光照变化等，在这些情形下无法实现区域信息的匹配，使用这种方法将会导致跟踪失败。原始的基于区域特征的匹配跟踪方法是对整幅图像进行处理，运算消耗较大，实时性较差，限制了其在实际工程中的应用。

2. 基于轮廓特征的跟踪方法

基于轮廓特征的跟踪方法计算量要少很多。该方法首先采用一定的规则获得目标外部轮廓，并将其当做匹配模板，将随后的视频帧图像二值化，对图像中的目标轮廓特征进行匹配，找到当前帧中目标运动位置，实现目标跟踪。该类方法中，比较经典的是Kass等[17]提出的主动轮廓模型，又称为Snake模型，是一种常用的基于边缘信息的跟踪算法。基于轮廓特征的跟踪方法可以动态地对目标外部轮廓进行更新，能够很好地应对目标外部形状发生变化，实现有效跟踪。但是，获得目标轮廓的初始模板是其研究的核心，也是难点。由于运动目标在运动过程中不可避免地会发生目标与目标之间或者目标与背景物体之间的遮挡，此时目标的完整外部轮廓就不能实时得到，因此无法实现轮廓信息匹配，不能有效对目标进行跟踪。

### 3. 基于目标特征的跟踪方法

基于目标特征的跟踪中方法中，首先在前期处理中建立目标模型，在后续的每一个视频帧中，通过一个或者几个特征信息（如目标颜色、纹理、边缘等）进行匹配来寻找目标的位置，实现对目标的跟踪[18]。该方法是基于最优相关匹配理论，因此可以忽略运动目标的整体性，即使目标的一部分被遮挡，只要有一些特征点可见，仍然可以继续进行目标的跟踪。基于目标特征的跟踪算法容易实现，能够对任何运动目标进行跟踪，同时对目标的形变、亮度和尺度变化不是很敏感。该方法关键在于如何选取和筛除具有代表性的特征。这种跟踪方法也有不足之处，当目标发生旋转以及运动速度不是匀速或者匀加速时，部分特征会消失，而新的特征会增加进来，从而导致发生漏检、特征增加或特征减少等现象。因此，基于目标特征的跟踪方法一般主要应用于图像比较清晰、纹理信息比较丰富的大目标跟踪场合，颜色特征中的颜色直方图在基于特征匹配的跟踪方法中使用较为广泛。为了使跟踪更有效，还可以增加多种特征来进行匹配，以适应不同环境下的目标跟踪。

### 4. 基于运动特征的跟踪方法

基于运动特征的跟踪方法中，利用历史视频帧中目标的运动信息在整幅图像范围内进行搜索，找到能够和前面视频帧中目标特征相匹配的目标范围，或者将搜索范围通过检测技术限定在较小范围内，只需在预测目标的大致位置附近范围进行查找，在小范围内完成对目标的搜索。此类方法中值得一提的有 Kalman 滤波算法[19]和粒子滤波算法[20]。

Kalman 滤波理论是 Kalman 在 1960 年提出的一个滤波理论，该理论突破了经典的 Wiener 滤波理论所表现出的局限性，将处理的信息当做状态分量，通过把状态模型引入最优滤波理论，用状态方程描述系统的动态模型，利用观测方程来提供系统的状态测量信息，并使用 Hilbert 空间[21]中的映射理论解决最优状态估计的问题，Kalman 滤波理论针对具有高斯分布噪声[22]的线性特征系统能够得到系统状态的递归最小均方估计，可以用来处理服从高斯分布的运动情况。

基于序列重要性采样[23]的蒙特卡罗(Monte Carlo)[24]方法早在 20 世纪 50 年代就被学者提出来应用于统计学。粒子滤波是一种基于蒙特卡罗方法和递推贝叶斯估计的统计滤波方法。其基本思想是：根据系统状态向量的经验条件分布在状态空间利用一群带权重的随机样本，及样本粒子来表示系统的随机后验概率分布，根据测量不断调整粒子的权重和位置，通过调整后的粒子信息修正最初的经验条件分布。其实质是使用由粒子及其权重组成的离散随机测度近似相关的概率分布，并且根据算法递推更新离散随机测度。当样本容量很大时，这种蒙特卡罗描述就近似于状态变量真实的后验概率密度函数。该方法适用于任何能用状态空间模型表示的非高斯背景的非线性随机系统，是一种很有效的非线性滤波技术，已经开始广泛应用于运动目标跟踪、计算机视觉等领域。

## 1.3　运动目标检测与跟踪的技术难点

由于运动目标检测与跟踪技术之间存在着本质上的共性，因此它们之间的很多算法原理是相通的，两种技术在一定程度上也能相互融合、相互促进。例如，近年来提出的跟踪后检测（tracking before detection，TBD）、基于在线检测的目标跟踪以及 TLD（tracking learning detection）跟踪框架，这些技术思路和技术框架都是检测与跟踪技术融合的产物。大量针对运动目标检测问题或跟踪问题所提出的新算法，经过适当的调整通常能够同时解决另一类问题。例如，针对目标检测技术提出的方向梯度直方图（histogram of oriented gradient，HOG）特征[25]、积分通道特征[26]被广泛应用于运动目标跟踪算法[27]；支持向量机（support vector machine，SVM）[28]、贝叶斯网络（Bayesian networks，BN）[29]、自适应增量学习（AdaBoost）[30]等检测分类模型，以及相应的增量式在线学习形式也应用于目标跟踪；主成分分析（principal component analysis，PCA）[31]、均值漂移（meanshift）[32]等方法可同时应用于目标检测与跟踪。

正是两种技术的互融性，使目标检测与目标跟踪技术同时面临着许多技术难题与挑战。本书将从以下几个方面进行研究和论述：

(1) 对复杂背景视频中的微动目标特征提取与分类算法进行研究，分析基于边缘特征和基于 SURF（speeded up robust features）算法的图像特征提取技术，解决基于 K-means、AdaBoost 和基于局部二元模式（local binary patterns，LBP）背景建模的特征分类以及大津（Otsu）法结合肤色检测的微动目标提取难题，并设计阴影去除方法，使其达到处理时间要求又能够防止闭合区域出现孔洞等现象。

(2) 采用多线程技术实现复杂背景视频中微动目标检测与提取的坐席视频通话系统，使其满足并发要求并有效提高处理效率，能够对实时视频序列进行背景替换并输出结果，也能够对录制视频或单幅图像进行处理，还可以将背景替换后的视频序列实时传输到用户手机上。

(3) 利用 SVM 方法提取 HOG 特征分类器对行人身体进行检测，采用 AdaBoost 算法提取 Haar-Like 特征和 MB-LBP（multiscale block local binary pattern）特征生成特征分类器对行人头部进行检测，设计三帧间差分算法对运动信息区域的人的头部目标尺寸变化去除误检目标，改进粒子滤波方法中的剩余重采样流程并降低均方根误差和平均运行时间。结合运动目标检测限定粒子滤波算法中粒子的采样范围，增加粒子代表性且提高跟踪效率和准确率。

(4) 针对混合高斯背景建模过程中容易出现的残影问题，利用优化学习率的方法对传统混合高斯背景模型方法进行优化,设计基于前景模板和 Camshift 相结合的目标跟踪算法,提出基于运动目标关键帧的遗留物主提取方法,实现双混合高斯背景模型的遗留物检测系统,并提高算法实时性和准确率。

(5) 在 YUV 颜色空间中,设计双层 Codebook 模型和短时滑动窗口相结合的背景更新方法,解决背景颜色、目标交叉、遮挡、光线和阴影等干扰难题,在保证粒子多样性的前提下减少计算量和时间复杂度。根据连续多帧中目标位置估计目标的运动方向,拟重点选择该方向的粒子进行重采样,增加粒子多样性,抑制粒子退化速度,缩小粒子的搜索范围,提高粒子滤波跟踪的效率和准确性。采用随机蕨丛和改进的 2Bit-LBP 特征训练分类器,使得分类器与跟踪器同时运行,提高目标跟踪的准确性和实时性。

(6) 通过提取运动目标的特征并设计合理的判断依据,定义目标穿越警戒线、进入警戒区域、逆向运动、突然加速、行人的跌倒、蹲下、伸开双臂等异常行为,解决对运动目标的加速奔跑、跌倒、徘徊等异常行为的检测等难题。同时,对运动目标轨迹进行网格化分析,统计轨迹在网格中的分布情况,设计一种基于目标轨迹网格化分析的徘徊检测方法,判定目标徘徊行为并进行跟踪。

## 1.4 本章小结

本章主要介绍了运动目标检测与跟踪的发展及现状、运动目标检测与运动目标跟踪技术、运动目标检测与跟踪的技术难点,重点介绍了运动目标检测技术和运动目标跟踪技术,并针对目前存在的问题提出了解决方法。

### 参考文献

[1] 赵栋梁. 改进快速粒子滤波算法的多目标检测与跟踪系统设计[D]. 重庆:重庆邮电大学硕士学位论文,2016.

[2] Brasnett P, Mihaylova L, Bull D, et al. Sequential Monte Carlo tracking by fusing multiple cues in video sequences[J]. Image and Vision Computing, 2007, 25(8): 1217-1227.

[3] Hidayatullah P, Konik H. Camshift improvement on multi-hue object and multi-object tracking[C]//International Conference on Electrical Engineering and Informatics, Paris, 2011: 143-148.

[4] Song X J, Seneviratne L D, Althoefer K. A Kalman filter integrated optical flow method for velocity sensing of mobile robots[J]. IEEE/ASME Transactions on Mechatronics, 2010, 16(3): 551-563.

[5] Shafie A A, Fadhlan Hafiz, Ali M H. Motion detection techniques using optical flow[J]. World Academy of Science on Engineering and Technology, 2009, 56(7): 559-561.

[6] Cheng Y H, Wang J. A motion image detection method based on the inter-frame difference

method[J]. Applied Mechanics and Materials,2014,15(12):1283-1286.

[7] 张庆庆. 智能监控系统中的异常行为检测研究[D]. 重庆:重庆邮电大学硕士学位论文,2012.

[8] Bang Jiwoong,Dsewon Kim,Hyeonsang Eom. Motion object and regional detection method using block-based background difference video frames[C]//The 18th International Conference on Embedded and Real-time Computing Systems and Applications, Seoul, 2012: 350-357.

[9] Widyawan,Muhammad Ihsan Zul,Lukito Edi Nugroho. Adaptive motion detection algorithm using frame differences and dynamic template matching method[C]//The 9th International Conference on Ubiquitous Robots and Ambient Intelligence,Daejeon,2012:236-239.

[10] Chen N,Ding F. Flame object segmentation by an improved frame difference method[C]//The 3rd International Conference on Digital Manufacturing and Automation,Guilin,2012: 422-425.

[11] Kyu Suhr,Ho Gi Jung,Gen Li,et al. Mixture of Gaussians-based background subtraction for bayer-pattern image sequences[J]. IEEE Transactions on Circuits and Systems for Video Technology,2011,21(3):365-370.

[12] Stauffer C,Grimson W E L. Adaptive background mixture models for real-time tracking[C]//IEEE Computer Society Conference on Computer Vision and Pattern Recognition,Fort Collins,1999:246-252.

[13] Li D W,Xu L H,Goodman E. A fast foreground object detection algorithm using kernel density estimation[C]//IEEE International Conference on Signal Processing,Beijing,2012: 703-707.

[14] Kim K,Chalidabhongse T H,Harwood D,et al. Real-time foreground background segmentation using codebook model[J]. Real Time Imaging,2005,11(3):167-256.

[15] 瞿中,马庆伟,张庆庆. 多线程下的视频微动目标检测与提取算法研究[J]. 计算机科学,2012,39(4):265-268.

[16] Brox T,Rousson M,Deriche R,et al. Colour,texture,and motion in level set based segmentation and tracking[J]. Image and Vision Computing,2010,28(3):376-390.

[17] Kass M,Witkin A,Terzopoulos D. Snakes:Active contour models[J]. International Journal of Computer Vision,1988,1(4):321-331.

[18] 关兴. 智能监控中运动目标的行为探测跟踪算法研究[D]. 重庆:重庆邮电大学硕士学位论文,2013.

[19] Liu C Y,Shui P L,Li S. Unscented extended kalman filter for target tracking[J]. Systems Engineering and Electronics,2011,2(22):188-192.

[20] Sherrah J,Ristic B,Redding N J. Particle filter to track multiple people for visual surveillance[J]. Computer Vision,2011,5(4):192-200.

[21] Liang X,Ni Z H. Hyper-ellipsoidal statistical classifications in a reproducing kernel Hilbert space[J]. IEEE Transactions on Neural Networks,2011,22(6):968-975.

[22] 陈书贞,葛曼,练秋生,等. 基于两步图像重建的鲁棒相位恢复算法[J]. 计算机学报,2016,39(53):1-15.

[23] Hammersley J M, Morton K W. Poor man's Monte Carlo[J]. Royal Statistical Society, 1954,16(1):23-38.

[24] Zhou X Z, Lu Y, Lu J W, et al. Abrupt motion tracking via intensively adaptive markov-chain Monte Carlo sampling[J]. IEEE Transactions on Image Processing, 2012, 21(2): 789-801.

[25] Dalal N, Triggs B. Histograms of oriented gradients for human detection[C]//Computer Vision and Pattern Recognition, San Diego, 2005:886-893.

[26] 汤义,黄建军,赖勉力,等. 基于积分通道特征的异常行为检测算法[J]. 科学技术与工程,2016,16(21):284-288.

[27] 黎万义,王鹏,乔红. 引入视觉注意机制的目标跟踪方法综述[J]. 自动化学报,2014,40(4):561-576.

[28] Cortes C, Vapnik V. Support-vector networks[J]. Machine Learning, 1995, 20(3):273-297.

[29] Codec M, Leistoer C, Saflfari A, et al. On-line random naïve bayes for tracking[C]//The 20th International Conference on Pattern Recognition(ICPR), Istanbul, 2010:3545-3548.

[30] 张亢. AdaBoost 和粒子滤波相结合的运动目标检测与跟踪算法研究[D]. 重庆:重庆邮电大学硕士学位论文,2014.

[31] 胡暾,赵佳佳,曹原,等. 基于显著性及主成分分析的红外小目标检测[J]. 红外与毫米学报,2010,3(4):303-306.

[32] Deilamani M J, Asli R N. Moving object tracking based on mean shift algorithm and features fusion[C]//2011 International Symposium on Artificial Intelligence and Signal Processing (AISP), Tehran, 2011:48-53.

# 第 2 章　运动目标检测与跟踪基础知识

近年来，对视频序列中运动目标进行视觉分析已成为计算机视觉领域中一个重要研究方向，其核心内容是从视频序列中检测、识别和跟踪运动目标并对其行为进行描述与理解。本章首先介绍图像处理的基本知识，然后介绍运动目标检测方法，最后介绍运动目标跟踪方法。图像预处理技术有很多，主要介绍图像灰度化、二值化、增强、滤波、形态学处理、彩色处理以及边缘检测的原理和方法。常见运动目标检测方法有光流法、帧间差分法、背景减除法，运动目标跟踪方法有 Meanshift 跟踪法、Kalman 跟踪法以及粒子滤波算法。

## 2.1　视频序列图像的预处理

图像预处理技术是指在对图像进行处理前所做的一系列操作。图像在传输和存储过程中难免会受到某种程度的破坏和干扰，导致图像包含的信息受到影响，因此需要一系列预处理操作来消除图像受到的影响。

### 2.1.1　图像灰度化

图像的灰度化处理是将彩色图像转化为灰度图像[1]的过程。因为彩色图像中每个像素的颜色是由 $R$、$G$、$B$ 三个分量表示的，而每个分量又存在 256 种取值，所以一个像素点的颜色变化共有 1600 多万种（256×256×256）。灰度图像是一种单通道图像，一个像素点的像素值变化范围有 256 种，也是 $R$、$G$、$B$ 三个分量都相等的一种特殊彩色图像。在数字图像处理中，为提高后续图像处理的效率，通常会先将各种不同格式的彩色图像转换为灰度图像。与彩色图像一样，灰度图像的描述仍然可以反映整幅图像的信息特征。

在 RGB 模型中，如果把 $R$、$G$、$B$ 三个分量的值设置为相等，那么这个值即为灰度值。当 $R$、$G$、$B$ 三个分量相等时，其表示为一种灰度颜色，因此灰度图像的每个像素只需一个 8 位二进制来存放灰度值，其灰度值变化范围为 0～255。常见的将彩色图像进行灰度化的方法有以下四种。

1. 分量法

分量法是将彩色图像中一个分量的亮度作为灰度图像的灰度值，根据应用场景需要选取一个分量，可以表示为

$$f_1(i,j)=R(i,j),\quad f_2(i,j)=G(i,j),\quad f_3(i,j)=B(i,j) \tag{2.1}$$

式中，$f_k(i,j)(k=1,2,3)$为彩色图像转换为灰度图像后在$(i,j)$处的灰度值。

图 2.1 为利用分量法将原始彩色图像转化为灰度图像的结果。

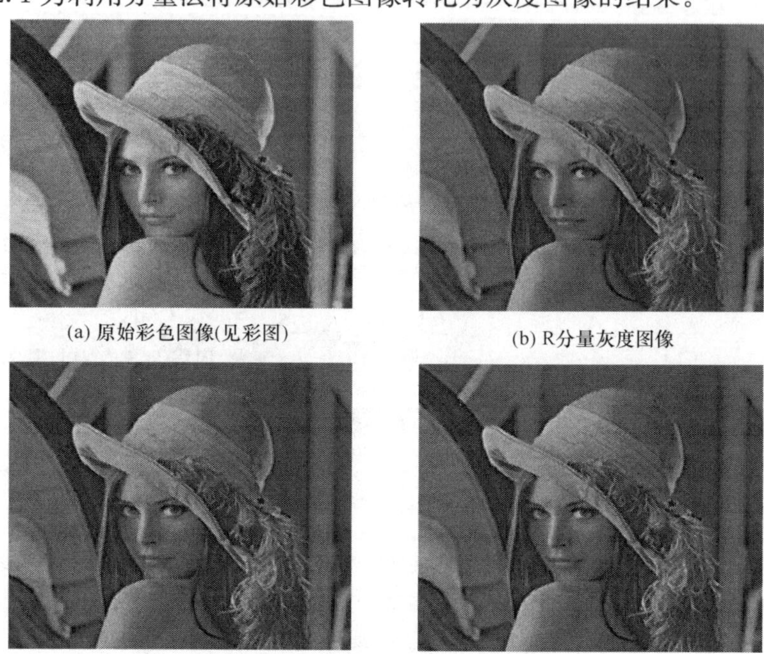

(a) 原始彩色图像(见彩图)　(b) R分量灰度图像

(c) G分量灰度图像　(d) B分量灰度图像

图 2.1　利用分量法得到的灰度图像

2. 最大值法

最大值法是将彩色图像中三个分量亮度值最大的作为灰度图像的灰度值，可以表述为

$$f(i,j)=\max(R(i,j),G(i,j),B(i,j)) \tag{2.2}$$

图 2.2 为利用最大值法将原始彩色图像[见彩图 2.1(a)，以后凡是提到 Lena 的原始彩色图像，均参见彩图 2.1(a)]转化为灰度图像的结果。

(a) 原始彩色图像

(b) 最大值法灰度图像

图 2.2　利用最大值法得到的灰度图像

### 3. 平均值法

平均值法是将彩色图像中的三个分量亮度值求平均值得到灰度图的灰度值，可以表述为

$$f(i,j)=\frac{R(i,j)+G(i,j)+B(i,j)}{3} \tag{2.3}$$

图 2.3 为利用平均值法将原始彩色图像转化为灰度图像的结果。

(a) 原始彩色图像

(b) 平均值法灰度图像

图 2.3　利用平均值法得到的灰度图像

### 4. 加权平均法

加权平均法是根据其重要性指标，将 $R$、$G$、$B$ 三个分量以不同的权重进行加权平均。因为人眼对绿色的敏感度最高，而对蓝色敏感度最低，所以按照经验值将 $R$、$G$、$B$ 三个分量进行加权平均能得到较好的灰度图像的灰度值，其中的一种表示为

$$\text{gray}(x,y)=0.30R(x,y)+0.59G(x,y)+0.11B(x,y) \tag{2.4}$$

图 2.4 利用加权平均法将原始彩色图像转化为灰度图像的结果。

(a) 原始彩色图像

(b) 加权平均法灰度图像

图 2.4　利用加权平均法得到的灰度图像

### 2.1.2 图像二值化

图像二值化处理是指将具有丰富明暗度的灰度图像转化为只有两类灰度值的二值图像，经过这样的转换，丰富的背景色被屏蔽。双峰法、迭代法和 Otsu 法是图像二值化中几种常用的判断阈值选取方法。

1. 双峰法

在一些简单的图像中，物体的灰度分布比较有规律，背景与各个目标在图像的直方图中各自形成一个波峰，即区域与波峰一一对应，每两个波峰之间形成一个波谷。选择双峰之间的波谷所代表的灰度值作为阈值 $T$，即可实现两个区域的分割[2]，如图 2.5 所示。

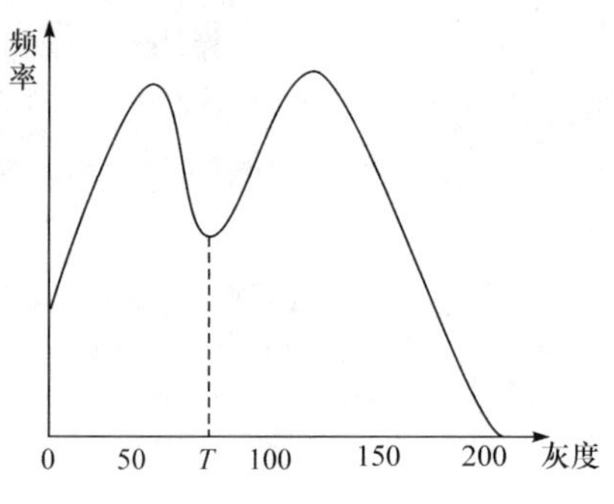


图 2.5 双峰阈值图像

设图像 $f(x,y)$ 的灰度级范围为[0,255]，在此灰度级范围之间选择一个合适的阈值 $T$，可得二值图像 $g(x,y)$，其表达式为

$$g(x,y)=\begin{cases}1, & f(x,y)\geqslant T\\ 0, & \text{其他}\end{cases} \tag{2.5}$$

当运动目标与背景的对比度较强时，双峰法才能达到很好的分割效果，分割效果取决于选择的阈值 $T$。若图像背景复杂，目标与背景对比度不强，则阈值 $T$ 的选择就会出现困难，最终导致分割效果不理想。

2. 迭代法

迭代法[3]采用逼近的思想，首先初始化一个阈值，之后通过对图像的多次计算并修改阈值，将图像分割为目标类与背景类。分别利用目标类和背景类中的灰度级对阈值进行修改，最终得到最优分割阈值。迭代法的主要步骤如下：

(1) 初始估计一个全局阈值 $T$(一般先求得图像最大灰度值和最小灰度值，然后求平均值，即为图像的平均灰度值)。

(2) 采用阈值 $T$ 对图像进行分割，得到两个像素集 $G_1$ 和 $G_2$，即为图像的目标类和背景类，其中像素集 $G_1$ 由灰度值大于等于全局阈值 $T$ 的像素点构成，像素集 $G_2$ 由灰度值小于全局阈值 $T$ 的像素点构成。

(3) 分别计算像素集 $G_1$、$G_2$ 中像素点的平均灰度值 $m_1$、$m_2$。

(4) 根据 $T=(m_1+m_2)/2$，计算得到新的阈值。

(5) 重复执行第(2)步～第(4)步，直到连续迭代得到的阈值 $T$ 间的差小于一个预定义的参数为止。

采用迭代法可求得最优阈值 $T$，利用得到的最优阈值 $T$ 对图像进行分割，得到二值图像。该算法的优点是实现了阈值的自动选择，缺点是只适用于具有明显波谷的直方图图像。

3. Otsu 法

Otsu 法[4]是由日本学者大津于 1979 年提出的阈值分割算法，该算法基于聚类[5]的思想，通过计算图像方差寻找一个合适的灰度级，然后把图像的灰度值按照灰度级分成前景、背景两个部分，以保证两个部分之间的灰度值差异最大，同时每个部分之间的灰度值差异最小。

设图像像素数为 $N$，灰度范围为$[0,k-1]$，对应灰度级 $i$ 的像素数为 $n_i$，其出现的概率为

$$p_i=\frac{n_i}{N},\quad i=0,1,2,\cdots,k-1$$
$$\sum_{i=0}^{k-1}p_i=1 \tag{2.6}$$

把图像中的像素按照灰度阈值 $T$ 分成 $A$ 和 $B$ 两类，$A$ 由灰度值在$[0,t]$范围内的像素组成，$B$ 由灰度值在$[t+1,k-1]$范围内的像素组成，根据灰度的分布概率，整幅图像的灰度均值为

$$u_T=\sum_{i=0}^{t}\frac{ip_i}{\omega_0} \tag{2.7}$$

则区域 $A$ 和 $B$ 的灰度均值分别为

$$u_A=\sum_{i=0}^{t}\frac{ip_i}{\omega_0}$$
$$u_B=\sum_{i=t+1}^{k-1}\frac{ip_i}{\omega_1} \tag{2.8}$$

式中，$\omega_0=\sum_{i=0}^{t}p_i$，$\omega_1=\sum_{i=t+1}^{k-1}p_i=1-\omega_0$。由式(2.7)和式(2.8)可得

$$u_T=\omega_0u_A+\omega_1u_B \tag{2.9}$$

区域 $A$ 和 $B$ 的方差为

$$\sigma^2=\omega_0(u_A-u_T)^2+\omega_1(u_B-u_T)^2 \tag{2.10}$$

按照最大类间方差的准则，让 $T$ 在$[0,k-1]$范围内依次取值，使 $\sigma^2$ 最大的 $T$ 值即为最大类间方差法的最佳阈值。由于该方法对阈值选取比较简单，因此在二值化算法中得到了广泛应用。Otsu 法二值化效果如图 2.6 所示。

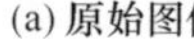

(a) 原始图像

(b) 二值化图像

图 2.6 Otsu 法二值化效果

### 2.1.3 图像增强

#### 1. 图像全局增强

直方图均衡化(histogram equalization)属于图像全局增强，是进行图像增强处理的常用方法[6,7]之一。直方图均衡化是拉伸像素的强度分布来增强图像的对比度，主要思想是利用均衡化调整视频序列图像的灰度分布，达到改变视频序列图像对比度的目的，使视频序列图像的对比度在图像总体上得到增强，图像特征更为明显。

直方图用于描述图像灰度值，也是关于图像灰度级的函数，反映了图像中每一种灰度级出现的频率。设一幅图像中像素的总数为 $n$，灰度级个数为 $L$，灰度值为 $r_k$ 的像素总数为 $n_k$，其中 $k=1,2,\cdots,L$，则灰度级 $r_k$ 出现的频率 $p(r_k)$为

$$p(r_k)=\frac{n_k}{n} \tag{2.11}$$

根据信息熵理论，对于灰度图像而言，图像的信息量 $H$ 为

$$H=-\sum p_t \lg p_t, \quad t=1,2,\cdots,L \tag{2.12}$$

式中，$p_t$ 表示灰度级 $t$ 出现的概率。

图像灰度级个数越多，像素的灰度值就越分散，信息熵的值也就越大。设 $p_r(r_j)(j=1,2,\cdots,L)$表示与给定视频图像灰度级相关的直方图，经过直方图均衡化后的亮度值为 $s_k$，其表达式为

$$s_k=T(r_k)=\sum_{j=1}^{k} p_r(r_j)=\sum_{j=1}^{k} \frac{n_j}{n}, \quad k=1,2,\cdots,L \tag{2.13}$$

式中，$s_k$ 为图像增强后的亮度值；$r_k$ 为输入原始图像的亮度值。

按式(2.13)对图像进行直方图均衡化处理时，针对图像直方图，将其灰度分布比较密的区域进行拉伸，并将其分布比较稀疏的区域进行压缩，从而极大地增强了图像的亮度对比度，使原本质量很差的图像内容变得清晰，并且细节更加清楚，经过处理后的效果如图 2.7 所示。

(a) 原始灰度图像

(b) 原像灰度图像直方图

(c) 原始灰度图像的增强图像

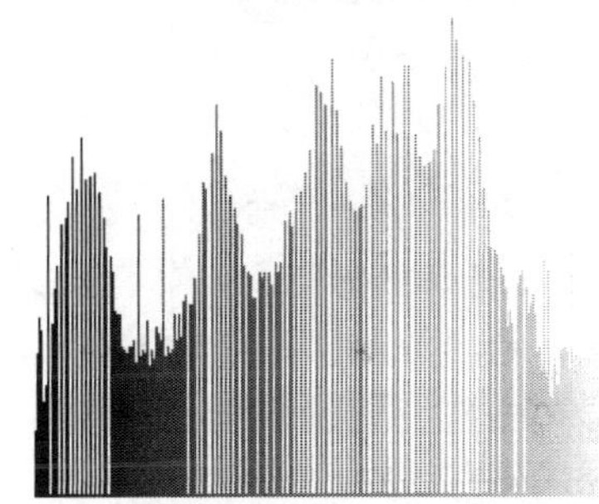

(d) 原始灰度图像增强后的直方图

图 2.7　图像全局加强对比

图 2.7(a)是 Lena 图像的灰度图像，由图 2.7(a)、2.7(c)可以直观地看到，经图像全局增强后，原始图像的亮度发生了明显变化，原本模糊的图像内容和细节均变得清晰。图像全局增强是对 2.7(b)中灰度分布比较密区域进行拉伸，分布稀疏的区域进行压缩，如图 2.7(d)所示。

### 2. 图像局部增强

在局部对比度增强方面，有两种方式最为经典，即自适应直方图均衡化(adaptive histogram equalization，AHE)和自适应对比度增强(adaptive contrast enhancement，ACE)。AHE 算法使用局部直方图的相关信息对数据进行映射，改变了图像的对比度，需要大量的计算。ACE 算法采用反锐化掩模技术，首先将图像分成两部分，一个是低频的反锐化掩模(unsharp mask)部分，可以通过图像的低通滤波(平滑、模糊技术)获得；另一个是高频部分，通过原始图像减去反锐化掩模获取，然后高频部分被放大，放大系数集为对比度增益(contrast gain，CG)，将其加入反锐化掩模中去，最后得到增强的图像。

对于具体的像素，一般可以通过计算以该像素为中心的局部区域的像素平均值来实现。假定 $x(i,j)$ 是图像中某点的灰度值，局部区域的定义为：以 $(i,j)$ 为中心，窗口大小为 $(2n+1)\times(2n+1)$ 的区域，其中 $n$ 为一个整数。当然，这个窗口区域也不一定是正方形。局部的平均值，也就是低频部分，可以表示为

$$m_x(i,j)=\frac{1}{(2n+1)^2}\sum_{k=i-n}^{i+n}\sum_{l=j-n}^{j+n}x(k,l) \tag{2.14}$$

而局部方差为

$$\sigma_x^2(i,j)=\frac{1}{(2n+1)^2}\sum_{k=i-n}^{i+n}\sum_{l=j-n}^{j+n}(x(k,l)-m_x(i,j))^2 \tag{2.15}$$

式中，$\sigma_x(i,j)$ 就是所谓的局部标准差(local standard deviation，LSD)。定义 $f(i,j)$ 表示 $x(i,j)$ 对应的增强后的像素值，则 ACE 算法可以表示为

$$f(i,j)=m_x(i,j)+G(i,j)(x(i,j)-m_x(i,j)) \tag{2.16}$$

式中，函数 $G(i,j)$ 就是 CG。一般情况下，CG 大于 1，这样高频成分 $x(i,j)-m_x(i,j)$ 就能得到增强。关于 CG 的取值，一种最简单的方式就是令其为常量，假定为 $C$，一般 $C>1$，这样式(2.16)就变为

$$f(i,j)=m_x(i,j)+C(x(i,j)-m_x(i,j)) \tag{2.17}$$

图 2.8 为 ACE 增强的图像，其中 $C=4$，$n=20$。

(a) 原始灰度图像

(b) ACE增强的灰度图像

图 2.8　ACE 增强对比

### 2.1.4　图像滤波

众所周知，图像信号在产生、传输和记录过程中，经常会受到各种噪声的干扰，这严重地影响了图像的视觉效果。因此，采用适当的方法减少噪声是一项非常重要的预处理过程。目前在噪声的预处理中，常见的方法有均值滤波和中值滤波两种[7]。

### 1. 均值滤波

均值滤波又称为平滑线性滤波，实际上是一种低通滤波。该方法利用滤波掩模确定的领域内像素平均灰度值来代替图像每个像素点的值，能够较好地处理高斯噪声的干扰，但在处理椒盐噪声时效果并不是很好。均值滤波的计算公式为[8]

$$D(i,j)=\frac{\sum\limits_{(m,n)\in R_{i,j}} S(m,n)}{NK},\quad i=0,\cdots,H-1;j=0,\cdots,W-1 \tag{2.18}$$

式中，$H$ 和 $W$ 分别为图像的高和宽；$S(m,n)$为原始图像对应坐标点$(m,n)$的灰度值；$R_{i,j}$为均值滤波的窗口中心点与图像$(m,n)$像素点重合时，窗口内所有像素点坐标的集合；$NK$ 值为图像长和宽的乘积，表示窗口中像素点总数。

均值滤波的效果如图 2.9 所示，可以看出均值滤波算法在平滑图像噪声的同时模糊了图像的细节。

(a) 高斯噪声干扰后的图像

(b) 窗口大小为3的处理效果

(c) 窗口大小为11的处理效果

图 2.9　均值滤波处理 Lena 图像

### 2. 中值滤波

中值滤波是一种统计滤波器，即是一种非线性的空间滤波器，它的响应基于图像滤波器包围的图像区域中像素的排序，通过统计排序的结果所决定的值来代替中心像素的值，该算法不仅能够对一定类型的随机椒盐噪声具有很好的去除能力，而且能够很好地保留原始图像细节部分不被模糊化。中值滤波的计算公式可表示为[8]

$$f(x,y)=\underset{(x,y)\in S_w}{\mathrm{median}}(g(x,y)) \tag{2.19}$$

式中，$f(x,y)$为处理结果图像；$g(x,y)$为含噪声的原始图像；$S_w$ 为中值滤波的作用模板。

中值滤波的效果如图 2.10 所示。

由图 2.10 可以看出，中值滤波器在平滑椒盐噪声方面非常有效，同时能较好地保留图像细节。但是，该方法不管像素点的好坏，均一致地应用到整幅图像，这

(a) 椒盐噪声干扰后的图像

(b) 中值滤波处理后效果

图 2.10　中值滤波处理 Lena 图像

样必将会破坏许多图像细节。

### 2.1.5　形态学处理

形态学处理的应用可以简化图像数据，保持图像形状特征，同时去掉不相干的结构。形态学处理已经广泛用于计算机视觉中，可以用来解决噪声、特征提取、边缘检测、图像分割、形状识别、纹理分析、图像恢复与重建等问题[9,10]。

通过形态学处理的视频序列图像，可以去掉部分干扰噪声，然后利用图像分割将运动目标从视频序列图像中提取出来。形态学处理通常由膨胀(dilation)、腐蚀(erosion)、开运算(opening)和闭运算(closing)等基本操作组成，其中开运算、闭运算、低帽运算、高帽运算等复杂算子都可以利用膨胀、腐蚀等组合得到。

形态学处理是以集合论为基础，设待处理图像的像素集合为 $I$，假定的结构元素为 $P$，形态学的运算即为 $P$ 与 $I$ 的集合运算。

(1) 膨胀：$P$ 对 $I$ 的膨胀运算为

$$I\oplus P=\{x\mid(\hat{P})_x\cap I\neq\varphi\} \tag{2.20}$$

式(2.20)表明，所有位移 $x$ 的集合是通过 $P$ 对 $I$ 进行膨胀操作所得，首先得到 $P$ 关于自身原点的映射集合，再对映射集合进行位移为 $x$ 的操作，确保 $I$ 与 $P$ 映射的交集不为空，因此膨胀操作也可定义为

$$I\oplus P=\{x\mid(\hat{P})_x\cap I\subseteq I\} \tag{2.21}$$

图 2.11 是 $P$ 对 $I$ 进行膨胀运算的示意图。

(2) 腐蚀：$P$ 对 $I$ 的腐蚀运算为

$$I\Theta P=\{x\mid(\hat{P})_x\subseteq I\} \tag{2.22}$$

由式(2.22)可知，$I$ 被 $P$ 腐蚀得到的集合是 $P$ 完全包含在集合 $I$ 中时 $P$ 当前所在位置的集合。图 2.12 为腐蚀示意图。

(3) 开运算：用结构元素 $P$ 对 $I$ 进行开操作，表示为 $I\circ P$，其定义为

$$I\circ P=(I\Theta P)\oplus P \tag{2.23}$$

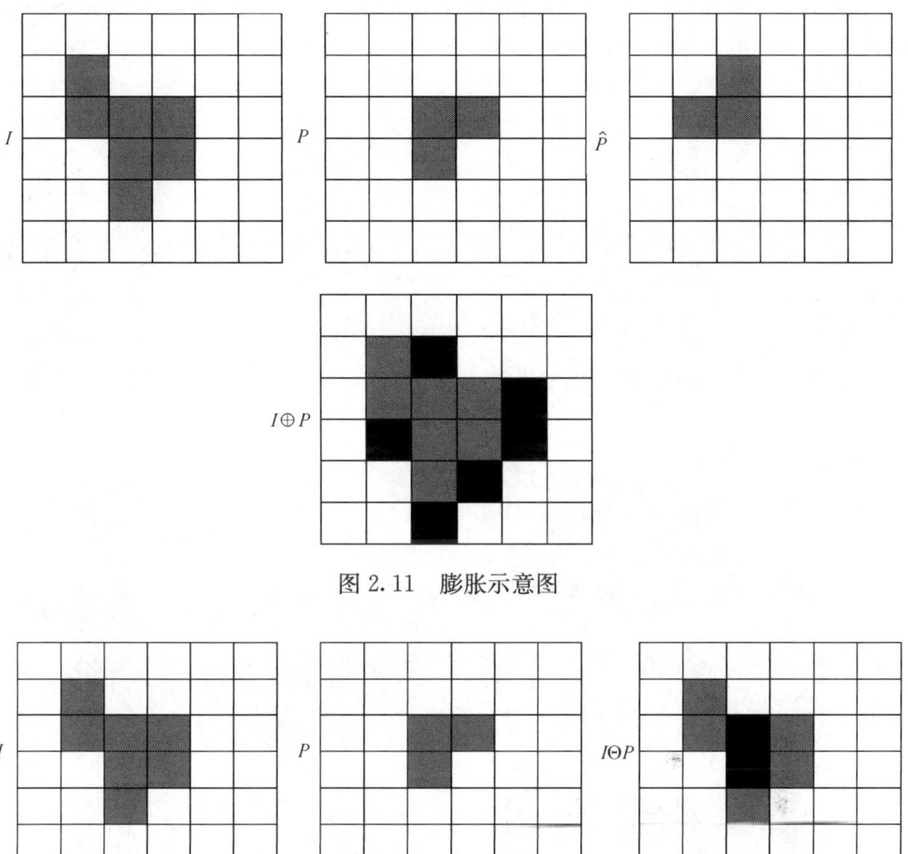


图 2.11　膨胀示意图



图 2.12　腐蚀示意图

式(2.23)表明,利用结构元素 $P$ 对 $I$ 进行开运算的过程,即为求 $P$ 在拟合 $I$ 时平移并集的过程。开运算的作用是使目标对象的轮廓变得光滑,断开狭小的间断及消除细长的裂缝。图 2.13 为开运算示意图。

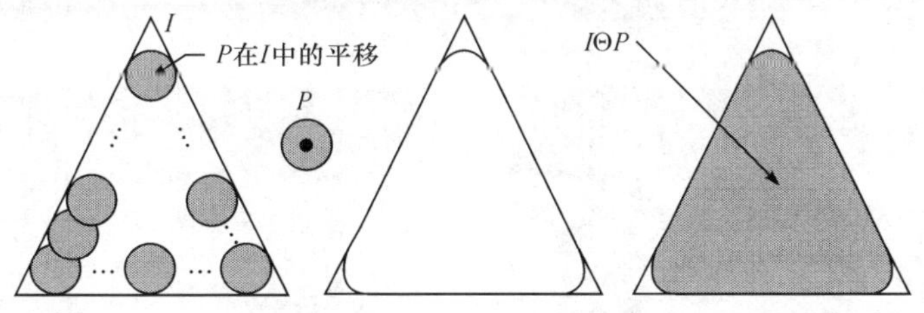


图 2.13　开运算示意图

(4) 闭运算:利用结构元素 $P$ 对 $I$ 进行闭运算,表示为 $I\cdot P$,其定义为

$$I\cdot P=(I\oplus P)\Theta P \tag{2.24}$$

式(2.24)表明,闭运算是开运算的对偶操作,闭运算在平滑轮廓的同时能有效消除较小的孔洞,对填补轮廓线中的断裂也有较好效果。图 2.14 为闭运算示意图。

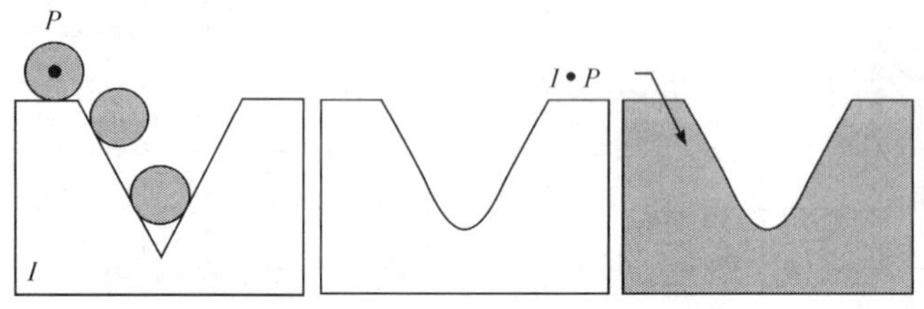


图 2.14　闭运算示意图

图 2.15 中分别表示对 Lena 和 Rice 图像进行膨胀、腐蚀、开运算、闭运算等操作后的结果图像。

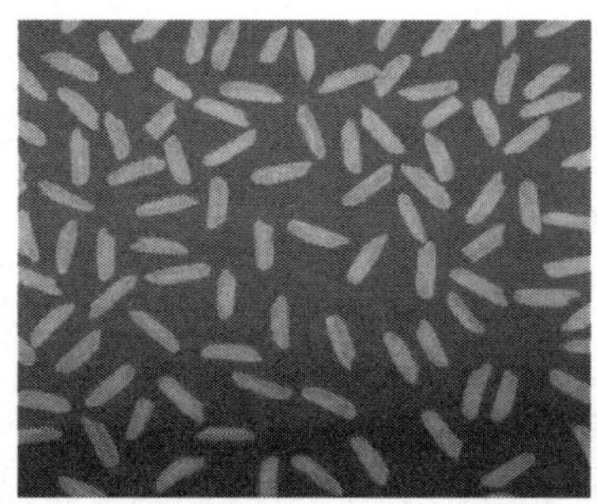

(a) 原始灰度图像

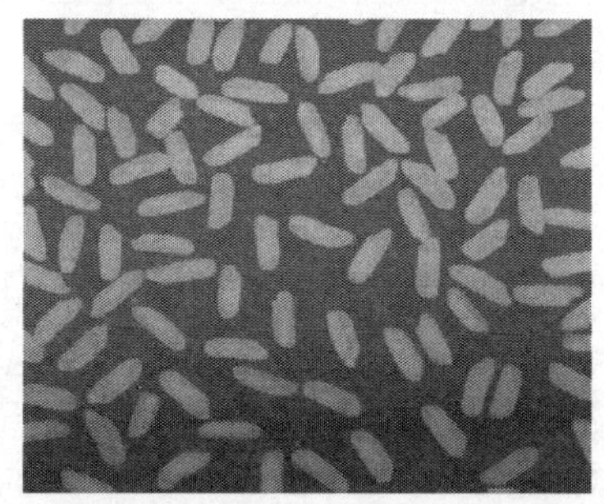

(b) 膨胀

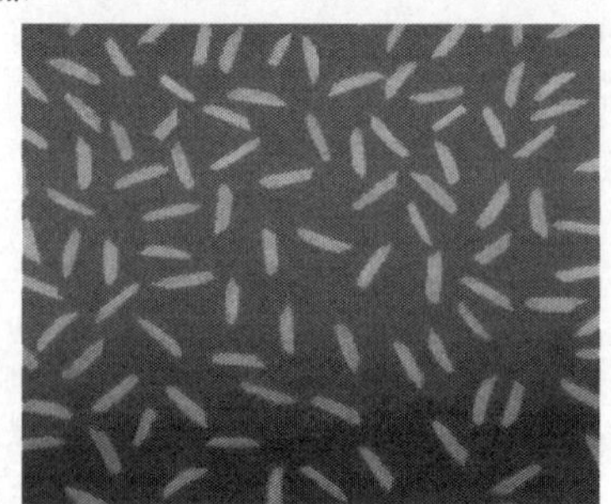

(c) 腐蚀

(d) 开运算

(e) 闭运算

图 2.15　执行膨胀、腐蚀、开运算和闭运算后得到的结果图像

对图像进行膨胀运算可把图像中目标区域的断裂部分、图像中的孔洞连接起来，具有消除间隙、去除孔洞的作用。腐蚀运算最简单的一种用途是消除二值图像中不相关的目标对象。

### 2.1.6　颜色空间

彩色空间模型是一种在特定标准下说明颜色的方式，通常这种方式能够使读者更方便理解和接受颜色[11]，常用的彩色空间模型主要分为面向硬件和面向应用两类[12]。面向硬件的彩色空间模型一般用于彩色显示器或者彩色打印机等设备上，该类彩色空间的代表模型主要有 CMY、CMYK、RGB、YUV 等。面向应用的彩色空间模型主要应用于人类的视觉系统对颜色的感知方面，该类彩色空间的代表模型有 HSI、HSV 等，其中 HSI 模型更加符合人们描述和解释颜色的方式，而 HSV 模型在处理光照敏感方面更具优势。

1. RGB 色彩空间

RGB 颜色模型[13]又称红绿蓝颜色模型，这是一种加色模型，将红、绿、蓝三原色的色光按照不同的比例相加来产生多种多样的色光。其模型如图 2.16 所示，根据模型可得：红＋绿＝黄，蓝＋绿＝青，红＋蓝＝品红，红＋绿＋蓝＝白。RGB 色

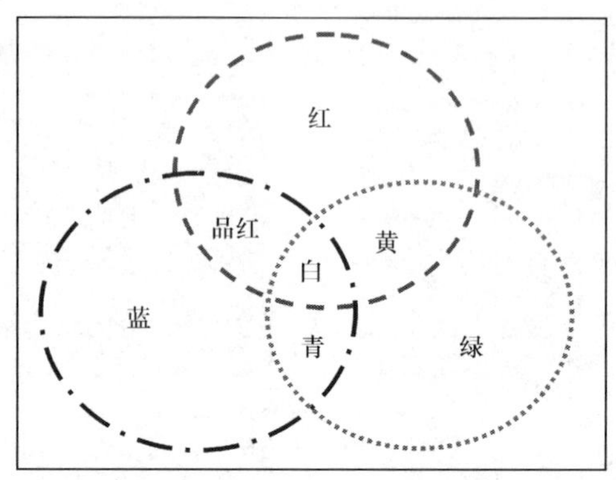


图 2.16　RGB 颜色模型示意图

彩模式使用 RGB 模型为图像中每一个像素的 $R$、$G$、$B$ 分量分配一个 0～255 范围内的强度值。将三种颜色按照不同的比例混合，可以展示 16777216 种颜色。

将 RGB 颜色模型映射到一个立方体上，如图 2.17 所示，$R$ 轴代表红色，$G$ 轴代表绿色，$B$ 轴代表蓝色。当三基色分量都为 0(最弱)时混合色为黑色，当三基色分量都为 1(最强)时混合色为白色。任何一种颜色都可以用这个立方体坐标中的一点来表示，通过调整三色系数 $R$、$G$、$B$ 中的任一系数都会改变所表示的色值。RGB 颜色空间是一种面向硬件的颜色表示方法，适合彩色显示器工作，但这一表示方法并不适应人类的视觉特点。

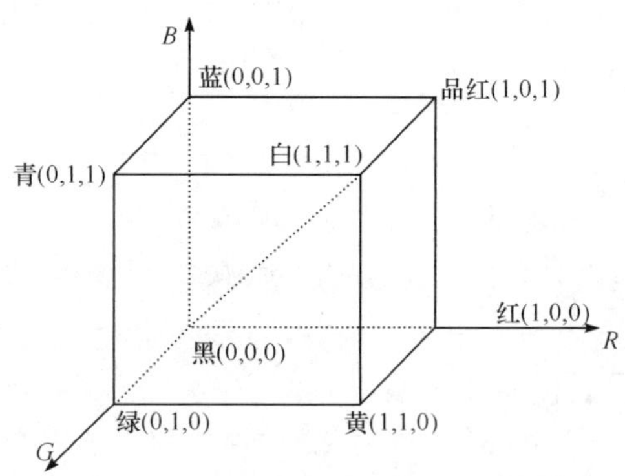


图 2.17　RGB 颜色模型坐标系映射图

### 2. YUV 色彩空间

YUV 色彩空间[14]是被欧洲电视系统广泛采用的一种颜色表示方法。在现代彩色电视系统中，RGB 色彩图像经过矩阵变换后得到亮度信号 $Y$ 和色度信号 $R-Y$(即 $U$)、$B-Y$(即 $V$)，然后再分别对亮度和色差信号进行编码，进而转化为 YUV

色彩空间表示的图像[14]。其中，$Y$ 分量由 RGB 信号的特定部分叠加到一起形成，代表像素点的明亮程度，即灰度值；$U$ 分量和 $V$ 分量代表的色度信息用于描述图像色彩程度及饱和度，$U$ 分量反映 $R$、$G$、$B$ 分量的红色部分与亮度值之间的差异，而 $V$ 分量反映 $R$、$G$、$B$ 分量的蓝色部分与亮度值之同的差异。与 RGB 视频信号相比，YUV 信号最大的优点在于传输时只需占用极少的频带宽度以及它的亮度信号和色度信号是互相分离的，只有 $Y$ 分量信号时的图像就是灰度图像。彩色电视采用 YUV 空间的表示方法解决了彩色电视机与黑白电视机的兼容问题，使黑白电视机也能接收彩色电视信号。

YUV 颜色空间不仅可以避免亮度和色度的相互干扰，还可以降低色度的采样率而不会对图像质量影响太大。因为人眼对亮度比对色度更加敏感，且阴影区域和运动目标区域的像素亮度不同，一般暗于运动目标区域，所以 YUV 颜色空间格式可以选择不同的采样格式来减少数据量。

YUV 与 RGB(取值范围均为 0～255)互相转换的表达式为

$$\begin{bmatrix} Y \\ U \\ V \end{bmatrix} = \begin{bmatrix} 0.299 & 0.587 & 0.114 \\ -0.147 & -0.289 & 0.436 \\ 0.615 & 0.515 & -0.100 \end{bmatrix} \begin{bmatrix} R \\ G \\ B \end{bmatrix}$$

$$\begin{bmatrix} R \\ G \\ B \end{bmatrix} = \begin{bmatrix} 1 & 0 & 1.140 \\ 1 & -0.395 & 0.581 \\ 1 & 2.032 & 0 \end{bmatrix} \begin{bmatrix} Y \\ U \\ V \end{bmatrix} \tag{2.25}$$

3. HSV 色彩空间

HSV 颜色空间[15]的模型对应于圆柱坐标系中的一个圆锥形子集，圆锥的顶面对应于 $V=1$。它包含 RGB 模型中的 $R=1$、$G=1$、$B=1$ 三个面，所代表的颜色较亮。色彩 $H$ 由绕 $V$ 轴的旋转角给定，红色对应于角度 0°，绿色对应于角度 120°，蓝色对应于角度 240°。在 HSV 颜色模型中，每一种颜色和它的补色相差 180°。饱和度 $S$ 取值范围为 0～1，因此圆锥顶面的半径为 1。HSV 颜色模型所代表的颜色域是 CIE 色度图的一个子集。在圆锥的顶点(即原点)处，$V=0$，$H$ 和 $S$ 无定义，代表黑色。在圆锥的顶面中心处，$S=0$，$V=1$，$H$ 无定义，代表白色。从该点到原点代表亮度渐暗的灰色，即具有不同灰度的灰色，对于这些点，$S=0$，$H$ 的值无定义。可以说，HSV 模型中的 $V$ 轴对应于 RGB 颜色空间中的主对角线。在圆锥顶面圆周上的颜色，$S=1$，$V=1$ 这种颜色是纯色。HSV 模型对应于画家配色的方法，画家用改变色浓和色深的方法从某种纯色获得不同色调的颜色，在一种纯色中加入白色可以改变色浓，加入黑色可以改变色深，同时加入不同比例的白色、黑色可获得各种不同的色调。

HSV 颜色空间可以用一个圆锥空间模型来描述，如图 2.18 所示。

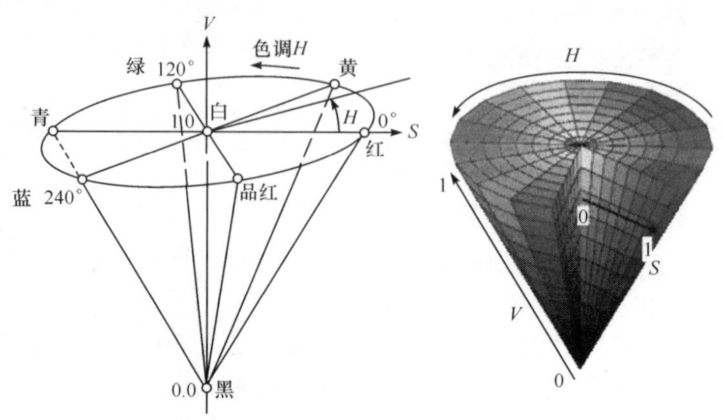


图 2.18　HSV 颜色模型(见彩图)

RGB 转换为 HSV 的表达式为

$$V=\frac{\max(R,G,B)}{255}$$
$$S=\frac{\max(R,G,B)-\min(R,G,B)}{\max(R,G,B)} \tag{2.26}$$

$$H=\begin{cases}\arccos\left[\dfrac{(R-G)+(R-B)}{2\sqrt{(R-G)^2+(R-B)(G-B)}}\right], & B\leqslant G\\ 2\pi-\arccos\left[\dfrac{(R-G)+(R-B)}{2\sqrt{(R-G)^2+(R-B)(G-B)}}\right], & B>G\end{cases} \tag{2.27}$$

式中,$R$、$G$、$B$ 的取值范围为[0, 255];$V$ 的取值范围为[0, 255];$S$ 的取值范围为[0, 1];$H$ 的取值范围为[0,0 360]。在实际图像处理中,常常把取值范围归一化为[0, 1]。

### 2.1.7　图像边缘检测

图像的边缘是图像最基本也是最重要的特征之一。边缘检测[16]一直是计算机视觉和图像处理领域的经典研究课题,其目的是发现图像中关于形状和反射或透射比的信息,是图像处理、图像分析、模式识别、计算机视觉以及人类视觉等相关处理的基本步骤之一,其结果的正确性和可靠性将直接影响计算机视觉系统对客观世界的理解。

1. Sobel 边缘检测算子

Sobel 算子是将图像中每个像素的上、下、左、右四邻域的灰度值进行加权求差,与之接近的邻域的权最大。因此,Sobel 算子定义为

$$
\begin{aligned}
s_x &= [f(x+1,y-1)+2f(x+1,y)+f(x+1,y+1)] \\
&\quad -[f(x-1,y-1)+2f(x-1,y)+f(x-1,y+1)] \\
s_y &= [f(x-1,y+1)+2f(x,y+1)+f(x+1,y+1)] \\
&\quad -[f(x-1,y-1)+2f(x,y-1)+f(x+1,y-1)]
\end{aligned}
\tag{2.28}
$$

利用图 2.19 所示的两个核做卷积，通常一个核对应垂直边缘影响最大，而另一个核对水平边缘影响最大，两个卷积的最大值都作为像素点的输出值，运算结果就是一幅边缘图像。适当取门限 $T_{\mathrm{H}}$，若 $R(i,j)>T_{\mathrm{H}}$ 则为阶跃边缘点。Sobel 算子利用像素的上、下、左、右邻域的灰度加权算法，根据在边缘点处达到极值这一原理进行边缘检测。该方法不但产生较好的检测效果，而且对噪声具有平滑作用，可以提供较为精确的边缘方向信息。但是，在抗噪声好的同时增加了计算量，而且也会检测伪边缘，定位精度不高。

| -1 | -2 | -1 |
|---|---|---|
| 0 | 0 | 0 |
| 1 | 2 | 1 |

| -1 | 0 | 1 |
|---|---|---|
| -2 | 0 | 2 |
| -1 | 0 | 1 |

图 2.19　Sobel 边缘算子

图 2.20 为对 Lena 图像进行 Sobel 边缘检测得到的结果图像。

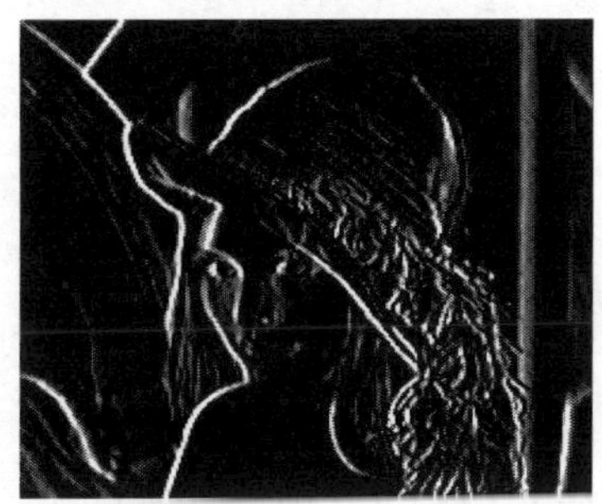

图 2.20　Sobel 边缘检测结果

2. Laplacian 边缘检测算子

Laplacian 算子是二阶微分算子，具有旋转不变性，即各向同性。Laplacian 算子的表达式为

$$
\nabla^2 f(x,y)=\frac{\partial^2 f(x,y)}{\partial x^2}+\frac{\partial^2 f(x,y)}{\partial y^2}
\tag{2.29}
$$

在数字图像中,可用数字差分近似将式(2.29)转化为

$$\begin{aligned}\nabla^2 f(x,y)=&f(x+1,y)+f(x,y+1)+f(x-1,y)\\&\cdot f(x,y-1)-4f(x,y)\end{aligned} \tag{2.30}$$

数字图像处理的 Laplacian 算子是借助各种模板卷积实现的。这里对模板的基本要求是:对应中心像素的系数应为正,而对应中心像素临近像素的系数应为负,且所有系数之和应为零,这样不会产生灰度偏移,实现 Laplacian 运算的几种模板如图 2.21 所示。

| | | |
|---|---|---|
| 0 | -1 | 0 |
| -1 | 4 | -1 |
| 1 | -1 | 0 |

| | | |
|---|---|---|
| -1 | -1 | -1 |
| -1 | 8 | -1 |
| -1 | -1 | -1 |

图 2.21　Laplacian 边缘算子模板图

Laplacian 算子的缺点是:由于为二阶差分,因此双倍加强了噪声的影响;它产生双像素宽的边缘,且不能提供边缘方向的信息,因此 Laplacian 算子很少直接用于边缘检测,而主要用于已知边缘像素,确定该像素是在图像的暗区还是在明区。其优点是各向同性,不但可以检测出绝大部分边缘,同时基本没有出现伪边缘,可以精确定位边缘。

图 2.22 为对 Lena 图像进行 Laplacian 边缘检测得到的结果图像。

图 2.22　Laplacian 边缘检测结果

3. Canny 边缘检测算子

Canny 边缘检测是 Canny 于 1986 年开发的一个多级边缘检测算法。其基本思想是:首先将图像使用高斯(Gauss)函数进行平滑,然后由一阶微分的极大值确定边缘点。二阶微分的零交叉点不仅对应着一阶导数的极大值,而且也对应着一阶导数的极小值,即图像中灰度变化剧烈的点与变化缓慢的点都对应着二阶导数

零交叉点。因此，Canny 算子可能会引入伪边缘点。

图像 $f(x,y)$经过高斯滤波器滤波后得到 $f(x,y)*G_\alpha(x,y)$，其中 $\alpha$ 为相应的尺度因子。计算其梯度矢量的模 $M_\alpha$ 和方向 $A_\alpha$ 的表达式为

$$
\begin{aligned}
M_\alpha &= \| f(x,y) * \nabla G_\alpha(x,y) \| \\
A_\alpha &= \frac{f(x,y) * \nabla G_\alpha(x,y)}{\| f(x,y) * \nabla G_\alpha(x,y) \|}
\end{aligned}
\tag{2.31}
$$

图像的边缘点即为在 $A_\alpha$ 方向上使 $M_\alpha$ 取得局部极大值的点。

Canny 边缘检测的步骤如下：

(1) 消除噪声。一般情况下，使用高斯平滑滤波器进行卷积降噪。

(2) 计算梯度的幅值和方向。此处，按照 Sobel 滤波器的实现步骤进行。

(3) 非极大值抑制。这一步排除非边缘像素，仅保留一些细线条(候选边缘)。

(4) 滞后阈值。Canny 使用了滞后阈值来决定该像素是否被保留为边缘像素，滞后阈值需要两个阈值(高阈值和低阈值)。

① 若某一像素位置的幅值超过高阈值，则该像素被保留为边缘像素；

② 若某一像素位置的幅值小于低阈值，则该像素被排除；

③ 若某一像素位置的幅值在两个阈值之间，则该像素仅在连接一个高于高阈值的像素时被保留。

图 2.23 为对 Lena 图像进行 Canny 边缘检测得到的结果图像。

图 2.23　Canny 边缘检测结果

## 2.2　运动目标检测技术

### 2.2.1　光流法

Gibson 于 1950 年首先提出光流的概念，光流即空间中的运动目标在对应的二维图像上的每一个像素运动的瞬时速度，是由视频场景中运动目标本身的移动、相机的运动或两者的共同运动产生的。光流法通过分析图像中像素点的时域变化及其在相邻帧间的相关性来确定各自位置的变动，从而确定运动目标的位置[17]。

假设相邻帧之间的亮度恒定且取帧时间连续，则有

$$I(x,y,t)=I(x+\mathrm{d}x,y+\mathrm{d}y,t+\mathrm{d}t) \tag{2.32}$$

将式(2.32)用一级泰勒级数展开得到

$$I(x,y,t)=I(x,y,t)+I_x\frac{\mathrm{d}x}{\mathrm{d}t}+I_y\frac{\mathrm{d}y}{\mathrm{d}t}+I_t+O(\mathrm{d}t^2) \tag{2.33}$$

化简式(2.33)得到

$$I_x\mathrm{d}x+I_y\mathrm{d}y+I_t\mathrm{d}t=0 \tag{2.34}$$

令 $u=\mathrm{d}x/\mathrm{d}t, v=\mathrm{d}y/\mathrm{d}t$，得到光流约束方程为

$$I_xu+I_yv+I_t=0 \tag{2.35}$$

光流矢量可分为在 $x$ 与 $y$ 方向上的两个分量，$I_x$、$I_y$、$I_t$ 是该像素点的灰度值在 $x$、$y$、$t$ 方向上的偏导数，求解光流约束方程即可得到像素点在相邻帧间的像素变化。

使用光流法检测运动目标的原理是：首先通过光流计算为图像中的每个像素点赋予一个速度矢量，这样就在图像中形成了一个运动矢量场；然后对图像中各个像素点的速度矢量特征分析，若图像中没有运动目标则光流矢量在整个图像区域是连续变化的，否则目标和背景的运动是相对的，且两者的速度矢量必定有所不同，由此便可以得到运动目标的位置。

采用光流法检测不同视频中运动目标得到的结果如图 2.24 所示。其中，LeftBag 视频和 pedestrians 视频分别来源于 PETS 数据集和 change detections 视频数据集。由图 2.24 可以看出，光流法虽然能够有效地检测出运动目标，但计算复杂度高，对光照很敏感且抗噪声能力差，无法保证实时性和实用性。

(a) LeftBag视频第30帧检测结果

(b) pedestrians视频第355帧检测结果

图 2.24　光流法检测结果

### 2.2.2　帧间差分法

帧间差分法的基本原理是:在视频图像序列的连续两帧或三帧中进行逐像素的差分运算,并通过设定合理的阈值来提取出图像中的前景区域[18,19]。其基本流程如图 2.25 所示,分为输入视频、图像预处理、帧间差分运算、结果二值化、形态学处理(开运算、闭运算、连通区域检测)等阶段。

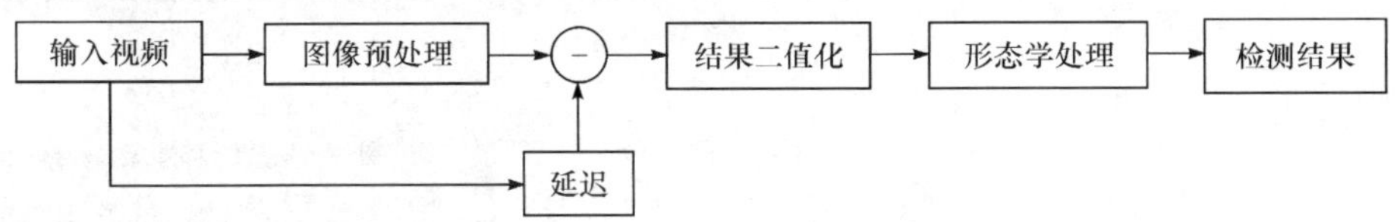


图 2.25　帧间差分法实现流程

采用帧间差分法进行前景检测时,首先根据式(2.36)对相邻两帧做差分运算,得到差分图像 $D_m(x,y)$,然后根据式(2.37)将图像 $D_m(x,y)$ 中的每一个像素点与阈值 $T$ 进行对比,得到二值图像 $B_m(x,y)$,然后对二值图像 $B_m(x,y)$ 进行膨胀、腐蚀等形态学处理,寻找连通区域并显示结果。帧间差分法示意图如图 2.26 所示。

$$D_m(x,y)=|F_m(x,y)-F_{m-1}(x,y)|$$

$$B_m(x,y)=\begin{cases}1, & D_m(x,y)>T \\ 0, & D_m(x,y)\leqslant T\end{cases} \tag{2.36}$$

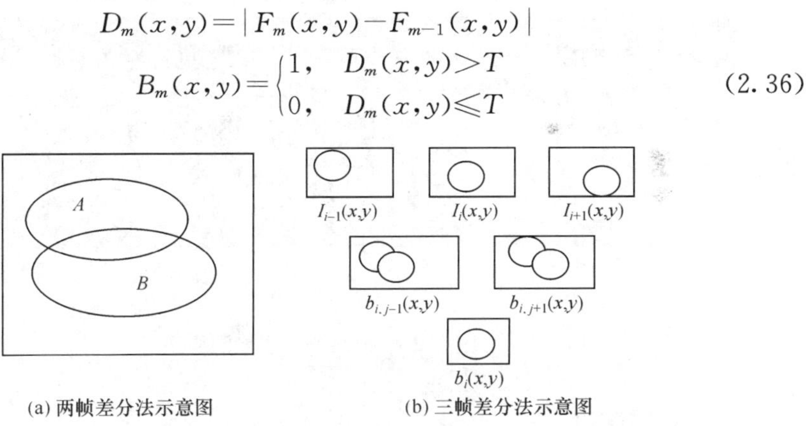


(a) 两帧差分法示意图　(b) 三帧差分法示意图

图 2.26　帧间差分法示意图

采用帧间差分法检测不同视频中运动目标得到的结果如图 2.27 所示,其中测试视频、环绕视频和公路视频全为室外自拍视频。由图 2.27 可以看出,帧间差分法检测的结果噪声少,但只能得到目标轮廓信息,轮廓内部有孤立的点和少量不连通区域。因此,帧间差分法虽然具有实时性好、占用内存小、算法简单、计算量少等优点,但算法的效果严重依赖于阈值的选择,阈值过低不能够抑制图像中噪声的影响,阈值过高则检测结果不完整,而且此算法只能得到运动目标的边缘信息,目标内部空洞大,无法广泛应用于各类视频场景检测中。

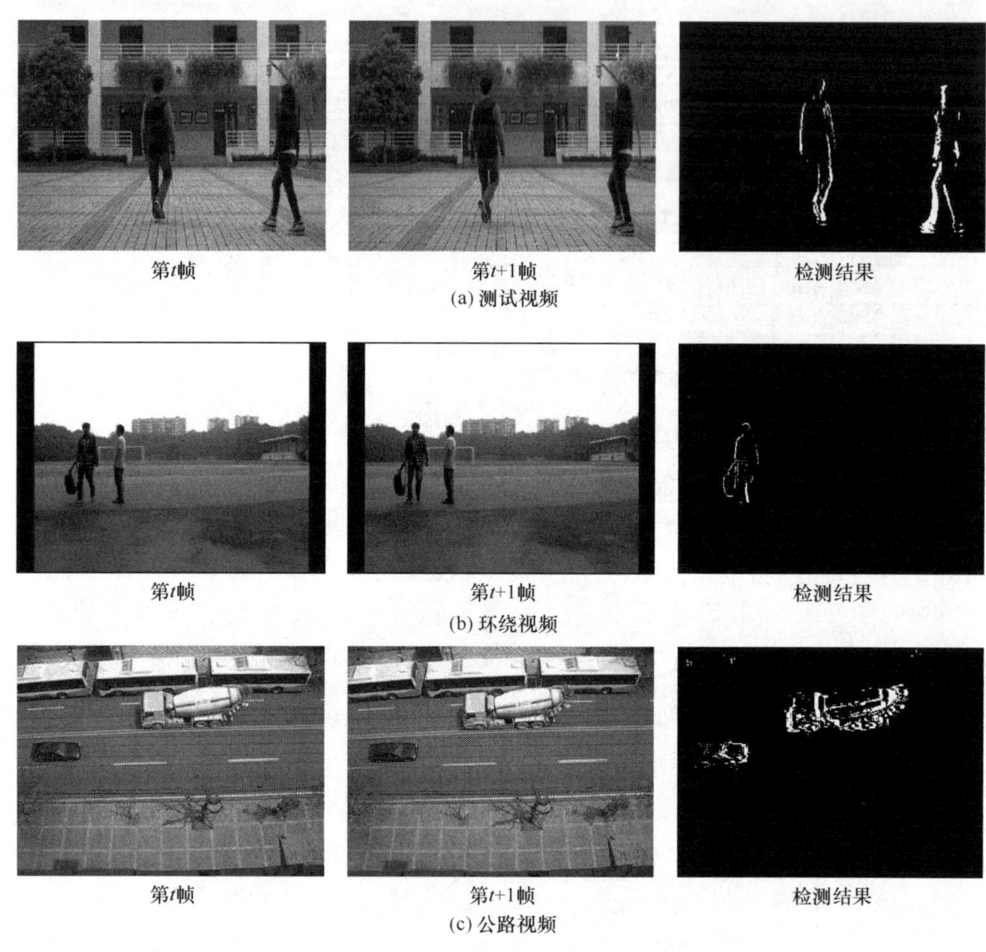


图 2.27　帧间差分法检测结果

### 2.2.3　背景减除法

背景减除法的基本原理是首先建立一个背景模型，然后将视频与所建模型逐帧比较，若视频图像中与背景模型同一位置的像素点相同，则被认定为背景并更新背景模型，否则即为运动目标。它的一个经典流程如图 2.28 所示，主要分为预处理、背景建模、前景检测、后处理四个阶段[20]。背景减除法基本思路是：首先根据视频序列图像前 $m-1$ 帧的图像信息来构建背景模型图像 $B_m(x,y)$，然后利用当前图像帧 $F_m(x,y)$ 与图像 $B_m(x,y)$ 做差分运算，并将差值与阈值比较得到二值图像 $D_m(x,y)$，然后对二值图像进行膨胀、腐蚀等形态学处理，寻找连通区域并显示结果。二值图像 $D_m(x,y)$ 的计算公式为

$$D_m(x,y)=\begin{cases}1, & |F_m(x,y)-B_m(x,y)|\geqslant T\\ 0, & |F_m(x,y)-B_m(x,y)|<T\end{cases} \tag{2.37}$$

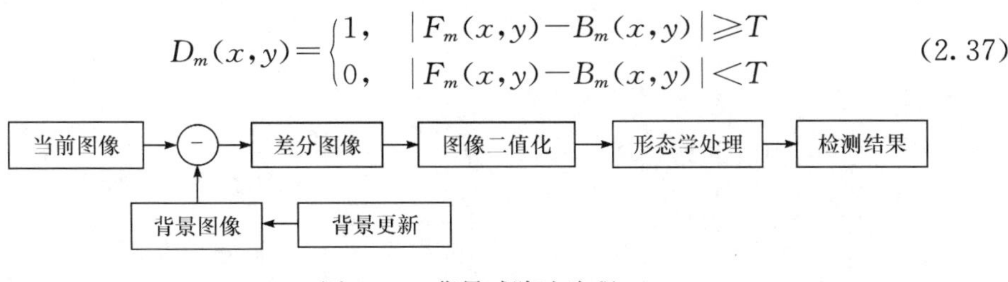


图 2.28　背景减除法流程

背景减除法具有算法简单、实时性好等优点，但在实际的监控场景中周期性运动的背景和噪声等会严重影响目标检测的质量，因此需要在背景建模和检测过程中加入背景更新来减少环境变化的影响。

$$B_m(x,y)=\begin{cases}\partial B_{m-1}(x,y)+(1-\partial)F_m(x,y), & |F_m(x,y)-B_{m-1}(x,y)|<T\\ B_{m-1}(x,y), & \text{其他}\end{cases} \tag{2.38}$$

式中，$\partial$为更新系数，用来调整背景更新的程度；针对不同的视频，设定合理的阈值$T$，若背景$B_{m-1}(x,y)$和当前帧$F_m(x,y)$中对应像素的差值小于$T$，则表明该像素属于背景，需按照一定的比例将该像素更新到背景中，反之背景保持不变。

背景减除法的关键在于背景建模，是应用背景减除法检测运动目标的基础，目前常用的背景建模方法主要有高斯背景建模法[21,22]和 Codebook 背景建模法[23,24]。

### 1. 高斯背景模型

高斯背景建模的原理是：利用高斯概率密度函数来精确地量化图像特征，从而可以采用若干个基于高斯概率密度的函数来表示图像。通常将固定不变的背景称为单模态背景，单高斯背景模型[25]适用于单模态背景视频的检测。单高斯背景模型[25]中每个像素点服从以下规律：

$$\eta(X_t,\mu_t,\sum_t)=\frac{1}{(2\pi)^{\frac{N}{2}}\ \left|\sum_t\right|^{\frac{1}{2}}}\mathrm{e}^{-\frac{1}{2}(X_t-\mu_t)^{\mathrm{T}}\sum_1^{-1}(X_t-\mu_t)} \tag{2.39}$$

式中，$X_t$为某像素点的值；$\sum_t$为高斯分布的协方差矩阵；$\mu_t$为$t$时刻高斯分布的均值。

实际视频背景复杂多变，因此常采用多个带权重的单高斯模型来描述背景，即利用$K$个单高斯分布共同描述图像上的每一个像素点，$K$值越大对背景的描述越准确，但随之带来的是计算量的增大，太小则达不到理想的背景描述效果。多个带权重的高斯模型中每个像素点服从以下规律：

$$\eta(X_t)=\sum_{t=1}^{K}\omega_{i,t}\eta(X_t,\mu_{i,t},\sum_{i,t}) \tag{2.40}$$

式中，$K$ 为混合高斯模型的个数；$\omega_{i,t}$ 为 $t$ 时刻第 $i$ 个高斯模型的权重，$0<\omega_{i,t}<1$ 且 $\sum_{i=1}^{K}\omega_{i,t}=1$。

混合高斯模型运动目标检测步骤如下。

1）初始化模型参数

利用式(2.41)和式(2.42)计算前 $N$ 帧内序列图像中每个像素点的均值和方差，并利用它们来初始化混合高斯模型中 $K$ 个高斯分布的参数 $\mu_0$ 和 $\sigma_0^2$，每个高斯分布的权重取平均值。

$$\mu_0=\frac{1}{N}\sum_{t=0}^{N-1}I_t \tag{2.41}$$

$$\sigma_0^2=\frac{1}{N}\sum_{t=0}^{N-1}(I_t-\mu_0)^2 \tag{2.42}$$

2）模型更新与背景选取

针对视频第 $m$ 帧，利用式(2.43)逐像素点验证其是否符合所建模型中的一个或者多个高斯分布，若符合则表示该像素点与对应高斯模型匹配，令 $\theta=1$，同时按照式(2.44)～式(2.47)更新高斯模型的各个参数[25]。

$$|I_t-\mu_{k,t-1}|\leqslant\tau\sigma_{k,t-1},\quad k=1,2,\cdots,K \tag{2.43}$$

式中，$t$ 为匹配精度的经验值。

$$\mu_{k,t}=(1-\alpha)\mu_{k,t-1}+\alpha X_t \tag{2.44}$$

$$\sigma_{k,t}^2=(1-\alpha)\sigma_{k,t-1}^2+\alpha\,(X_t-\mu_{k,t})^2 \tag{2.45}$$

$$\omega_{k,t}=(1-\beta)\omega_{k,t-1}+\beta\theta,\quad k=1,2,\cdots,K \tag{2.46}$$

$$\alpha=\beta f(X_t|\mu_{k,t-1},\sigma_{k,t-1}) \tag{2.47}$$

若该像素值无法匹配所建模型中的高斯分布，则在模型中建立一个新的高斯分布来替代原高斯模型中权重最小的分布，并利用该像素点的值表示新分布的均值，同时为方差赋予一个较大的值，利用式(2.48)[25]归一化新模型中所有分布的权重。

$$\omega_{k,t}=\frac{\omega_{k,t}}{\sum_{t=1}^{K}\omega_{i,t}},\quad k=1,2,\cdots,K \tag{2.48}$$

$$S=\frac{\omega_{i,t}}{\sigma_{i,t}} \tag{2.49}$$

根据式(2.49)计算 $S$ 的值，$S$ 取值越大表示符合该分布的像素点出现频率越大且方差越小，符合视频中背景像素点的特点，因此根据 $S$ 值从大到小的顺序排列所建模型中的高斯分布，背景模型取排列中靠前位置的分布。

3）运动前景检测

在混合高斯模型中，根据式(2.50)进行运动前景检测。

$$|I_t-\mu_{i,t-1}|>D_2\sigma_{i,t-1},\quad i=1,k,\cdots,M_1 \tag{2.50}$$

式中，$D_2$ 为用户自定义的参数。若像素值 $I_t$ 的 $R$、$G$、$B$ 三通道同时满足式(2.50)，则判定该像素点为运动前景点。

图 2.29 为使用混合高斯背景模型对不同视频进行检测的结果。其中，测试视频和环绕视频来源于室外自拍视频，test 视频来源于 PETS2000 数据集。从图 2.29 中可以看出，混合高斯背景模型能够检测到较为完整的目标，既包括目标的轮廓信息，也可以得到内部连通区域，但检测结果中出现了大量噪声，原因是该算法对光线变化比较敏感，同时无法有效去除阴影。另外，混合高斯模型可以很好地描述反复运动的背景，如树上摇摆的树叶、水波等。但是，该算法也存在计算复杂度高、运算量较大且参数调整困难等问题。

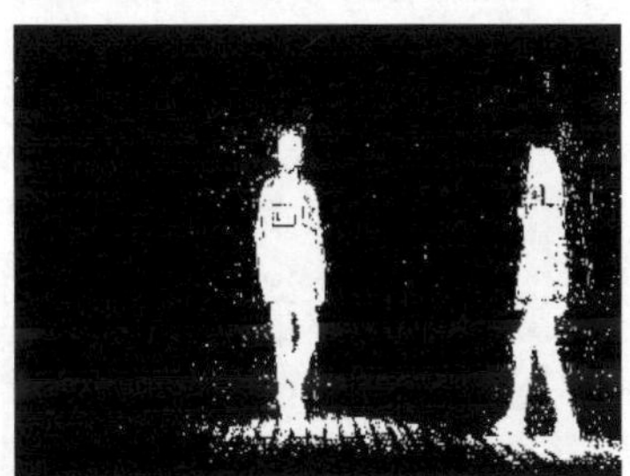

(a) 测试视频

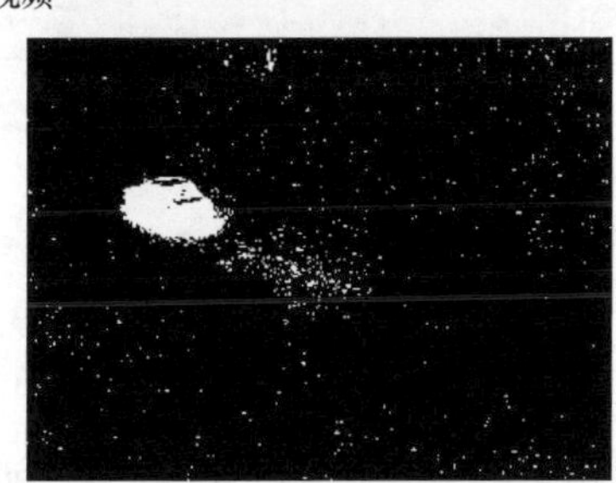

(b) test视频

(c) 环绕视频

图 2.29　混合高斯背景模型检测结果

2. Codebook 背景模型

Kim 等提出的 Codebook 背景模型算法通过在 RGB 颜色空间中对背景中的

每一个像素点建立码本，根据像素在时间序列上的变化，按照亮度范围和颜色扭曲度模型判断标准来不断增加码本中的码字并实时更新码本，最终构建出稳定的背景[26]。在前景检测阶段将像素点与背景模型中对应码本的码字进行匹配，若匹配成功则该像素点属于背景，此时应将该像素点更新到码本模型中，否则说明该像素点为前景点或噪声。Codebook 背景模型算法的主要优点是易于实现、鲁棒性好，缺点是需要消耗大量的内存。

Codebook 背景模型建立时通过不断更新背景来逐步扩充码本，最终建立稳定的背景模型。图 2.30(a)中显示了一个随着时间变化的像素点的波形，2.30(b)中开始阶段覆盖了一个新的码元，之后该码元会逐渐覆盖附近的值。若当前像素值与历史值相差较大，则生成一个新的码元补充对应的码本，并慢慢靠近新的像素值。

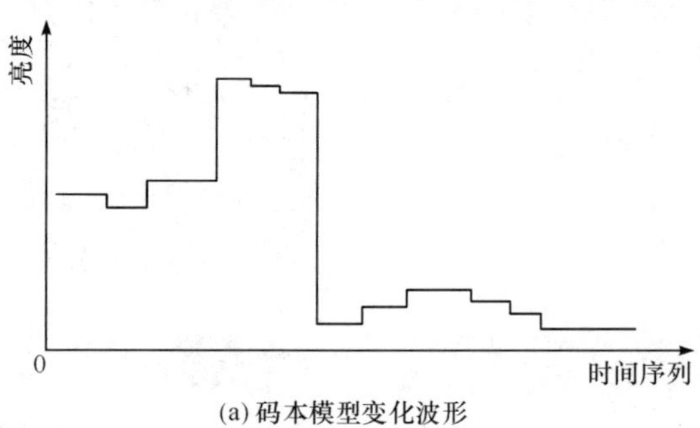

(a) 码本模型变化波形

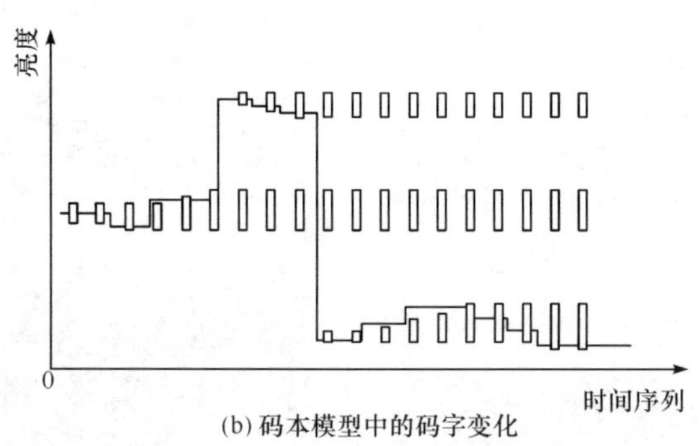

(b) 码本模型中的码字变化

图 2.30　码本背景模型形象化描述

1) 初始化码本

定义 $\chi$ 为视频训练序列中 RGB 颜色空间下不同时刻的像素集合 $\chi=\{x_1,x_2,\cdots,x_N\}$，令 $l=\{c_1,c_2,\cdots,c_L\}$ 为此像素的码本，$l$ 包含 $L$ 个码字，$L$ 为不固定的值，即每个像素点都有一个大小不同的码本。对于每个码字 $c_i$，$i=1,\cdots,L$，包含一个 RGB 向量 $v_i=(R_i,G_i,B_i)$ 和一个 6 元组 $\mathrm{auv}_i=\langle \check{I}_i,\hat{I}_i,f_i,\lambda_i,p_i,q_i\rangle$，其中：

(1) $\langle \check{I}_i,\hat{I}_i\rangle$ 为该码字中亮度范围的最小值和最大值。

(2) $f_i$ 为 Codebook 背景模型中的一个码字在对应的码本中被匹配的频率。

(3) $\lambda_i$ 为背景模型训练阶段某一个码字两次匹配之间的时间间隔长度。

(4) $\langle p_i, q_i \rangle$ 为码本中某个码字第一次出现与最后匹配的时刻记录。

在码本背景模型的训练阶段，每一帧图像中每一个像素点 $x_t$ 与其码本比较，找到匹配的码字 $c_m$，并使用匹配的码字作为样本的编码逼近。

2) 建立码本

Codebook 背景模型算法主要按照亮度范围和颜色扭曲度模型判断标准来建立码本。

图 2.31 是对一个背景像素点的采样统计，由此可知背景点像素值在 RGB 空间中主要呈圆柱状分布，沿轴线向原点靠近，亮度值介于 $I_{\text{low}}$ 与 $I_{\text{hi}}$ 之间。

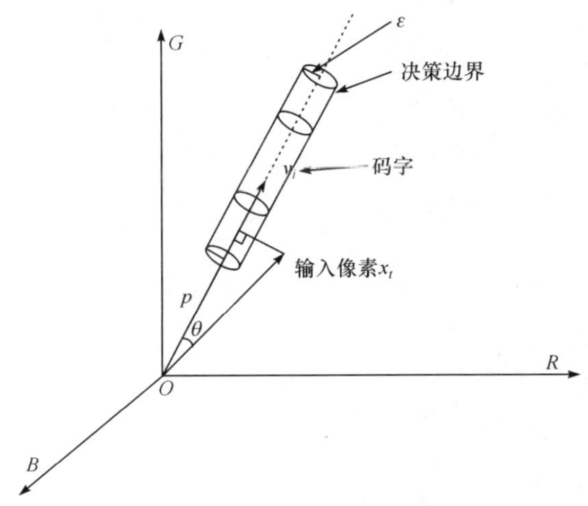


图 2.31　颜色和亮度模型

对于像素 $x_t=(R_t, G_t, B_t)$、码字 $c_i$ 及 $v_i=(\bar{R}_i, \bar{G}_i, \bar{B}_i)$，有 $\| x_t \|^2 = R_t^2 + G_t^2 + B_t^2$，$\| v_i \|^2 = \bar{R}_i^2 + \bar{G}_i^2 + \bar{B}_i^2$，$\langle x_t, v_i \rangle^2 = (\bar{R}_i R + \bar{G}_i G + \bar{B}_i B)^2$，可得到颜色扭曲度 $\delta$[26] 为

$$\delta = \text{colordist}(x_t, v_i) = \frac{\| x_t \|^2 \ \| v_i \|^2 - \langle x_t, v_i \rangle^2}{\| v_i \|^2} \tag{2.51}$$

这里的颜色扭曲即颜色失真，可以理解为在标准颜色空间里的亮度加权，相当于几何缩放一个码字向量到一个输入像素的亮度上，这样就可以用亮度来衡量颜色失真，避免了标准颜色的不稳定。

为了克服阴影和强光的影响，在码字匹配过程中利用可变参数 $\alpha$、$\beta$ 来定义亮度范围 $[I_{\text{low}}, I_{\text{hi}}]$。$I_{\text{low}} = \alpha I$，$I_{\text{hi}} = \min(\beta I, I/\alpha)$，其中 $\alpha < 1$，$\beta > 1$，典型值为 $0.4 < \alpha < 0.7$，$1.1 < \beta < 1.5$。

匹配过程中，对亮度的约束[26]为

$$\text{brightness}(I,\langle\check{I},\hat{I}\rangle)=\begin{cases}1, & I_{\text{low}}\leqslant||x_t||\leqslant I_{\text{hi}}\\0, & \text{其他}\end{cases} \tag{2.52}$$

3）精简码本

由于不同像素的码本长度不一，在背景训练阶段中可能混入噪声和移动前景点，导致码本中存在大量的冗余，大量时间被浪费在查找码字的过程中，因此必须及时精简码本，但频繁精简码本又会使有用的码字丢失，所以设置合理的时间段——最大负运行长度来去除背景模型中不合适的码字。最大负运行长度MNRL(λ)为某个码字在训练阶段没有被重复匹配的最大时间间隔，其表达式为

$$\text{MNRL}=\{c_m\,|\,C\wedge\lambda_m\leqslant T_M\} \tag{2.53}$$

式中，$c_m$ 和 $T_M$ 分别为背景模型和阈值，$T_M$ 通常设置为训练帧数的一半，即 $N/2$。

4）前景检测

通过将视频当前帧与背景模型作差分来检测前景，计算像素点的亮度 $I$ 和颜色扭曲度 colordist$(x,c_m)$。若两者同时满足式(2.54)和式(2.55)，即与 $l$ 中码字 $c_m$ 匹配，则判断其为背景并更新匹配的码字 $c_m$；若没有匹配的码字，则将该像素点判断为前景。

$$\text{colordist}(x,c_m)\leqslant\varepsilon \tag{2.54}$$

$$\text{brightness}(I,\langle\check{I}_m,\hat{I}_m\rangle)=1 \tag{2.55}$$

式中，ε 为检测阈值。

Codebook 背景建模流程如图 2.32 所示，其中训练模型和逐像素检测即为建立码本模型的过程。

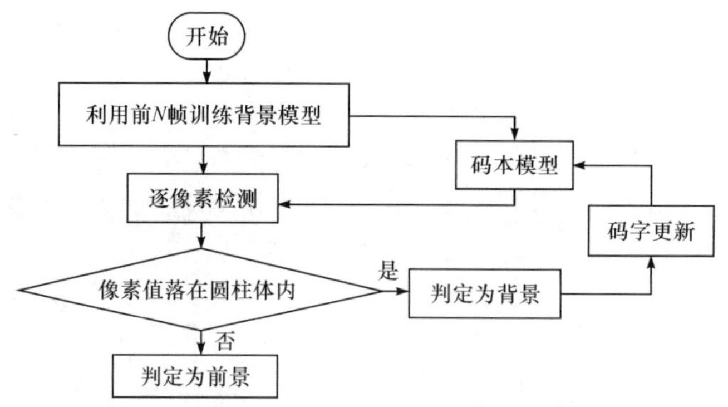


图 2.32 Codebook 背景建模流程图

5）更新码本

若在背景建模和检测过程中像素点与其码本中的码字 $c_m$ 匹配，则更新匹配的码字 $c_m$，设 $c_m$ 的内容为 $v_m=(\bar{R}_m,\bar{G}_m,\bar{B}_m)$ 和 $\text{auv}_i=\langle\check{I}_m,\hat{I}_m,f_m,\lambda_m,p_m,q_m\rangle$，那么把 $c_m$ 更新为

$$v_m=\left(\frac{f_m\bar{R}_m+R_m}{f_m+1},\frac{f_m\bar{G}_m+G_m}{f_m+1},\frac{f_m\bar{B}_m+B_m}{f_m+1}\right) \tag{2.56}$$

$$\text{auv}_m=\langle\min(I,\check{I}_m),\max(I,\hat{I}_m),f_m+1,\max(\lambda_m,t-q_m),p_m,t\rangle \tag{2.57}$$

Codebook 背景建模方法主要包括上述的初始化码本、建立码本、精简码本、更新码本四个步骤。其中，码本训练主要通过亮度范围和颜色扭曲度准则来建立稳定的背景模型；码本更新主要是为了克服噪声和光线变化的影响；码本精简是为了去除冗余[27]的码字进而减少码字查询时间。

因此，Codebook 背景建模的步骤如下：

(1) 初始化码本。

(2) 对于背景训练帧中的像素点 $x_t=(R_t,G_t,B_t)$，$t=1,2,\cdots,N$，计算其亮度值为 $I=(299R+587G+114B)/1000$，并依据亮度范围和颜色扭曲度判别标准来匹配码本中的码字 $c_i$。

(3) 计算码本模型中每个码字的最大负运行长度，利用式(2.53)去除多余的码字，得到背景的精简后的模型。

(4) 若码本为空或未找到匹配的码字，则创建一个新的码字 $c_L$ 为 $v_L=(R_L,G_L,B_L)$，$\text{auv}_L=\langle\check{I}_i,\check{I}_i,1,t-1,t,t\rangle$，否则按照式(2.56)和式(2.57)更新匹配的码字 $c_i$。

在运动目标检测过程中，通过对码本背景模型建立的颜色和亮度模型进行前景目标检测，若像素点在码字的颜色亮度模型所定义的柱状范围内，则该像素点就被认定为背景像素点，否则说明该像素点为检测到的前景目标。具体步骤如下：①计算像素点的亮度值；②对该像素点进行码字匹配；③对像素点进行判断，检测出前景目标。

Codebook 运动目标检测的具体步骤如下：

(1) 计算亮度 $I$，使用一个 match 值记录该像素点是否与码字匹配，更新阈值变量 threshold。

(2) 通过码字的颜色亮度模型对像素点进行匹配，若匹配成功，则记录 match=1，否则 match=0。

(3) 判断前景运动目标像素，得到最终结果 result。

$$\text{result}=\begin{cases}\text{background}, & \text{match}=1\\ \text{foreground}, & \text{match}=0\end{cases}$$

图 2.33 为 Codebook 背景模型检测结果，其中 camera 视频和 LeftBag 视频都来源于 PETS 数据集。从图 2.33 中可以看出，原始 Codebook 算法检测出的运动目标有大面积的阴影，同时图像右上方的房顶部位出现误检，噪声较多；原始 Codebook 算法在阳光照射区域出现误检且没有将地上静止的书包更新到背景中。

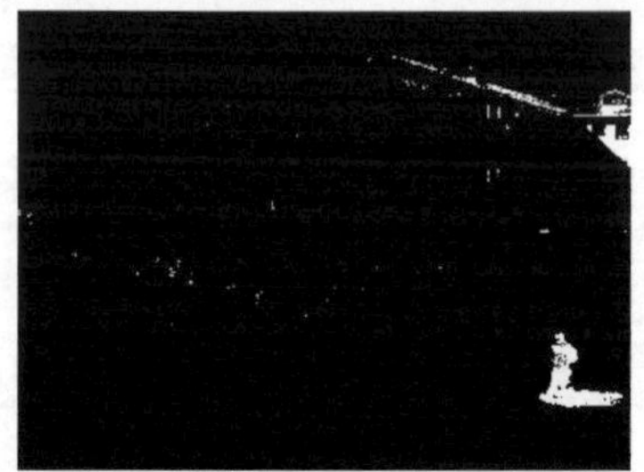

(a) camera视频第298帧

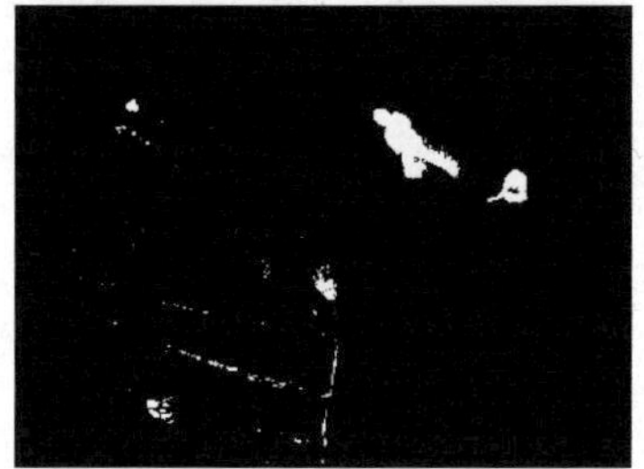

(b) LeftBag视频第1164帧

图 2.33　Codebook 背景模型检测结果

### 2.2.4　可视化背景提取算法

可视化背景提取(visual background extractor，ViBe)算法是 Barnich 等[28]于2011年提出的。ViBe 算法的主要思想是：利用邻域像素在空间分布具有一致性来完成背景模型的初始化，使得当前帧图像的每个像素与其背景模型进行匹配，若判定为背景就随机地更新其背景模型。ViBe 算法也属于背景建模法，该算法可大致分为背景模型初始化、目标检测和背景模型更新。

1. 背景模型初始化

ViBe 背景提取算法利用视频序列第一帧为每个像素建立一个背景模型，空间邻域的大小要能够包括足够数量的不同采样。在二维欧式颜色空间中，在某像素 $x$ 的八邻域 $N_8(x)$空间内，随机采样邻域内的像素值来填充模型。假设位于像素 $x$ 的像素值表示为 $p(x)$，则像素 $x$ 的采样集为

$$M(x)=\{p_1,p_2,\cdots,p_n\} \tag{2.58}$$

式中，$M(x)$为像素 $x$ 建立的背景模型；$p_i(i=1,2,\cdots,n)$为在像素 $x$ 的八邻域内采样得到的像素值；$N$ 为采样集中的采样数。此时，$x$ 是随机选择的，一个确定的 $p(x)$可能被选择多次[此时邻域 $N_G(x)$中的像素数小于 $M(x)$的像素数]，也可能

从不被选择。像素采样集示意图如图 2.34 所示。

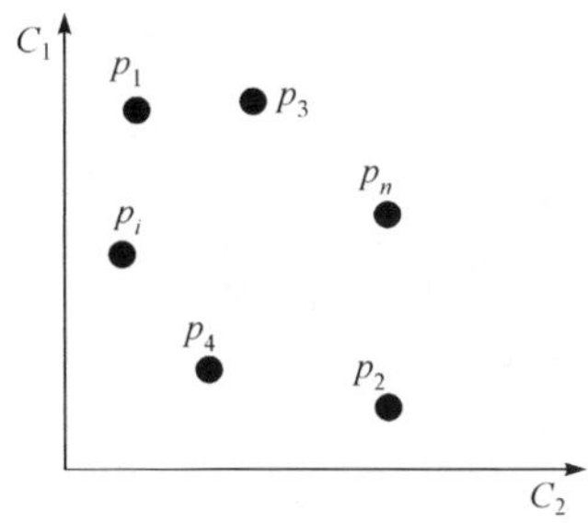


图 2.34　像素采样集示意图

此方法能够快速建立背景模型，但是当进行模型建立的视频帧中存在运动目标或静止目标(如停放在场景中的汽车)时，该目标的像素只是暂时被当做背景像素填充在背景模型中，出现如图 2.35 所示的现象，被称为 Ghost。在后面的处理中，该目标的突然运动就会给背景中留下新出现的原本属于背景的像素区域，被识别为新出现的像素，并被错误地判断为新目标，这也会对后续的目标跟踪等进一步处理造成错误判断。虽然随着背景模型的不断更新，该区域会逐渐被消除，但是其过程需要花费一定的时间，在有的场景中直至视频结束都没能完全消除。

图 2.35　背景建立中形成的 Ghost

2. 目标检测

像素的初始背景模型建立之后，从下一帧开始，就可以利用背景模型对新像素进行分类。首先，以当前像素值 $p_t(x)$为圆心，以 $R$ 为半径定义一个范围 $S_R(p_t(x))$，在该范围内利用像素欧氏距离的大小将像素值 $p_t(x)$与其采样集中最靠近的像素值进行比较。若范围 $S_R(p_t(x))$与采样集 $M(x)$交集的基数 $H$ 大于或等于给定的最小阈值 $H_{\min}$，则该像素就被认定为背景像素(BG)，并更新背景模型；否则为运动目标像素(FG)[28]。

$$p_t(x)=\begin{cases}\text{BG}, & H\{S_R(p_t(x))\cap M(x)\}\geqslant H_{\min}\\ \text{FG}, & \text{其他}\end{cases} \tag{2.59}$$

像素分类示意图如图 2.36 所示。

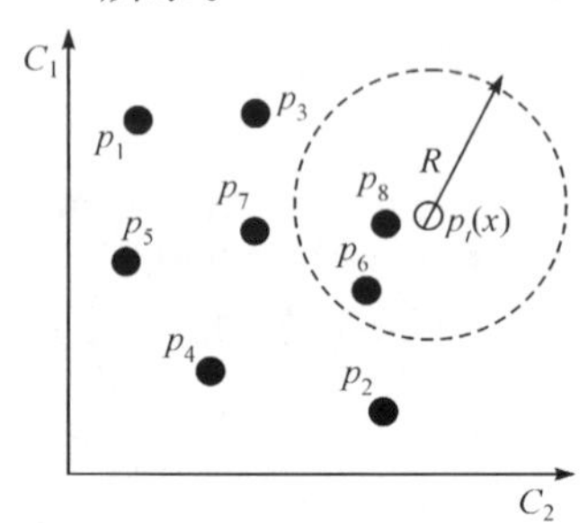


图 2.36　像素分类示意图

可视化背景提取算法中，当前像素范围半径(即分割的阈值)$R=20$，最小阈值 $H_{\min}=2$，采样数$n=20$。

图 2.37 中，camera2 为 PETS 数据库中的视频，其中存在近处晃动的树木、太阳光照的缓慢变化。图 2.37(a)为原始视频图像，图 2.37(b)为可视化背景提

(a) 原始图像　　(b) 可视化背景提取处理结果

图 2.37　camera2 视频实验结果

取处理结果。由该图可以看出，在光照稳定时，能够检测到完整的运动目标；随着时间的推移，光照的强度慢慢变化，可视化背景提取算法则更能够固定阈值，背景模型的建立受光照影响较小，并能够检测到远处的小目标；当光照达到最强时，可视化背景提取算法仍然能够检测到目标，并且受噪声影响很小，对背景噪声和光照变化有一定鲁棒性。

3. 背景模型更新

背景模型建立之后，为了在后续视频帧中精确地检测到运动目标，就要对模型进行实时更新，这是一个当前像素代替初始化背景模型中像素的过程。对初始化后的模型进行进一步更新，不仅要达到能够在后续视频处理中精确检测到运动目标的目的，而且必须适应光照等环境变化对目标检测的影响。对背景模型的更新也是背景减除法中的关键步骤，算法不同时使用的更新策略也有很大不同。在背景模型更新过程中，首先要确定更新方法，在原始模型中哪些像素应该被当前像素替代，哪些像素应该保留在模型中，保留多长时间等这些问题是必须考虑的。

背景模型更新方法包含以下三个方面。

1）无记忆更新策略

在更新过程中，不能盲目对模型中的像素进行更新，因为没有充分理由认为在模型中存在时间长的像素就应该被替代，如果这样，就失去了连续视频序列中的相邻像素间在时间和空间上的相关性。该算法使用的更新策略是：在相同概率密度函数下随机选择要被替换的像素，即一个像素保存在模型中的概率在某一个时间段应该是呈指数型单调递减的，这样就避免了盲目删除某些保存时间长的像素，提高了帧间的时间相关性。从数学上讲，$t$ 时刻，模型更新之后一个像素采样保留在模型中的概率可以用$(N-1)/N$确定。那么，一个像素采样由 $t_0$ 时刻到 $t_1$ 时刻存在的概率为

$$P(t_0,t_1)=\left(\frac{N-1}{N}\right)^{t_1-t_0}=\mathrm{e}^{-\ln\frac{N}{N-1}(t_1-t_0)} \tag{2.60}$$

这样，一个像素采样值保存在模型中的概率就呈指数型单调递减。

2）时间子采样

在模型更新过程中，对每一帧都更新像素模型是没有必要的，为了减少模型更新的频率，可以延长像素模型的寿命来满足后续处理。该算法采用随机时间子采样策略，即一个像素在被选择用来更新模型的 $n$ 次中只有一次机会被用来更新模型，将 $n$ 定义为子采样因子，即一个像素值在被选择 $n$ 次中只有一次被用于更新模型，调整该参数就可以使背景模型保持一定的时间不变。

3）背景采样空间一致性

在背景模型建立过程中，可能包含运动目标或暂时停留在场景中的物体，会使背景像素暴露出来被误判为运动目标，可利用背景采样的空间一致性来处理该问

题。在图像中,相邻背景像素具有类似的时间分布,一个像素的新背景采样也被用来更新相邻像素的模型。如果采用插入新的采样值 $p(x)$来更新 $x$ 的采样值,那样更新邻域 $N_8(x)$内随机选取的一个像素的采样集也要使用采样值 $p(x)$来完成。这样,被遮挡住的背景模型就会逐渐被相邻像素区域的背景采样所更新,更新过程中出现的 Ghost 就会逐渐被消除,并且能够适应环境光照变化的影响。图 2.38 是采样数为 8 的 8 个更新结果中的 3 个示例图。

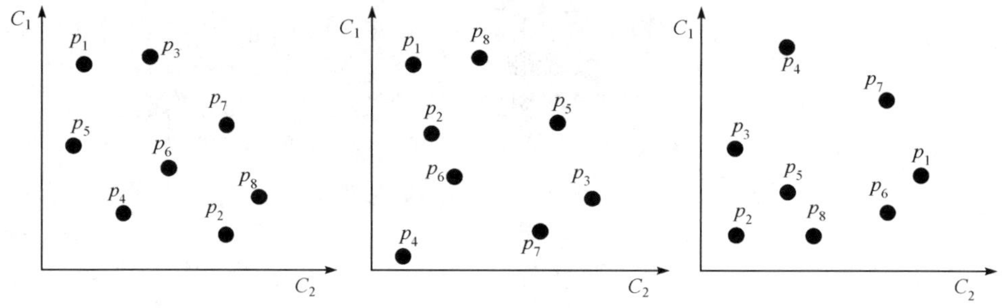


图 2.38 采样数为 8 的像素模型更新的部分结果

## 2.3 运动目标跟踪技术

### 2.3.1 Meanshift 跟踪算法

Meanshift 跟踪算法[29]是 Fukunaga 等于 1975 年首次提出的。其基本思想是:首先计算出给定点的偏移均值,最后移动该点到其计算出的偏移均值处,再次计算出移动后该点的偏移均值,最后再移动该点到后一次计算的偏移均值处,如此迭代计算,直到满足一定的约束条件为止。Meanshift 跟踪算法实际上是不停地搜索概率密度在局部区域为最大的过程。

图 2.39 为 Meanshift 跟踪算法示意图,可以形象地对 Meanshift 跟踪算法的基本原理进行描述。运动目标的跟踪开始于数据点 $x_i^0$,其中,空心圆点 $x_i^0,x_i^1,\cdots,x_i^n$ 表示中心点,上标表示迭代次数,黑色实心圆点表示不断移动中的窗口样本点,虚线圆圈表示密度估计窗口的大小,箭头表示相对于核函数中心点的偏移向量,而偏移向量所指的方向即为样本点最密集的方向。

由于 Meanshift 算法是收敛的,其本质是通过不断地迭代运算去搜寻样本点在特征空间中概率密度为最大的位置点,而搜索点的方向总是朝着样本点密度增加最大的方向偏移,即局部密度的极大点 $x_i^n$ 可根据这些数据对运动目标的走向进行分析判断,从而达到对运动目标进行跟踪的目的。

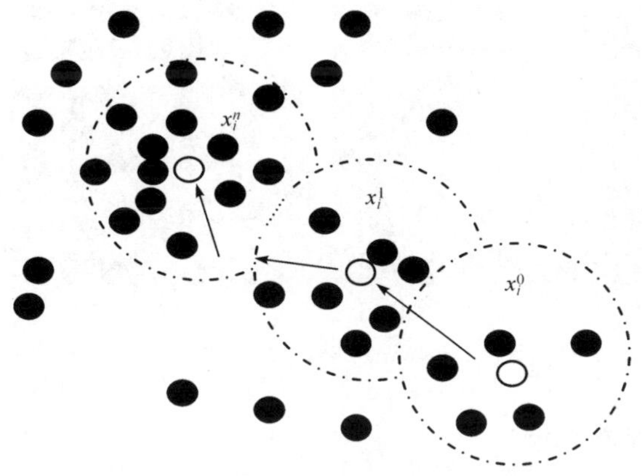


图 2.39　Meanshift 跟踪算法示意图

Meanshift 跟踪算法是通过判断两个相应模板间的相似性来确定运动目标移动的下一个位置，再根据迭代方法对新的中心点位置进行搜索，得到的结果即为运动目标新的位置点。该算法的具体实现步骤如下：

(1) 计算目标模板的概率密度$\{q_u\}_{u=1,\cdots,m}$，其中 $q_1+q_2+q_3+\cdots+q_m=1$，$m$ 为目标特征值的个数。

(2) 匹配对象，即利用目标被估计的位置 $y_0$ 对当前帧的目标位置进行初始化，并计算候选目标模板$\{p_u(y_0)\}_{u=1,\cdots,m}$。

(3) 采用 Bhattacharyya 系数对候选目标模板和对象的相似性进行数据匹配，根据式(2.61)计算当前窗口内各点的权重值。

$$m_h(x)=\frac{\sum_{i=1}^{n}G\left(\frac{x_i-x}{h}\right)w(x_i)x_i}{\sum_{i=1}^{n}G\left(\frac{x_i-x}{h}\right)w(x_i)} \tag{2.61}$$

式中，$h$ 为核函数的带宽向量对于给定的初始点 $x$，$G(x)$表示核函数。

(4) 进行过程匹配，即寻找相似函数最大值，并计算目标的新位置。

$$y_1=\frac{\sum_{i=1}^{m}x_i w_i g\left(\left\|\frac{y_0-x_i}{h}\right\|^2\right)}{\sum_{i=1}^{m}w_i g\left(\left\|\frac{y_0-x_i}{h}\right\|^2\right)} \tag{2.62}$$

(5) 若$\|y_1-y_0\|<\varepsilon$，则停止；否则，$y_0\leftarrow y_1$，返回第(1)步。

图 2.40 为 Meanshift 跟踪算法部分实验结果，此视频来源于室内自拍视频。从实验结果中可明显观察到该方法出现了跟踪丢失、错误跟踪以及光线干扰严重导致跟踪失败等问题。若将 Meanshift 跟踪算法运用在行人流量统计系统中，则该算法势必影响到行人计数的准确性。

(a) 第27帧图像

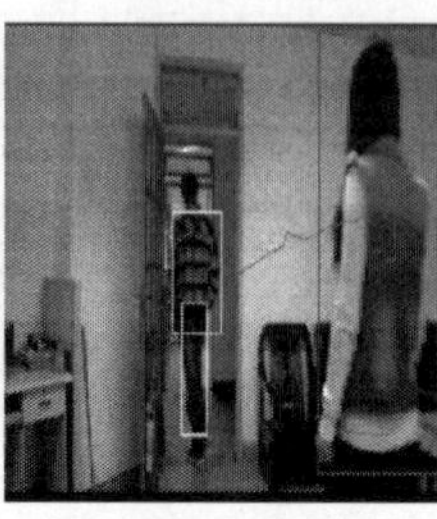

(b) 第85帧图像

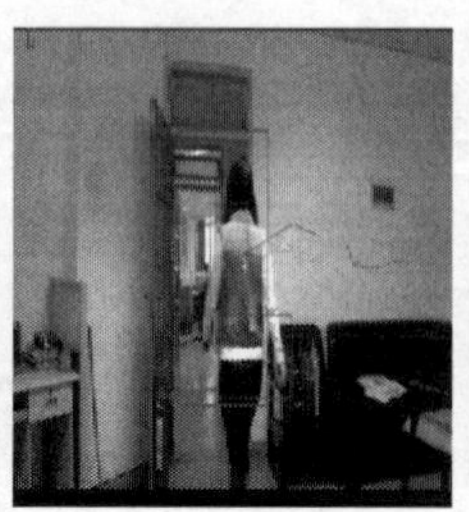

(c) 第479帧图像

(d) 第493帧图像

图 2.40　Meanshift 跟踪算法部分实验结果

### 2.3.2　Camshift 跟踪算法

Camshift 跟踪算法以 Meanshift 为基础，对视频中的每一幅图像循环采用 Meanshift 目标跟踪算法，每一幅图像的跟踪结果都决定了下一幅图像中跟踪迭代的初始值。

Camshift 跟踪算法实现步骤如下：

(1) 初始化搜索窗。

(2) 计算搜索窗的颜色概率分布(反向投影)。

(3) 运行 Meanshift 算法，获得搜索窗新的大小和位置。

(4) 在下一帧视频图像中利用第(3)步中的值重新初始化搜索窗的大小和位置，再跳转到第(2)步继续进行。

由于 RGB 颜色空间对光照亮度变化比较敏感，因此为了减少光照亮度变化对跟踪效果的影响，Camshift 算法将图像转化到 HSV 颜色空间进行后续处理。首先，当发现运动目标时，确定初始搜索窗口，使窗口恰好包含整个跟踪目标，然后对窗口中每个像素 $H$ 通道上的值采样，从而得到目标的色调直方图，将直方图保存下来作为目标的颜色直方图模型。在跟踪过程中，针对视频图像中的每一个像素，通过查询目标的颜色直方图模型得到该像素为目标像素的概率，并绘制反向投影图。当目标颜色与附近背景颜色相似时，由于反向投影图中目标与附近目标过于接近，致使传统的 Camshift 跟踪算法难以收敛，迅速扩大了搜索框，因此导致跟踪失败。

图 2.41 是采用 Camshift 跟踪算法对 PEST 视频库的 camera 视频序列第 478 帧、第 630 帧、第 673 帧图像的跟踪结果。由该图可以看出，传统的 Camshift 跟踪算法在运动目标跟踪方向存在一定的优越性，同时也具有一定的局限性，当目标颜色与背景颜色对比度不大时，经过目标直方图反向投影的概率分布图容易出现较大范围的扩散，进而导致搜索框迅速扩大，最终致使跟踪失败。

第478帧

第630帧

第673帧

图 2.41　对 camera 视频施加 Camshift 跟踪算法得到的结果

### 2.3.3　Kalman 滤波跟踪算法

Kalman 滤波跟踪算法[30]包括预测和更新两部分：预测部分预测下一帧目标位置信息，利用观测值提供给系统更新参数；系统更新参数后又可修正预测部分的预测结果。因此，整个 Kalman 滤波器就是预测和更新两部分的相互迭代，如图 2.42 所示。

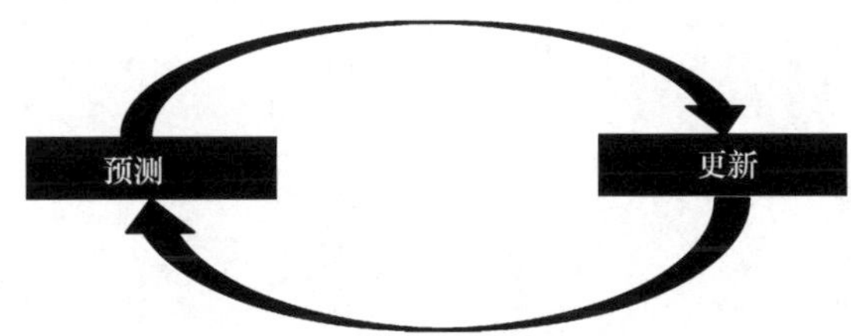


图 2.42　Kalman 滤波跟踪算法

Kalman 滤波跟踪算法是对线性和高斯系统状态序列进行最小方差估计的算法。其基本思想：如果系统早期创建出可靠的状态观测估计值，那么可以根据先前建立的状态观测来预计当前位置的最优后验概率。Kalman 滤波跟踪算法依赖的系统基于以下三个假设：

(1) 系统空间为线性。

(2) 影响噪声为高斯分布。

(3) 噪声干扰为白噪声。

设系统的状态方程和观测方程[30]分别为

$$X_k = AX_{k-1} + BU_k + W_k \tag{2.63}$$

$$Z_k = HX_k + V_k \tag{2.64}$$

式中，$A$ 为状态传递矩阵；$B$ 为输入控制矩阵；$X_k$ 为系统在 $k$ 时刻的状态向量；$U_k$ 为系统在 $k$ 时刻的外部控制向量；$W_k$ 为影像系统状态的高斯噪声，其协方差为 $Q$；$Z_k$ 为系统在 $k$ 时刻的观测向量；$H$ 为系统的观测矩阵；$V_k$ 为系统在 $k$ 时刻的测量误差。

Kalman 滤波跟踪算法通过上一时刻估计结果的状态值和误差，对下一时刻状态值和误差进行预测。由于通过预测得到的状态值和误差与真实状态相比都有一定的误差，因此通过新的观测值来更新和修正预测的结果，并为下一帧提供信息，利用递归的方法，就可以不停地预测和修正下一时刻目标的运动状态。

Kalman 滤波由于具有准确性高、实时性强的特点，被应用于解决多目标跟踪的问题。但由于其只适用于线性高斯的系统状态空间，因此当目标出现无规则运动、交叉遮挡等情况时，Kalman 滤波就会出现发散的现象，从而导致跟踪失败。因此，该系统只适用于线性和噪声高斯分布环境下的目标跟踪问题。

利用 Kalman 滤波跟踪算法进行多目标跟踪的结果如图 2.43 所示。其中，Tuo-person 视频为自拍视频，camera 视频来源于 PETS 视频数据库。由 Tuo-person 视频实验结果可以看出，在运动目标呈独立运动时，各个目标之间没有发生交叉遮挡，该算法能够准确跟踪视频场景中的运动目标，运动目标形成运动轨迹也被清晰地记录下来。由 camera 视频实验结果可以看出，白色车辆在受到电线杆的遮挡后跟踪失败；三个人有相互遮挡时不能很好地跟踪；当前背景目标相似时，Kalman 表现出跟踪漂移的现象。跟踪结果充分说明了 Kalman 不适用于非线性、非高斯环境。

(a) Two-person视频

(b) camera视频

图 2.43 Kalman 滤波跟踪结果

### 2.3.4　粒子滤波跟踪算法

粒子滤波跟踪基于蒙特卡罗方法[31]，利用随机分布的一些样本通过比对相似度、更新权重来实现贝叶斯滤波。它的基本思想是：通过在系统状态空间内大量采样的随机粒子集合来逼近系统的后验概率，从而实现对目标的跟踪，因此不受任何状态空间模型的限制，广泛适用于非线性、非高斯系统下的目标跟踪问题。粒子滤波跟踪的本质是利用蒙特卡罗方法实现递推贝叶斯滤波（recursive Bayesian filter），其中贝叶斯滤波可以通过求解滤波概率密度来估计目标状态，蒙特卡罗方法可以利用大量的样本来近似逼近状态空间中待估计变量的后验概率分布，从而将贝叶斯滤波中的积分问题转换为有限样本点的求和问题。粒子滤波中粒子的状态如图 2.44 所示。

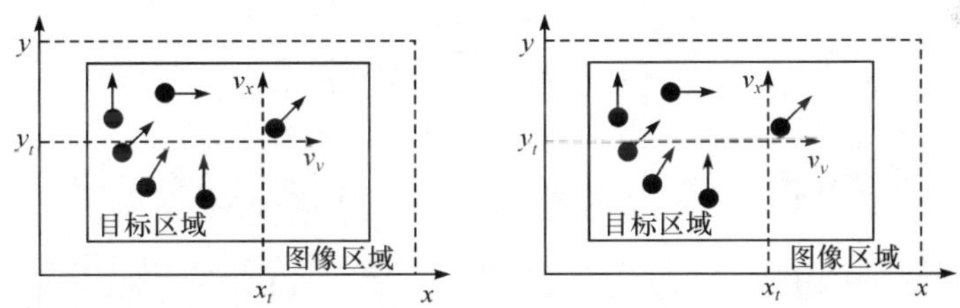


图 2.44　粒子状态图

假设采样的粒子组成样本集 $L_{0:t}=\{(x_{0:t}^{(i)},\omega_t^{(i)})\mid i=1,2,\cdots,N\}$，其中 $x_{0:t}^{(i)}$ 表示 $t$ 时刻样本集中第 $i$ 个样本（即粒子）的状态，$\omega_t^{(i)}$ 表示该样本采样状态的权重，且 $\sum_{i=1}^{N}\omega_t^{(i)}=1$。

1. 重要性采样

样本在实际应用中直接从后验概率抽取采样是非常难以实现的，因此如何从后验概率中有效提取样本减小统计方差是提高粒子滤波性能的关键。为了解决这个问题，重要性采样[32]引入了可以提高采样效率的重要性概率分布 $q(x_{0:t}\mid y_{1:t})$，从而避开直接从后验概率抽取样本，并且为每个样本赋予了重要性权重。

函数 $g_t(x_{0:t})$ 的期望计算[32]为

$$\begin{aligned}E(g_t(x_{0:t}))&=\int g_t(x_{0:t})\frac{p(x_{0:t}\mid y_{1:t})}{q(x_{0:t}\mid y_{1:t})}q(x_{0:t}\mid y_{1:t})\mathrm{d}x_{0:t}\\&=\int g_t(x_{0:t})\frac{p(x_{0:t}\mid y_{1:t})p(x_{0:t})}{p(y_{1:t})q(x_{0:t}\mid y_{1:t})}q(x_{0:t}\mid y_{1:t})\mathrm{d}x_{0:t}\end{aligned}\tag{2.65}$$

$$\begin{cases} p(y_{1:t}) = \int \dfrac{p(y_{1:t} \mid x_{0:t})p(x_{0:t})q(x_{0:t} \mid y_{1:t})}{q(x_{0:t} \mid y_{1:t})}\mathrm{d}x_{0:t} \\ \omega_t(x_{0:t}) = \dfrac{p(y_{1:t} \mid x_{0:t})p(x_{0:t})}{q(x_{0:t} \mid y_{1:t})} \end{cases} \tag{2.66}$$

另外，将该方程组(2.66)代入式(2.65)[32]，可得

$$E(g_t(x_{0:t})) = \frac{\int(\omega_t(x_{0:t})g_t(x_{0:t}))q(x_{0:t} \mid y_{1:t})\mathrm{d}x_{0:t}}{\int q(x_{0:t} \mid y_{1:t})\omega_t(x_{0:t})\mathrm{d}x_{0:t}} \tag{2.67}$$

通过式(2.68)得到期望的近似值。

$$E(g_t(x_{0:t})) = \sum_{i=1}^{N} g_t(x_{0:t}^{(i)})\tilde{\omega}_t(x_{0:t}^{(i)}) \tag{2.68}$$

式中，$\tilde{\omega}_t(x_{0:t}^{(i)}) = \omega_t(x_{0:t}^{(i)})\left[\sum_{j=1}^{N}\omega_t(x_{0:t}^{(i)})\right]^{-1}$。

### 2. 序列重要性采样

重要性采样提高了样本采样的效率，但为每个样本带来了权重，需要计算每个样本从开始到 $t$ 时刻的观测值，计算量大，而序列重要性采样[33]的递推估计思想可以克服这个难题。

根据贝叶斯思想将重要性函数 $q(x_{0:t}|y_{1:t})$[33]定义为

$$q(x_{0:t}|y_{1:t})=q(x_t|x_{0:t-1},y_{1:t})q(x_{0:t-1}|y_{1:t-1}) \tag{2.69}$$

已知 $t-1$ 时刻的样本集 $x_{0:t-1}^{(i)} \sim q(x_{0:t-1}|y_{1:t-1})$，可推出 $t$ 时刻的样本分量 $x_t^{(i)} \sim q(x_t|x_{0:t-1},y_{1:t})$，即 $t$ 时刻的样本集 $x_{0:t}^{(i)} \sim q(x_{0:t}|y_{1:t})$。利用式(2.70)[33]对样本权重进行递推更新。

$$\begin{aligned} \omega_t(x_{0:t}^{(i)}) &= \frac{p(y_{1:t}|x_{0:t})p(x_{0:t})}{q(x_{0:t}|y_{1:t})} \\ &= \omega_{t-1}(x_{0:t}^{(i)})\frac{p(y_{1:t}|x_{0:t})p(x_{0:t})}{p(y_{1:t-1}|x_{0:t-1})p(x_{0:t})}\frac{1}{q(x_t|x_{0:t-1},y_{1:t})} \\ &= \omega_{t-1}(x_{0:t}^{(i)})\frac{p(y_{1:t}|x_{0:t})p(x_t|x_{t-1})}{q(x_t|x_{0:t-1},y_{1:t})} \end{aligned} \tag{2.70}$$

另外，已知

$$q(x_t|x_{0:t-1},y_{1:t})=q(x_t|x_{t-1},y_{1:t}) \tag{2.71}$$

则通过下式可求得样本的权重：

$$\omega_t(x_{0:t}^{(i)})=\omega_{t-1}(x_{0:t}^{(i)})\frac{p(y_t|x_t^{(i)})p(x_t^{(i)}|x_{t-1}^{(i)})}{q(x_t^{(i)}|x_{t-1}^{(i)},y_{1:t})} \tag{2.72}$$

3. 粒子匮乏与重采样

随着粒子迭代，粒子的方差逐渐增大，不可避免地带来了退化现象，粒子滤波算法中存在的最大问题就是粒子匮乏。经过时间的推移就出现两个极端：①只有若干粒子保留较大权重；②其他粒子的权重越来越小。如果继续迭代，那么粒子滤波器的大量计算就会浪费在那些权重微乎其微的粒子上，影响了整个粒子滤波器的效率。

重采样算法[34]可以很好地解决这个问题。其基本思想是：对粒子权重进行系统估计，并引入有效采样数量，当有效采样粒子低于某个阈值时，直接舍弃低权重粒子，并对高权重粒子进行来判断权重赋值，以降低粒子退化发生的概率，对系统进行有效的概率预测。

利用式(2.73)对有效采样的粒子数量 $N_{\mathrm{eff}}$ 进行约束，利用这个条件来判断何时进行重采样。

$$N_{\mathrm{eff}} = \frac{1}{\sum_{i=1}^{N} (\tilde{\omega}_t^{(i)})^2} \tag{2.73}$$

对有效采样粒子数进行判断，当 $N_{\mathrm{eff}}$ 小于一定的阈值 $N_{\mathrm{th}}$ 时，粒子滤波就会开启重采样策略，阈值 $N_{\mathrm{th}}$ 通常取为 $2N/3$。

图 2.45 为粒子滤波模型演示图，该图直观地描述了粒子滤波算法粒子初始化、重要性采样和重采样 3 个步骤。由图中第一层粒子可以看出：在 $k-1$ 时刻先验概率由 $N$ 个权重为 $1/N$ 的粒子 $x_{k-1}^{(i)}$ 近似表示；然后通过第一条曲线预测每个粒子在 $k$ 时刻的状态 $\tilde{x}_k^{(i)}$ 并根据观测值更新粒子权重 $\tilde{\omega}_k^{(i)}$，得到权重大小不同的粒子，图中权重大的粒子用较大的点表示；重采样过程舍弃权重较小的粒子，复制权重较大的粒子，粒子的权重被重新设置为 $1/N$。

图 2.46 为视频 PETS 中 camera 视频的第 871 帧和第 934 帧利用粒子滤波对其进行多目标跟踪的结果。图中，白色车辆在遮挡后粒子滤波仍然可以跟踪，表现出了很好的抗遮挡，然而跟踪精度不高，这与背景复杂模板不能很好地更新有关。同样的，在草坪中行人和背景颜色接近，粒子滤波此时虽然可以有效跟踪，但发散较大。另外，当人体靠得过近时，粒子滤波同样不能精确地跟踪。

### 2.3.5　基于 Snake 模型的目标跟踪算法

1. Snake 模型的基本思想

Snake 模型又称为主动轮廓线模型[35]，其基本思想是依据图像信息曲线（曲面）演化，使其最终找到目的边界。这种方法将分割、追踪问题转换为最优问题，利

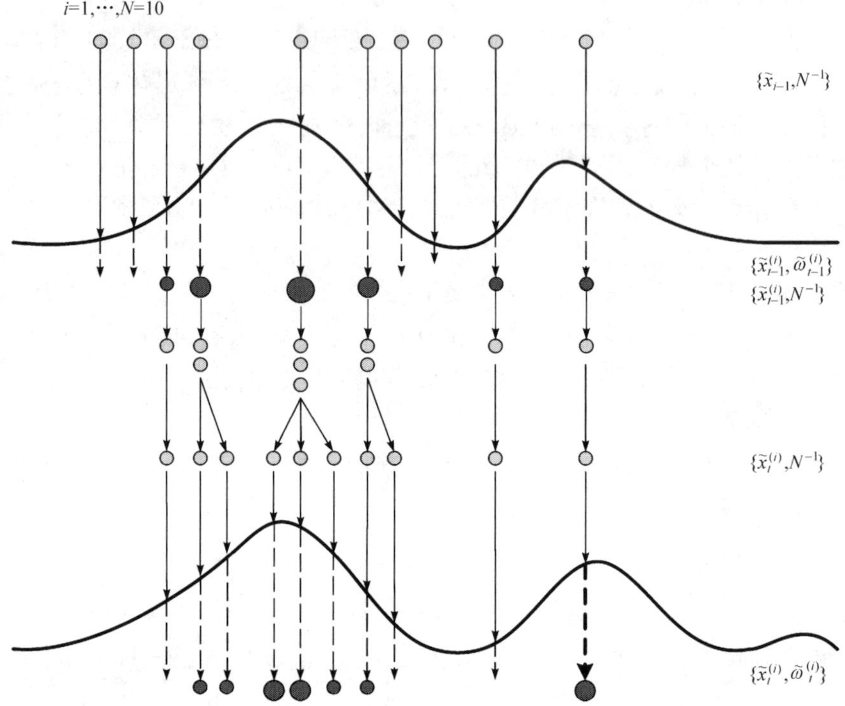


图 2.45 粒子滤波算法演示图

图 2.46 粒子滤波跟踪结果(见彩图)

用闭合曲线(或曲面)形变的特定规律,定义度量闭合曲线(曲面)形变的能量函数,通过最小化能量函数使曲线(曲面)逐步逼近图像中目标的边缘。

Snake 模型能量函数的设计原则是有利属性要能导致能量缩小。有利属性包括曲线(曲面)连续、平滑、与高梯度区域接近以及其他一些具体的先验知识。这样,活动轮廓在取值范围内移动时,就能在能量函数的指导下收敛到局部边界,而且能保持曲线(曲面)连续和平滑。Snake 模型是在曲线(曲面)本身的内力和图像数据的外部约束力作用下移动的变形轮廓。作用在 Snake 模型上的力依据轮廓所在的位置及其形状决定如何在空间局部变化。内力和外力的作用是不同的,内力起平滑约束作用,外力则引导 Snake 模型向图像特征移动。

2. Snake 模型的数学模型

Snake 模型是在内部约束力和外部约束力作用下移动的变形轮廓线。它可以表示为定义在 $s\in[0,1]$上的参数曲线,即 $v(s)=(x(s),y(s))$。与模型相关的能量函数记为 $E_{snake}$,定义为

$$E_{snake}=\int_0^1 E_{snake}(v(s))\mathrm{d}s=E_{int}(v(s))+E_{ext}(v(s)) \tag{2.74}$$

式中,$E_{int}$为 Snake 模型的内部能量函数,定义为

$$E_{int}(v(s))=\int_0^1 \frac{1}{2}(\partial\ |v'(s)|^2+\beta\ |v''(s)|^2)\mathrm{d}s \tag{2.75}$$

$E_{ext}$为 Snake 模型的外部能量函数,定义为

$$E_{ext}(v(s))=E_{img}(v(s))+E_{constaint}(v(s)) \tag{2.76}$$

式(2.75)中,$v'(s)$、$v''(s)$分别为曲线的一阶导数和二阶导数。$E_{int}$定义了一个可伸长和可弯曲的轮廓($v(s)$)的内部变形能量,它包括 $\alpha$ 和 $\beta$ 两个参数:$\alpha$ 控制轮廓的应力,它是施加于 Snake 轮廓曲线上相邻两点的连续约束项系数,作用是调节 Snake 的伸缩力;$\beta$ 控制轮廓的刚度。这些参数操纵着模型的物理行为和局部连续性,体现了对 Snake 轮廓曲线连续性和平滑性的约束。内部能量函数中加权系数 $\alpha$ 和 $\beta$ 的选择,与图像噪声分布有关,噪声越大,$\alpha$ 和 $\beta$ 的值也应越大,以使 Snake 轮廓曲线可以跨越噪声所造成的局部极小值位置。同时,$\alpha$ 和 $\beta$ 的相对分布又决定着轮廓收敛的性能。$\alpha$ 控制着轮廓曲线一阶导矢模分量,$\alpha$ 越大,轮廓收缩的速度越快;$\beta$ 控制着轮廓曲线二阶导矢模分量,$\beta$ 越大,轮廓越平滑。当选择 $\alpha=0$ 时,允许 Snake 轮廓曲线出现间断点,轮廓曲线不连续。因此,通过合理地选择 $\alpha$ 和 $\beta$ 的值,可以使轮廓收敛至图像中比较合理的位置。

式(2.76)定义的 $E_{ext}$是外部能量函数,它决定着 Snake 轮廓曲线的移动方向,不同的外部能量函数引导 Snake 轮廓曲线收敛到图像不同的特征区域。一般来说,外部能量函数主要由图像能 $E_{img}$和约束力能 $E_{constaint}$组成。$E_{img}$表示由图像力产生的图像能,它与图像特性有关,$E_{img}$在图像的非边缘处具有较大数值,而在边缘处数值较小。这样,由此图像能构成的 Snake 模型能量函数在最小化过程中,很容易使离散化的 Snake 控制点到达边缘时便不再离开边缘,完成对目标轮廓的精确定位。$E_{constaint}$表示外部约束力能,只有在解决某种具体问题时才予以考虑。

3. Snake 模型的工作原理

Snake 模型是一条参数化的曲线,用于表征某种显著的图像特征(如感兴趣的

目标轮廓等)。模型的工作原理是:在对 Snake 模型进行适当的初始化之后,轮廓曲线在来自模型自身的内力和来自模型以外的外力的共同约束下,进行主动地变形和移动。其中,内力约束轮廓曲线的形状特性,外力指导曲线的行为,将其拖向显著的图像特征。模型与某一恰当定义的能量函数相关联,在模型向显著图像特征收敛的过程中,通过实现此能量函数的最小化来提取显著图像特征。Snake 模型的运动过程就是寻找 $E_{snake}$最小值的过程,Snake 能量函数 $E_{snake}$表示为

$$E_{snake}=\int_0^1\left[\frac{1}{2}(\alpha\ |v'(s)|^2+\beta\ |v''(s)|^2)+p(v(s))\right]ds \tag{2.77}$$

当 $E_{snake}$达到最小值时,使用欧拉-拉格朗日方程进行求解,可以得到。

$$\alpha v''(s)-\beta v''''(s)-\nabla p(v(s))=0 \tag{2.78}$$

从这个角度来看,能量最小化方程还可以视为力平衡方程,其表达式为

$$F_{int}=F_{ext} \tag{2.79}$$

式中,$F_{int}$表示 Snake 模型受到的内力作用,它控制曲线的收缩和平滑等内部特性;$F_{ext}$表示模型受到的外力作用,外力指导 Snake 模型曲线收敛到真实的目标轮廓。因此,可以从力的平衡角度对 Snake 模型的工作原理进行解释,Snake 轮廓曲线在外力 $v_{i-1}$的吸引下不断地向真实目标轮廓移动;内力 $F_{int}$在保持对 Snake 形状约束的同时,随着 Snake 轮廓曲线的移动而变化,最终内外力之和为零,达到平衡状态。此时,Snake 轮廓曲线就停留在真实的目标轮廓上,完成提取目标轮廓的任务。

4. Snake 模型的两种算法实现

1) 动态规划算法

在 Snake 模型的实现方法中,最一般的方法是将求解变量积分函数的最优问题转化为求解相应的欧拉-拉格朗日方程的问题。但是,在使用欧拉-拉格朗日方程法求解能量函数时,在最小化过程中能量函数存在多个局部极小值,因此不能保证 Snake 轮廓曲线收敛到全局极值。动态规划(dynamic programming,DP)算法[36]以其动态灵活的特点,成为实现 Snake 模型的较好选择。Amlni 等提出使用动态规划来最小化 Snake 能量函数。

DP 算法是解决多阶段决策过程最优化问题的一个有效而快速的方法。对 Snake 能量模型的最小化可看做是一个离散的多阶段决策处理过程。因此,最小化问题也就转化为有限阶段$(1,2,\cdots,n)$中每个阶段的最小化,从一组有限的可能策略中做出决策。因此,离散化的能量函数可转化为

$$E_{total}(v_1,v_2,\cdots,v_n)=E_1(v_1,v_2,v_3)+E_2(v_2,v_3,v_4)+\cdots \tag{2.80}$$

式中

$$E_{i-1}(v_{i-1},v_i,\cdots,v_{i+1})=E_{int}(v_{i-1},v_i,v_{i+1})+E_{ext}(v_i) \tag{2.81}$$

每个决策阶段中有 $v_{i-1}$、$v_i$、$v_{i+1}$三个控制点(其中 $v_i$ 表示第 $i$ 个决策阶段的阶

段变量 $v_{i-1}$、$v_{i+1}$ 在第 $i$ 个决策阶段为定值)，且每个变量只允许有 $m$ 个可能值。这种离散 DP 算法的复杂度是 $O(nm^3)$。DP 算法包括生成优化函数序列 $\{S_i\}_{i=1}^{n-2}$、在第 $i$ 个阶段进行最小化、得到每个 $S_i$。DP 最小化 Snake 的能量，采用下面的 Snake 模型：

$$S_i(v_{i+1}, v_i)=\min_{v_i}\{S_{i-1}(v_i, v_{i-1})+E_i(v_{i+1}, v_i, v_{i-1})\} \tag{2.82}$$

能量矩阵对应于优化函数 $\{S_i\}$，位置矩阵则存放最小化式(2.81)的 $v_i$。采用 DP 顺推算法求得的最小轮廓为

$$E_{\min}=\min_{v_n} S_{n-1}(v_n, v_{n-1}) \tag{2.83}$$

逆向跟踪位置矩阵，从而得到优化轮廓。为了发现最优化轮廓，可以进行迭代处理。具体算法如下：

(1) 采用式(2.80)和式(2.81)求得最小的 $E_{\text{total}}$。

(2) 若 $E_{\text{total}}$ 与上一次迭代结果相同，则停止迭代。

(3) 否则将 Snake 控制点移到新的计算位置。

(4) 转到第(1)步。

2) 贪心算法

由 Dijkstra 提出的贪心(Greedy)算法是重要的算法设计方法，主要用于求取问题的最佳解，其经典应用是解决最短路径问题。作为一种常用的求解最优化问题的简单、迅速的方法，贪心算法总是做出当前 Snake 模型在轮廓提取中看来是最好的选择。它所做的每一个选择都是在当前状态下某种意义的最好选择，即贪心选择，并希望通过每次所做的贪心选择最终得到问题的最优解。

Amini 利用时延离散动态规划算法进行 Snake 能量函数的最小化，使获得的解具有稳定性。但 DP 算法的收敛速度太慢，其时间复杂度为 $O(nm^3)$。针对 DP 算法的低效性，Wiliams 使用贪心算法来实现 Snake 能量函数的局部最优解，时间复杂度仅为 $O(mn)$。Greedy 算法将总体能量的下降化为 Snake 轮廓曲线上每个控制点能量的局部下降，并忽略了它们之间的关联，从而减少了运算量。

此算法对每一个控制点执行如下步骤：

(1) 找到当前点 $(x_i, y_i)$ 邻域内各像素点梯度值的最大值和最小值，并赋值给 Max 和 Min。

(2) 计算当前点 $(x_i, y_i)$ 邻域内各像素点的能量值 $E_{\text{elastic}}$、$E_{\text{bending}}$、$E_{\text{ext}}$。

(3) 将这些能量值标准化。

(4) 在当前点 $(x_i, y_i)$ 邻域内找到能量最小的像素点。

(5) 将控制点 $(x_i, y_i)$ 更新到上一步找到的能量最小点的位置。

(6) 转第(1)步，处理下一个控制点。

图 2.47 为对车辆视频第 1 帧、第 9 帧和第 18 帧进行跟踪的效果。由该图可以看出，Snake 模型对凹陷目标轮廓的提取效果较差，不能检测出凹陷部分的轮

廓,跟踪检测效果部分缺失。

第1帧

第9帧

第18帧

图 2.47 车辆视频跟踪算法结果图像

## 2.4 本章小结

本章对运动目标检测与跟踪的基础知识进行了深入研究。首先,介绍了图像预处理,包括图像增强、滤波和形态学处理。其次,对运动目标检测算法的常用基本方法包括帧差分方法、光流法、背景相减法等进行了研究,对三者的特点、区别进行了叙述;最后,研究了运动目标常用的跟踪算法并对实验结果进行了对比。

### 参考文献

[1] 郑运平,常宜斌. 一种新的灰度图像的快速矩计算算法[J]. 计算机学报,2015,38(113):1-18.

[2] 赖有华,叶海建. 几种阈值分割法在工程图自动识别中的应用[J]. 江西理工大学学报,2006,27(4):31-33.

[3] Ji W,Tao Y,Zhao D A,et al. Iterative threshold segmentation of apple branch images based on clahe[J]. Nongye Jixie Xuebao/Transactions of the Chinese Society of Agricultural Machinery,2014,45(4):69-75.

[4] Otsu N. A threshold selection method from gray-level histogram[J]. IEEE Transaction on System,Man and Cybernetics,1979,9(1):62-66.

[5] 孙琛琛,申德荣,寇月,等. 面向实体识别的聚类算法[J]. 软件学报,2016,27(9):2303-2319.

[6] Kim J Y,Kim L S,Hwang S H. An advanced contrast enhancement using partially overlapped sub-block histogram equalization[J]. Circuits and Systems for Video Technology,2001,11(4):475-484.

[7] Kim Y T. Contrast enhancement using brightness preserving bi-histogram equalization[J]. Consumer Electronics,1997,43(1):1-8.

[8] 吴一全,朱兆达. 图像处理中阈值选取方法[J]. 数据采集与处理,2007,4(9):98-101.

[9] Tan X,Triggs B. Enhanced local texture feature sets for face recognition under difficult lighting conditions[J]. IEEE Transactions on Image Processing,2010,19(6):1635-1650.

[10] Alipour S H M,Rabbani H,Akhlaghi M. A new combined method based on curvelet transform and morphological operators for automatic detection of foveal avascular zone[J]. Signal Image and Video Processing,2014,8(2):1-18.

[11] 张桂梅,周明明,马珂. 基于彩色模型的重构标记分水岭分割算法[J]. 中国图象图形学报,2012,17(5):641-647.

[12] Cao H,Zhang J D. Analysis of digital color space model in ship video surveillance[J]. Journal of Dalian Maritime University,2012,38(1):108-80.

[13] Tilneac M,Dolga V. Individual plant recognition using the RGB color model[C]//15th IEEE Mediterranean Electrotechnical Conference,Valletta,2010:1147-1152.

[14] 陈雷,陈启军. 基于 YUV 色彩空间线性变换的图像预处理方法[J]. 华中科技大学学报:自然科学版,2008,36(1):72-75.

[15] 石美红,申亮,龙世忠,等. 从 RGB 到 HSV 色彩空间转换式的修正[J]. 纺织高校基础科学学报,2008,21(3):351-356.

[16] 段瑞玲,李庆祥,李玉和. 图像边缘检测方法研究综述[J]. 光学技术,2005,31(3):415-419.

[17] Ohta N,Kanatani K,Kimura K. Moving object detection from optical flow without empirical thresholds[J]. IEICE Transactions on Information and Systems,2015,81(2):243-245.

[18] Liu CK,Ko-Ting Cheng,Fuh A Y G. Designs of high color purity RGB color filter for liquid crystal displays applications using fabry-perot etalons[J]. Journal of Display Technology,2012,8(3):174-178.

[19] Yin H P,Chai Y,Yang Simon X,et al. Fast-moving target tracking based on mean shift and frame-difference methods[J]. Systems Engineering and Electronics,2011,22(4):587-592.

[20] Sen Ching S,Cheung,Chandrika Kamath. Robust techniques for background subtraction in urban traffic video[C]//Proceedings of International Society for Optical Engineering,Visual Communications and Image Processing,San Diego,2004:881-892.

[21] Li Y H,Tian H F,Zhang Y. An improved gaussian mixture background model with real-time adjustment of learning rate[C]//International Conference on Information Networking and Automation (ICINA),Kunming,2010,1:512-515.

[22] Zhang W,Wang G H,Yin H B. An adaptive computational model for salient object detection [J]. IEEE Transactions on Multimedia,2010,12(4):300-316.

[23] Geng L,Xiao Z T. Real time foreground-background segmentation using two-layer Codebook model[C]//International Conference on Control,Automation and Systems Engineering (CASE),Trieste,2011:1-5.

[24] Qu Z,Zhang Q Q,Gao T F. Moving object tracking based on Codebook and particle filter [J]. Procedia Engineering,2012,29(4):174-178.

[25] Xu K,Chen S X,Yan G. Moving object detection based on improved Gaussian model[J]. La-

ser and Infrared,2012,42(7):821-824.

[26] Kim K,Chalidabhongse T H,Harwood D,et al. Real-time foreground background segmentation using Codebook model[J]. Real-time Imaging,2005,11(3):172-185.

[27] 徐继伟,张文博,魏峻,等. 一种基于聚类分组的虚拟机镜像去冗余方法[J]. 软件学报,2016,27(2):466-480.

[28] Barnich O, Van D M. ViBe: a universal background subtraction algorithm for video sequences[J]. IEEE Transactions on Image Processing,2011,20(6):1709-1724.

[29] Fukunaga K,Hostetler L D. The estimation of the gradient of a density function,with applications in pattern recognition. IEEE Transactions on Information Theory, 1975, 21 (1): 32-40.

[30] Ali N H,Hassan G M. Kalman filter tracking[J]. International Journal of Computer Applications,2014,89(1):15-18.

[31] Xu H X,Zhou W,Zheng J H,et al. Multi-object visual tracking based on reversible jump Markov chain Monte Carlo[J]. IET Computer Vision,2011,5(5):282-290.

[32] Gao J P,Wei Z H,Meng Y J,et al. Particle filter based on observation likelihood importance sampling[J]. Journal of System Simulation,2009,21(12):3705-3709.

[33] Cherry K M,Peplinski B,Kim L,et al. Sequential Monte Carlo tracking of the marginal artery by multiple cue fusion and random forest regression[J]. Medical Image Analysis,2015,19(1):164-175.

[34] Li T,Bolic M,Djuric P M. Resampling methods for particle filtering: classification,implementation,and strategies[J]. IEEE Signal Processing Magazine,2015,32(3):70-86.

[35] Zhang M,Wen J H,Peng X X. Segmentation for range image based on snake active contour model[J]. International Journal of Signal Processing,Image Processing and Pattern Recognition,2016,9(8):393-400.

[36] Liang Q,Wendelhag I,Wikstrand J,et al. A multiscale dynamic programming procedure for boundary detection in ultrasonic artery images[J]. IEEE Transactions on Medical Imaging,2000,19(2):127-42.

# 第 3 章　视频序列中的微动目标检测方法

科学研究表明，人类在接受外界信息时，主要依靠视觉和听觉，其中视觉对外界信息的平均接受率为 83%，而听觉的平均接受率为 13%，远远低于视觉。目前用户与运营商的主要沟通方式是语音，如果有运营商能够为客户提供差异化的语音服务，其服务竞争力将大大提高，这一差异化的语音服务就是坐席视频通话系统所提供的服务。在坐席视频通话系统中，运营商客服除了保留语音服务之外，还能实现动态画面与静止画面相结合的丰富多彩的通信服务，能够切实加深客服人员与客户之间的关系，在保护客服人员工作环境隐私的同时，实现了静态背景的有效利用，使得客服人员图像和背景画面同时显示在客户手机上，具有广阔的发展前景和巨大的经济价值。本章主要介绍图像特征分类、图像特征提取以及微动目标提取技术。微动目标检测总体框架如图 3.1 所示。

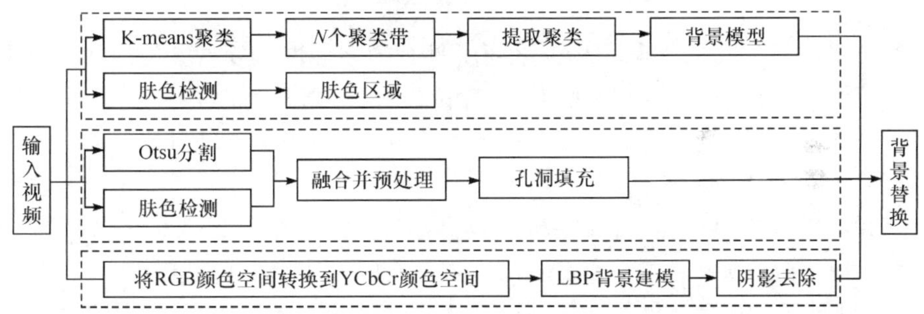


图 3.1　微动目标检测总体框架

## 3.1　图像特征分类技术

常用的图像特征分类技术有 Bayes 分类算法、K-means 算法、AdaBoost 模型、马尔可夫模型和条件随机场模型。

### 3.1.1　Bayes 分类算法

Bayes 分类算法是一种运用概率模型进行统计的分类算法，利用 Bayes 分类算法预测一个未知样本所属类别的概率，并比较概率大小，选择概率最大的类别作为该样本所属类别。Bayes 定理本身以样本独立性作为前提，但假设的情况在实际中通常不可行，这使得 Bayes 分类算法的准确性有所降低。

朴素贝叶斯(naive Bayes，NB)算法[1]是 Bayes 分类算法中最常用的方法，设 $u(a_{1u},a_{2u},\cdots,a_{mu})$ 为未知类别的样本，$p(c_k|u)$ 为 $u$ 属于类别 $c_k\in\{c_1,c_2,\cdots,c_n\}$ 的概率，在假设各个属性相互独立的情况下，根据 Bayes 定理可得到

$$p(c_k \mid u)\infty p(c_k)\prod_{i=1}^{n} p(a_{iu} \mid c_k) = \frac{\prod_{i=1}^{n} p(a_{iu} \wedge c_k)}{p(c_k^{n-1})} \tag{3.1}$$

由式(3.1)可知，对不确定的某一样本 $u$，$u$ 属于每一个类别的概率可以通过计算得到，选择概率最大的类别作为样本的类别。

保证各属性之间相互独立是 NB 算法的前提，也就是说，对于属性 $A$、$B$ 和 $C$ 的取值，若满足 $p(A|B,C)=p(A|C)$，则认为 $A$、$B$ 属性之间是相互独立的。由 Bayes 定理可知，当数据集合满足独立性这一假设前提时，分类的准确性便会得到很大提高，这是 Bayes 分类算法的优点之一，但是该算法没有可用于识别规律参数信息的输出。

### 3.1.2 K-means 算法

K-means 算法是一种利用特征之间所具有的相似性来度量分类的间接聚类算法。该聚类算法用 $K$ 作为输入参数，把数量为 $n$ 的对象分成 $K$ 个类簇，每个簇内具有相同或相近的属性，簇间具有较大的差别性，根据簇中对象目标像素的平均值计算相似度。

该算法的实现过程是：首先随机选取 $K$ 个目标，每个目标表示一类属性的中心，计算其余每个对象与各中心之间的距离，找到最近的一个中心，把该对象归属于这个中心所属的类中，重新计算并更新各聚类的新中心；然后，对新的目标对象再次进行距离计算判别所属类别，重复上述步骤，直到类别划分趋于稳定。K-means算法是典型的通过迭代计算得到类别划分的聚类算法。其中，类中心的更新是指当某个对象按照某一原则找到所属类之后，对该类所有像素点进行中心的重新计算，得到新的中心作为下一个类的判别中心。

聚类是否趋于稳定、迭代是否可以结束是依据聚类准则函数来判断的，准则函数采用误差平方和来判别计算，其表达式为

$$E = \sum_{i=1}^{k}\sum_{p\in C_i} |p - m_i|^2 \tag{3.2}$$

式中，$E$ 为数据集的误差平方和；$P$ 为目标图像区域中的像素点，代表需要判断类别的新目标对象；$m_l$ 为簇 $C_i$ 的平均值。若 $E$ 值越大，则误差平方和越大，对应的误差也越大，聚类结果越差[2]。

准则函数 $E$ 的理想值走向曲线如图 3.2 所示。

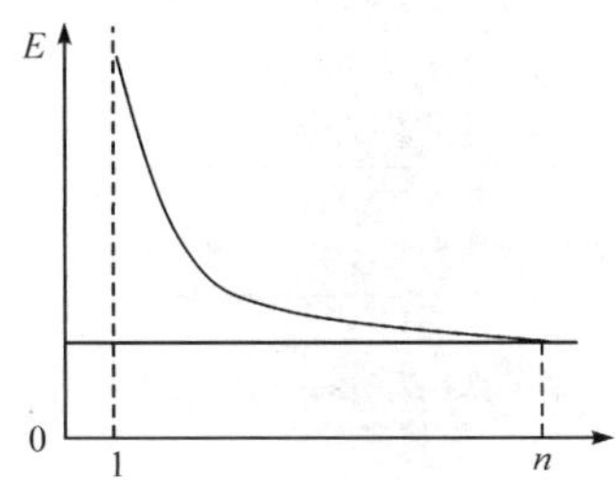


图 3.2　准则函数 $E$ 的理想值走向曲线

在各类样本数目差距不大的情况下，误差平方和函数体现各类样本的分布情况。在样本数目差异很大的情况下，运用误差平方和函数进行衡量。在某些情况下，需要把样本分类中对象数目最多的那个类单独分开，从而使得误差平方和趋于最小。图 3.3 是样本数目差异很大情况下的聚类结果。

图 3.3 中的虚线代表按照正常理论得到的类别划分。由于 $w_1$ 的样本数量多于 $w_2$，因此误差平方和的判别方式容易造成 $x_4$ 的错误，使其错误归类到 $w_2$ 中。图 3.3 中所示实线为错误归类而导致的聚类错误的划分结果。

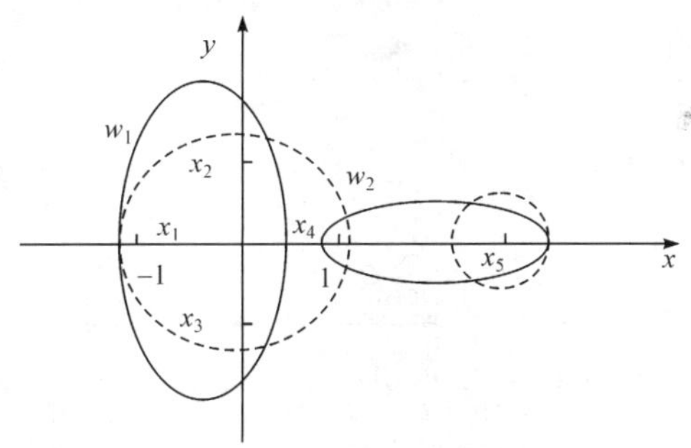


图 3.3　样本容量差异明显的聚类结果

在 K-means 算法中，若待分类的各个对象分布比较稠密，则通过准则函数能够比较有效地分离出各自的类簇；若存在类簇间簇内对象的数目差异很大的情况，则为了使准则函数方差最小，采用对簇集合大的类进行单独分割处理[2]。

K-means 算法主要通过迭代把数据集划分为不同的类别，使评价聚类性能函数达到了最优，这样就可以使生成的每个聚类内部紧凑，类间达到相互独立，但是在使用之前要设定好聚类的数目。虽然 K-means 算法具有简单、易理解、易实现、无需估计参数和训练等优点，但是该算法对每一个待分类的文本都要计算它到全体已知样本的距离，这样才可以求得它的 $k$ 个最近邻点，因此该算法具有计算量较大的缺点。具体 K-means 算法流程如图 3.4 所示。

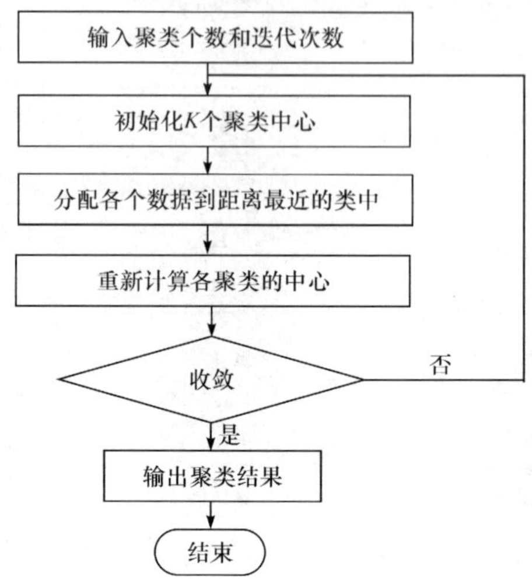


图 3.4　K-means 算法流程

K-means 的聚类过程如下：

首先，设定聚类的数据如表 3.1 所示，表示二维数据结构。

**表 3.1　二维数据**

| 坐标 | 数据 | | | | | | | | | | |
|---|---|---|---|---|---|---|---|---|---|---|---|
| | $x_1$ | $x_2$ | $x_3$ | $x_4$ | $x_5$ | $x_6$ | $x_7$ | $x_8$ | $x_9$ | $x_{10}$ | $x_{11}$ |
| $x$ | 1 | 3 | 3 | 4 | 9 | 10 | 11 | 11 | 16 | 15 | 17 |
| $y$ | 1 | 1 | 5 | 4 | 13 | 12 | 14 | 15 | 6 | 5 | 8 |

表 3.1 中数据的空间逻辑结构分布如图 3.5 所示。

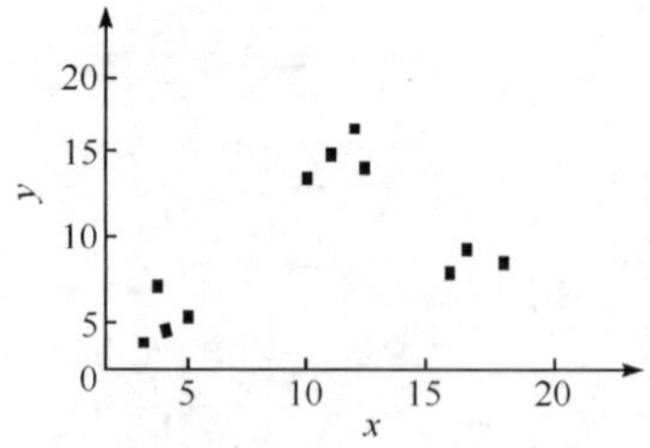


图 3.5　初始数据空间逻辑结构分布图

开始时，设置聚类个数 $K$ 为 3，选择前面三个点进行聚类处理，作为聚类的中心，经过一次迭代后的聚类结果如图 3.6 所示。

经过 $N$ 次迭代后，迭代趋于稳定，则可得到最后的最佳聚类结果，如图 3.7 所示。

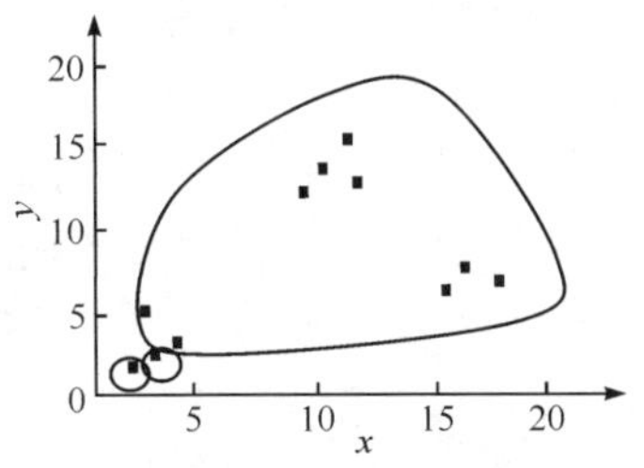

图 3.6 二维数据一次迭代后的聚类结果

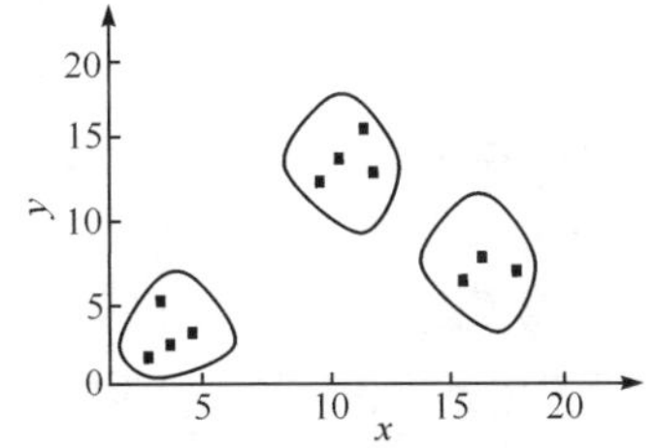

图 3.7 $N$ 次迭代后的聚类结果

根据上述对 K-means 算法的描述和流程的构造，对某江边城市的卫星图像进行均值聚类。假设聚类个数 $K$ 为 5，迭代稳定之后，得到的均值聚类结果如图 3.8 所示。图中的每一种颜色代表一个类别，这里用伪彩色着色区分，图 3.8(b)中标出的红色区域对应左面水体区域，可见，分类结果基本满足实际图像中各部分的所属类别。

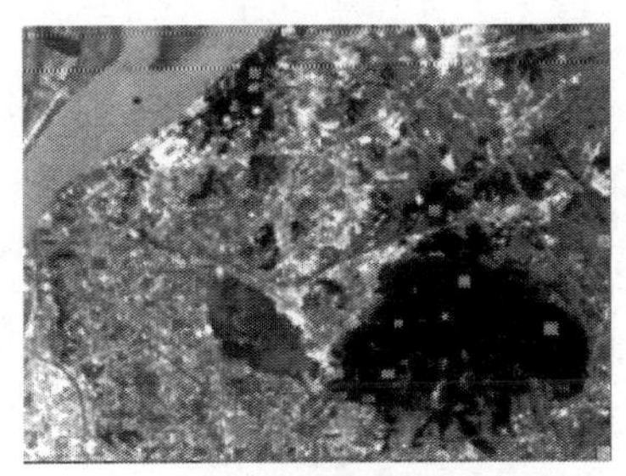

(a) 原始卫星图像

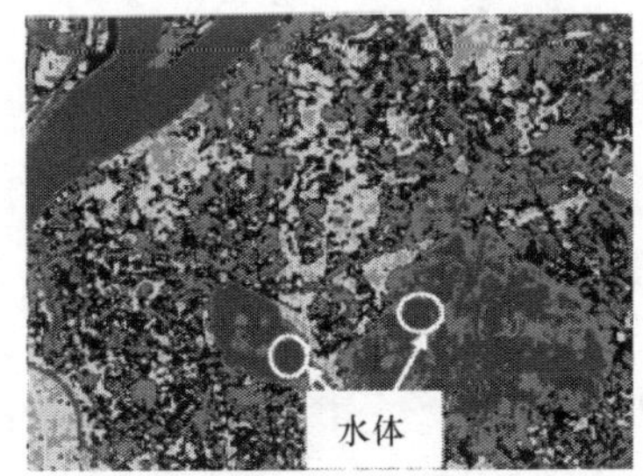


(b) K-means聚类后得到的伪彩色图像

图 3.8 迭代后的卫星图像聚类结果(见彩图)

### 3.1.3 条件随机场模型

条件随机场(conditional random field，CRF)是一个用于分割和标定序列化数据的概率框架，也是一个无向图模型，定义了基于观察标定序列的对数线性分布。

条件随机场是由 Lafferty 等[3]于 2001 年提出的模型，之后 CRF 得到了广泛应用，在序列数据的标记和解析工作中，CRF 思想得到了推广应用。随后，在各种文本或图像处理等分类领域，CRF 模型不断得到应用。隐状态变量的引入使得 CRF 模型可以解决运动目标的识别问题，修改后的 CRF 模型被称为隐条件随机场(hidden conditional random field，HCRF)模型。HCRF 模型现已广泛地应用于步态识别、语音分析以及视频目标分割等领域研究中。

超像素是由 Ren 等[4]首先提出的，是指具有相似纹理、颜色、亮度等特征的相邻像素构成的图像块。其算法基本思想是：把待处理图像划分成一个个像素块，每个像素块是一个连通区，这样将图像划分成一个个的连通区域，在划分得到的每个连通区域内部，使其所包含的像素具有相似的属性特征。超像素利用像素之间特征的相似程度将像素进行分组，从而获取图像的冗余信息，在很大程度上降低了后续图像处理任务的复杂度。由于在图像中待提取目标、光照造成的阴影以及目标的背景都是由颜色相近的像素块构成的，因此人们提出了超像素的概念。超像素可以理解为图像处理的基本单位，只要超像素块的边界足够恰当，每个块的边界就可以作为目标的边界来看待。此外，运用超像素理念作为图像处理基本单元的还有 Herbert 等[5]，他们借助 Normalized Cut 算法计算图像中超像素的掩码，通过得到的掩码获取超像素的块划分。

通过对 HCRF 模型进行扩展，设计出基于分层的 CRF 模型，在视频分割中应用该模型。通过结合视频帧中的超像素块，利用分层 CRF 模型实现对视频帧图像中局部和全局邻域关系的约束，求解分层 CRF 模型，从而得到对超像素块最优的分割结果。该方法可用于超像素块存在重度异常的情况下的分类提取，从而提高视频运动目标提取的准确度。

1. 无向图模型

为了解决一些复杂问题或非确定性问题而形成的一种可以直接看得到关联关系的模型称为图模型，它是图论与概率论的结晶。针对一个复杂系统，可以借助模块化思想，细化系统为若干可相互独立的子模块，利用特性的方法，图模型可以把这些相互独立的子模块统一起来，加上图论的一些描述形成一定的拓扑结构，使得复杂模型简单化。有向图和无向图的差别在于拓扑结构边的方向性，无向图模型边的方向是双向的。

无向图模型（又称马尔可夫随机场或马尔可夫网络）是一个非循环图 $G=(V,E)$，$V$ 是无向图的节点集合，在图像上表示一系列分散的随机像素点，节点之间采用一条边连接，边的集合用 $E$ 表示，该边连接的两个节点是对等关系，不存在主次之分，因此边是没有方向的，仅仅表示两个节点之间存在关联关系。边的集合用来描述各个节点之间的概率依赖关联关系，如图 3.9 所示。

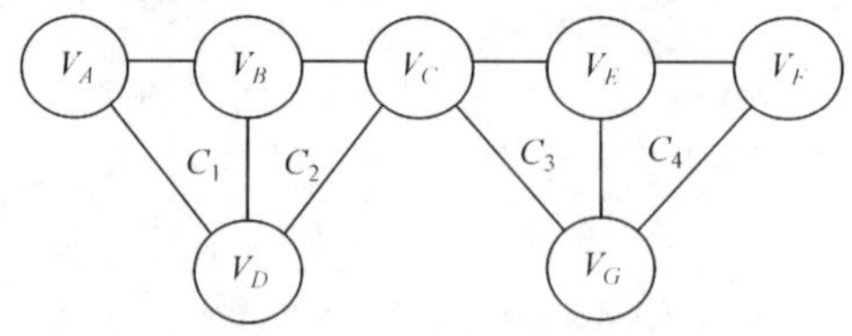


图 3.9 简单无向图模型

边集合 $E$ 反映节点间的关系，节点间的联合分布概率可以逐步分解成一个个因式，边与边之间不存在依赖关系，因此该因式可表示为具有独立局部函数乘积形式的下列数学表达式：

$$p(v_1,\cdots,v_n)=\prod_{i=1}^{N}\varphi_i(C_i) \tag{3.3}$$

式中，$\varphi_i(C_i)$为节点集合 $C$ 拆分成的局部函数；$C$ 为局部函数节点对应的集合，个数为 $N$ 个。

局部函数具有条件独立的特性。假设 $A$、$B$ 和 $D$ 表示三个不相交的索引子集，若节点集 $C_2$ 分隔开 $C_1$ 和 $C_3$，则认为节点集 $C_1$ 在已知节点集 $C_1$ 所代表的随机变量情况下，与 $C_3$ 所代表的随机变量是条件独立的。

条件独立在无向图中具体描述为：在给定 $C_2$ 的条件下，$C_1$ 条件独立于 $C_3$，从 $C_1$ 集合中任取的节点 $V_i$ 到 $C_3$ 中任取的节点之间的路径，必定经过 $C_2$ 集合中的至少一个节点。换句话说，若无向图中两个节点之间没有边相连接，则表示在图的所有其他节点给定条件下，这两个节点是互相独立的，称为条件独立。在无向图中找到极大完全子图，每个极大完全子图不可能被包含在其他节点连接的图中，每个子图对应于一个局部函数，这样就确保了不同局部函数之间的互相条件独立，局部函数反映的是每个状态的能量。

选择 CRF 的局部函数的原因大多是最大熵原理带来干扰。最大熵原理是一种选择随机变量统计特性最符合客观情况的准则，也称为最大信息原理，通过训练数据估计最大概率分布。最大熵的理论原理是从有限的训练数据集中构建唯一的概率分布，由于该原理具备信息所有的约束条件，因此对其他的分布情况不做任何无保证的假设。

CRF 的局部函数定义为

$$\varphi(S_c)=\exp(\lambda_k f_k(c,S_c,O)) \tag{3.4}$$

式中，$\lambda_k$ 为特征函数的信息量的权重；$f_k$ 为描述训练集中包含的信息的特征函数；$c$ 为节点集合；$S_c$ 和 $O$ 分别为标记序列和观察序列的联合分布概率变量。

虽然无向图模型中随机变量可由局部函数的乘积来表述，但在实际中，一个孤立的局部函数没有任何实际概率意义，仅仅表示定义该函数所涉及的随机变量结构上的约束条件，全局结构的概率也随之受到影响。

2. 分层 CRF 模型

给定视频序列中一帧视频 $X$，分层 CRF 模型对基于视频帧 $X$ 分割的条件概率建模为

$$P(L\mid X)=\sum_{H}P(L,H\mid X)=\frac{1}{Z(X)}\sum_{H}\exp(-E(L,H,X)) \tag{3.5}$$

式中，$Z(X)$为分配函数，该函数可确保分层 CRF 模型是归一化的概率模型，$Z(X)=\sum_{H,L}\exp(-E(L,H,X))$，其中 $E(L,H,X)$表示能量函数，其定义为

$$E(L,H,X)=\sum_{k}\lambda_k f_1(H_k,X_k)+v\sum_{i}\sum_{j\in N_i\cup M_j}f_2(H_i,L_j,H_j)$$
$$+\mu\sum_{i}\sum_{j\in N_i\cup M_j}f_3(L_i,L_j,H_j) \tag{3.6}$$

式中，$\lambda_k$、$v$ 和 $\mu$ 为分层 CRF 模型的参数；特征函数 $f_1(H_k,X_k)$ 为强度度量，表示依赖于某一状态变量的程度；特征函数 $f_2(H_i,H_j,H_j)$ 为依赖于某两个状态变量的程度，该函数或者依赖于两个隐状态变量 $H_i$ 和 $H_j$，或者依赖于真实标签变量 $L_j$ 和 $H_i$ 的组合；特征函数 $f_3(L_i,L_j,H_j)$ 为依赖于某两个状态变量的程度，或者依赖于两个真实标签变量 $L_i$ 和 $L_j$，或者依赖于 $H_j$ 和 $L_i$ 的组合。

基于分层 CRF 模型的视频中运动目标的分割步骤如下：

(1) 初始化分层 CRF 模型参数 $v$ 和 $\mu$，以及常量 $\beta_1$、$\beta_2$、$\beta_3$、$\beta_4$、$\varphi_1$、$\varphi_2$、$\varphi_3$、$\varphi_4$、$\phi_1$、$\phi_2$、$\phi_3$ 和 $\phi_4$。

(2) 获取视频序列的一帧，划分该帧的超像素块，根据超像素来构造分层 CRF 模型。

(3) 通过目标模型结合背景和阴影模型获得像素点所属的类，然后计算分层 CRF 模型的参数 $\lambda_k$。

(4) 根据第(2)步的分割结果和第(2)步分层 CRF 模型中的特征函数，对分层 CRF 模型进行初始化。

(5) 根据 CRF 模型得到的参数，获得最优的分割结果。

(6) 重复第(2)步直到结束。

### 3.1.4 AdaBoost 模型

AdaBoost 算法是 Schapire 等[6]于 1995 年提出的一种快速人脸检测算法，在人脸检测领域具有里程碑式的意义，这种算法根据弱学习的反馈，适应性地调整假设的错误率，在效率不降低的情况下，检测正确率得到了很大提高。

AdaBoost 算法作为一种迭代算法，其核心思想是：在初始的权重数据分布下训练得到一个弱分类器(二类分类器)，然后通过这个弱分类器判断准确率，对那些错判(即原本标签为 1，计算得到 0，或者相反情况)的样本加大权重，而对于分类正确的样本，降低其权重，这样被分错的样本就被突出出来，下次训练就会更多考虑这些被错分的样本，因此得到一个新的样本分布(样本权重都被更新了)。在新的分布下，再进行训练可以得到一个弱分类器，周而复始，得到 $N$ 个检测能力一般的弱检测器。这些弱检测器只比随机猜测好一些，对于二类问题来说，这只是比 50%的猜测好一点。但是，通过一定算法把这些检测能力很弱的分类器融合起来，就会得到一个分类能力很强的强分类器。使用 AdaBoost 算法可以把那些不重要的训练数据的权重减弱甚至删除，而把那些关键的数据放在训练的最上层。理论证明，如果每个简单分类器的分类能力都比随机猜测好些，那么当简单分类器数量趋向于无穷时,强分类器的错误率将趋于零[6]。

AdaBoost 算法的原理是:通过训练筛选出分类能力一般的弱分类器,通过加权方式把筛选后的分类器进行叠加,构成分类能力强的强分类器。AdaBoost 算法的优点在于:不需要知道每个弱分类器的误差,对样本的分布也不作要求,但若干弱分类器组合得到的强分类器的精度还是要依赖弱分类器的精度,因此可以对弱分类器进行深入研究。

强分类器的生成是 AdaBoost 算法的关键步骤,对强分类器的训练步骤描述如下:

(1) 给定被标记过的 $N$ 个样本 $(x_1,y_1),(x_2,y_2),\cdots,(x_n,y_n)$,迭代次数设定为 $T$。

(2) 对参数模型的权重进行初始化 $w_{1,i}=D(i)$,其中 $i=1,2,\cdots,N$。

(3) 对于 $t=1,2,\cdots,N$,归一化权重

$$q_{t,i}=\frac{w_{t,i}}{\sum_{i=1}^{n}w_{t,i}} \tag{3.7}$$

(4) 每个特征 $j$ 对应的弱分类器 $h(x_i,f,p,\theta)$ 的形式为

$$h_j(x)=\begin{cases}1, & p_jf_j(x)<p_j\theta_j\\ 0, & \text{其他}\end{cases} \tag{3.8}$$

(5) 计算 $h_j(x)$ 的错误率

$$\varepsilon_j=\sum\nolimits_j w_i\mid h_j(x_i)-y_i\mid \tag{3.9}$$

(6) 更新每个样本对应的权重

$$w_{t+1,i}=w_{t,i}\beta^{1-|h_j(x_i)-y_i|} \tag{3.10}$$

$$\beta_t=\frac{\varepsilon_t}{1-\varepsilon_t} \tag{3.11}$$

(7) 结合若干弱分类器得到的强分类器形式为

$$c(x)=\begin{cases}1, & \sum_{t=1}^{T}\alpha_th_t(x)\geqslant\frac{1}{2}\sum_{t=1}^{T}\alpha_t\\ 0, & \text{其他}\end{cases} \tag{3.12}$$

式中,$\alpha_t=\lg\frac{1}{\beta_t}$。

AdaBoost 算法具有很多优点,其中最主要的优点是对弱分类器的精度不作要求,但在每次迭代时,算法能够对弱分类器的精度进行测量,结合实际样本分类结果进行调整,调整的目标是确保样本在下轮迭代时样本分布与本轮差异很大。即弱分类器越精细,越能使得下轮样本与本轮的分布差距变大,同时也能影响到强分类器的精度。除此之外,算法能够确定分类错误的上限,同时,算法只有 $T$ 需要人工调整,训练步骤简单易实现。该算法还能够结合其他分类器形成强分类器,如可结合决策树、神经网络、简单经验、最近邻分类器等。AdaBoost 算法的提出,使得人们对机器学习领域的关注度得到了极大提升。

## 3.2 图像特征提取技术

特征提取是计算机视觉和图像处理中的一个概念，即使用计算机提取图像信息，决定每个图像的点是否属于一个图像特征。特征提取的结果是把图像上的点分为不同的子集，这些子集通常属于孤立的点、连续的曲线或者连续的区域。

图像的特征值能够描述图像所具备的属性，有些特征能够直接被视觉感知到，如图像某些区域的亮度、目标边缘、目标内容的颜色和纹理信息等；图像中的有些特征属性是无法直接感知到的，需要经过计算测量得到，如图像亮度的频谱、颜色分布直方图等。经常使用的图像特征有灰度特征、形状特征和纹理特征等，图像的内在特征主要是灰度和纹理特征，这些特征可通过一定算法在图像上进行运算变换得到。图像的几何形状特征需要在分割之后得到参数数据，是图像的外部特征。

对待处理图像的边缘进行检测和灰度处理可以得到感兴趣的区域。对图像中的目标进行定性定量的分析计算，从而进一步对图像进行分析并得出一定的结论，这些结论依赖图像的基本特征，是图像基本特征的反映。图像的特征主要用于区分目标，对图像中目标进行特征描述，达到区分目标目的的描述方法有很多种，其中对形状进行描述是最直接的方式。选取特征要具有代表性，这些特征能够具有很大的区分度从而可以对图像中不同目标进行区分，而且这些特征针对同一个物体要具有不变性和可延续性。对图像进行特征描述是图像处理过程中必需的一步，而选择合适的特征是识别图像的重要因素，特征选取的要求就是能够代表目标和区分度足够大。

特征选择的评价标准是能够最大限度地减少后期的运算时间和识别率，但是，特征选取对运算时间和效率的效果是相互矛盾的，当运算时间减少时，通常伴随着质量的损失，因此，应根据需要进行平衡处理。能够代表物体属性特征的选取应该具有如下几个特点。

(1) 可区别性：对于不同的物体，特征要有可区分度，特征的选取差异越大越好。

(2) 可靠性：针对同一个物体，无论在何种条件下，特征都具有不变性和稳定性。

(3) 独立性：选取的特征要有不依赖其他因素的特性，即特征互相独立。

(4) 数量少：特征的数量越少对目标识别的运算时间越短，有代表性的特征是在能够满足识别的前提下，数量又很少。

### 3.2.1 基于区域分割的特征提取

基于区域分割的图像特征选择是不经过变化而直接在图像空间域，对目标范围内的图像部分进行形状特征的提取。目标区域不同则目标的中心是不同的，自然地，目标区域的面积一般也不同，这两个特征对不同目标具有区别性。当目标在视野范围内均匀地水平位移时，在低速情况下，对于处理过程来说，其瞬间变化的差异是很小的，因此当摄像设备处于静止的监控状态时，在相邻采集的两幅图像中目标区域的面积和形状变化基本不大,目标区域的形状和面积是目标区域识别中两个比较稳定的特征。区域面积可通过计算区域中像素的数量得到,区域的轮廓曲线决定了区域的形状,在识别过程中,这两个特征由于具有相互独立性和代表性,因此能够作为识别目标的依据。因为特征只有 2 个,所以可以从系统层面上降低算法的时间复杂度。

### 3.2.2 基于目标边缘检测的特征提取

图像边缘特征是图像的基本特征,是图像中灰度或者颜色发生剧烈变化的像素点的集合,反映了物体的外观轮廓特征,是图像分析和模式识别的重要特征。

对于不同的目标,图像中的目标边缘周长是有差异的,相应地,目标区域的几何中心也是有差异的,这两个特征具有区分不同区域的特性,因此可选择这两个作为图像目标的特征。当摄像机处于静止监控状态下时,视频序列中相邻两帧内的同一目标所属的边缘周长特性和中心特性基本保持不变,这满足特征选取的可靠性特征。目标区域的周长通过组成边界的像素数目来表示,目标区域的几何中心通过边界上的坐标点平均值得到,这样,区域的边界周长由像素数决定,而中心由区域的位置决定,这两个特征满足特征选取的独立性原则。对识别过程来说,特征选取这两个属性可衡量的特征数量很少,满足特征选择数量少的原则。

### 3.2.3 基于目标纹理的特征提取

随着遥感技术的发展,在遥感图像分析过程中产生了纹理的概念,纹理特征也由此成为用于区分图像的特征之一,对纹理特征进行分析的方法主要有结构法和统计法。前者从图像的纹理特性出发,后者是对相关属性的统计分析,纹理特性从图像的结构上进行规律的探索,找到能够区分目标图像位移的纹理特性。

对图像的纹理分析主要是从图像特征提取技术中抽取图像的纹理属性,并对纹理进行描述。纹理特征是通过图像中像素等参数计算得到的,取值是对目标范围内的像素变化特征的量化值。物体的大小、形状、位置与图像的纹理特征息息相关,但纹理特性和颜色空间的评价灰度值没有关系。分析过程描述如下首先对像素级进行分析,然后从目标图像中找出一些具有强对比度的特征作为纹理检测的基元,接着找到纹理基元的分布信息,并建立基元的模型,最后,根据该模型对目标图像进行分割或识别。纹理分析方法可认为是对纹理的结构基元进行某种规则的构造,该过程主要对纹理基元进行提取并描述其分布规律。纹理的组织空间分布是随机的,一个基元可与相邻的基元有相互依赖关系或者与相邻的多个基元有相互关系,这种关联关系可以是概率的或者结构函数的。

## 3.3 微动目标提取技术

视频序列中的微动目标是连续数帧几乎没有变化的运动目标,占据图像面积的三分之一以上，且不同于视频序列中的行人。视频序列中微动目标提取的目的是使用某种图像分割方法对输入视频序列进行实时处理，最终准确地提取出微动目标，用于后续的背景替换。

瞿中等[7,8]提出了 K-means 聚类结合肤色检测的微动目标检测分割算法，用 K-means 聚类分别对属于前景、背景的像素点进行分类，当选好背景类之后，找到背景点从而得到 K-means 聚类算法分类后的类别标识值，根据此标识值把背景区域用黑色像素点填充，非背景区域用白色像素点填充，然后结合肤色检测，最终获得微动目标二值图像。由于 K-means 算法是迭代的聚类算法，时间复杂度为 $O(nkt)$（其中 $n$ 是数据对象的数目，$k$ 是簇的数目，$t$ 是替代的次数，$k \ll n$，$t \ll n$），因此分割处理运行时间相对较长。

### 3.3.1 改进的 K-means 聚类算法

本书对视频序列进行 K-means 聚类，此时设定聚类类别数为 3(用 3 的目的是考虑到背景不太复杂，仅存在阴影的干扰，把背景理论上划分为一类)，检验该算法的时效性和可行性。如图 3.10 所示，对原始视频帧进行 K-means 聚类处理的目的是为了把背景不同属性的对象进行分类操作，以便下一步进行目标区域与背景的分离。

(a) 原始人物图像

(b) K-means聚类后伪彩色图像(见彩图)

图 3.10 迭代后的人物图像聚类结果

背景类的确定是区分相应像素点属于前景或者背景的重要环节，当准确选择好背景类之后，便可以根据上一步进行的聚类分类结果进行目标区域和非目标区域的定位，然后提取结果。

这里需要找到背景点从而得到 K-means 聚类算法分类后的类别标识值，根据此标识值把背景区域用黑色填充，非背景点用白色填充。

考虑到实际操作中摄像区域的四周可能受到光照等因素的影响，单纯依靠 K-means 算法不能有效地对背景中阴影进行恰当的区分处理。图 3.11 所示为阴影干扰下的 K-means 聚类后背景替换的结果，可以发现处理结果中存在误分割填充区域，其中图 3.11(b)阴影被误分类为身体某部分颜色类别。

(a) 原始人物图像

(b) K-means聚类后伪彩色图像(见彩图)

(c) 提取目标到新背景后结果(见彩图)

图 3.11　存在阴影干扰情况下原始 K-means 算法处理结果

为此，本书结合 K-means 聚类算法采用如下步骤来避免阴影的干扰：

(1) 由运动目标轮廓划分得到最高点，判断往上 3 个像素点的位置是否为背景像素点集，若是，则查找以它为中心的 $X$ 轴、$Y$ 轴四个方向上连续的 10 个像素点，依据背景标识值投票判断其属于背景区域的概率。

(2) 依次找到由运动目标轮廓划分得到的右边界点的右边 3 个像素点位置，以它为中心的 $X$ 轴、$Y$ 轴上连续的 10 个像素点，依据背景标识值投票判断其属于背景区域的概率。

(3) 依次找到由运动目标轮廓划分得到的左边界的左边 3 个像素点位置，以它为中心的 $X$ 轴、$Y$ 轴上连续的 10 个像素点，依据背景标识值投票判断其属于背景区域的概率。

以上三个环节依次执行，若其中任何一个判断成立，则算法结束，保存该标识值为背景点集的标识值。若上述三个环节均不成立，则分别统计 Canny 边缘检测得到的边缘信息图像左右边界的边缘点个数进行背景点选取，左边数量多则选取右边顶端连续分布的 4 个像素点进行投票，选取背景标识值；反之亦然。

经过上述几个步骤处理后，可以使得阴影对处理结果的干扰得到降低，处理结果如图 3.12 所示。由图 3.12(b)可见，虽然阴影仍然被分到跟身体某部分相同的类别中了，但经过该步骤处理之后，阴影的干扰被排除掉了。

(a) 原始人物图像

(b) K-means聚类后伪彩色图像(见彩图)

(c) 提取目标到新背景后的结果(见彩图)

图 3.12　存在阴影干扰情况下改进 K-means 聚类算法处理结果

### 3.3.2 肤色检测算法

肤色是人类身体最显著的特征之一，若肤色部分分割提取的效果不好，则很容易引起人的视觉感知和分割效果的区分。传统的基于固定阈值的肤色模型算法简单，但固定阈值的属性影响到肤色的准确判断和定位，很容易引起误判，使得本不属于肤色范围的部分被划分成肤色，或者本该属于肤色部分的部分被错误地去除掉，进而带来目标提取的不完整性。此外，肤色检测容易受光照等条件的影响，这些都直接影响肤色部分的分割提取效果。

因此，运用 AdaBoost 模型对属于肤色的数据和非肤色数据进行训练，根据训练结果对后续的视频目标分割进行具有完整人体皮肤的目标提取。

肤色提取的关键在于确定肤色分割阈值参数。一种简单而有效的确定分割参数的方法就是样本训练法，即先通过搜集大量有代表性的肤色样本建立肤色样本库，然后手工提取出肤色区域，经过一定的预处理以后，通过统计样本值的分布，确定肤色提取的颜色特征参数。由于 HSV 颜色空间可以对亮度单独处理，因此本书首先把样本中的图像从 RGB 颜色空间转换为 HSV 颜色空间[9]，避免了亮度对样本的影响，接着使用 AdaBoost 算法训练转换了颜色空间的样本，得到肤色和非肤色的特征参数范围，最后根据肤色和非肤色的参数范围，提取出视频序列中肤色这一特征，完成肤色检测。

首先，建立训练肤色样本颜色模型，利用肤色样本进行训练，从而得到肤色特征参数，同样，对非肤色样本进行训练，得到非肤色的颜色特征参数。

#### 1. 样本库的建立

现有样本库的肤色大多都取材于周围的人群，这样的样本库不具有代表性。一些开放的肤色样本库虽然范围广，但肤色包含黑白人种，不适合本书的研究，这些样本库主要存在以下问题：

(1) 对肤色库的提取，本书可借用人脸的肤色建立样本，以往的一些样本库对人脸库通常是基于形状特征，不符合本书对肤色提取参数的设计。

(2) 由于很多样本库包含各种人种，因此对黄种人肤色库容量较小。

AdaBoost 目标特征提取与分类的研究，针对肤色模型的参数获取部分，采用的训练流程参照参考文献[10]中的提到方式进行肤色的训练。

#### 2. 人脸提取参数范围的确定

经过训练器对 HSV 空间像素颜色进行分类训练，最终得到在 HSV 模型下人脸提取的参数范围，如表 3.2 所示。

**表 3.2　HSV 样本点训练结果参数**

| 坐标值 | 参数下限 | 参数上限 |
| --- | --- | --- |
| $H$ | 0 | $\frac{\pi}{4}$ |
| $S$ | 0.1 | 1 |
| $V$ | 0.5 | 1 |

3. 基于阈值的肤色检测提取

具体肤色检测流程如图 3.13 所示。

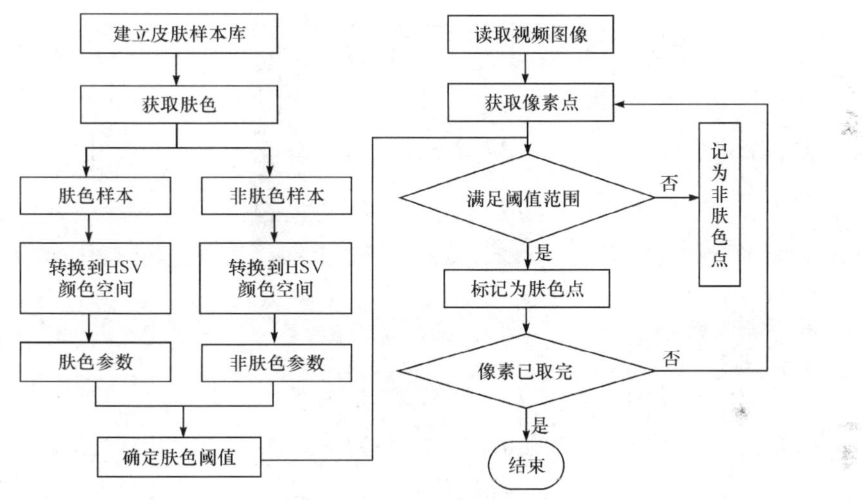


图 3.13　肤色检测流程图

确定肤色阈值范围后，获取肤色阈值范围 $R$、$G$、$B$ 通道的各值，若图像中像素点的值满足 $r>95$ && $g>40$ && $b>20$ && $\max(\max(r,g),b)-\min(\min(r,g),b)>15$ && $\text{abs}(r-g)>15$ && $r>g$ && $r>b$，则将图像中该像素判断为肤色区域，并把皮肤区域像素点的 $R$、$G$、$B$ 设置为(255,255,255)，其他区域设置为(0,0,0)。对简单背景视频序列中的第 5 帧、第 43 帧和第 272 帧进行肤色检测，其肤色检测结果如图 3.14 所示。

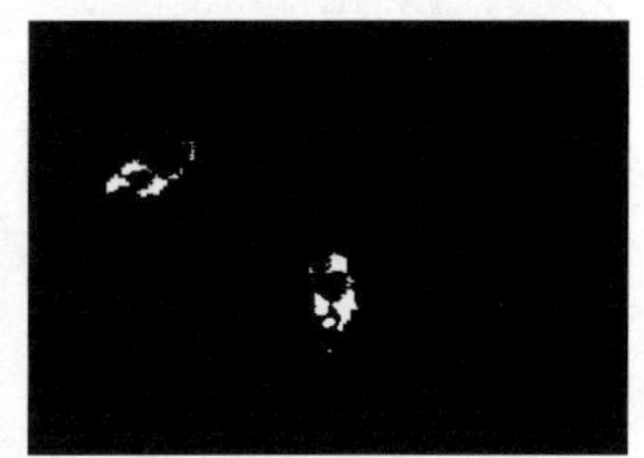

图 3.14　肤色检测结果

## 3.4　微动目标背景替换技术

图 3.15 为在自然条件下录制的简单背景视频图像中的连续六帧，利用传统的帧差法、Codebook 模型[11]、混合高斯模型等运动目标检测算法是无法将运动目标检测分割出来的。为了提取完整的微动目标并且去除噪声干扰、填补孔洞、保证微动目标提取的准确性，本书综合 Otsu 算法和肤色检测算法，提出孔洞填充算法填补孔洞，消除微动目标不完整的干扰，保证微动目标提取的完整性，更加顺利地完成背景替换。

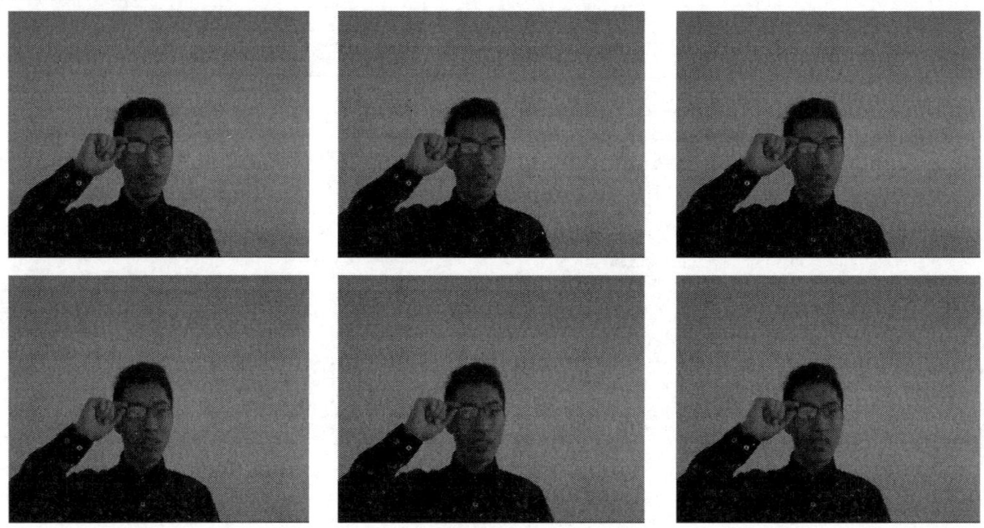

图 3.15　视频序列中微动目标

### 3.4.1　微动目标粗分割算法

视频序列中由于微动目标与背景的颜色信息相近，因此导致微动目标提取过程中信息缺失。Otsu 基于聚类的思想，通过计算图像方差寻找一个合适的灰度级，然后把图像的灰度值按照灰度级分成了前景、背景两部分，且保证两部分之间的灰度值差异最大，每部分内部的灰度差异最小。最大类间方差式为

$$\left.\begin{array}{l} w_1=\dfrac{N_1}{MN} \\ w_2=\dfrac{N_2}{MN} \\ N_1+N_2=MN \\ w_1+w_2=1 \\ \mu=w_1\mu_1+w_2\mu_2 \end{array}\right\} \rightarrow \quad g=w_1 w_2\ (\mu_1-\mu_2)^2 \tag{3.13}$$

式中,图像 $f(x,y)$ 的大小为 $M\times N$;$N_1$ 为灰度值小于阈值 $T$ 的像素个数;$N_2$ 为灰度值大于阈值 $T$ 的像素个数;$T$ 为前景与背景的分割阈值;$w_1$、$\mu_1$ 分别为前景像素点数占整幅图像总的像素点数的比例和前景的平均灰度值,$w_2$、$\mu_2$ 分别为背景像素点数占整幅图像像素点数的比例和平均灰度值;$\mu$ 为图像的平均灰度值,$g$ 为最大类间方差。

利用遍历的方法,当求得的最大类间方差 $g$ 为最大时,此时的阈值 $T$ 即为最优阈值,然后使用阈值 $T$ 对图像进行全局阈值分割,得到原始图像的二值图像。Otsu 阈值分割算法被认为是图像阈值分割中最佳的阈值选择算法,其计算简单,对图像亮度和对比度不敏感,而且误差概率小。为微动目标完整提取提供了条件。然而,若前景颜色与背景颜色相近,则 Otsu 就会把前景分割为背景。若把 Otsu 升到二维 Otsu,则虽然可以避免部分微动目标误分割,但是仍然分割不完整,而且随着维数的上升,运行时间也成倍增长。

在微动目标粗分割阶段,该算法首先利用 Otsu 分割法和肤色检测分割图像,获得微动目标二值图像和肤色检测二值图像,然后融合两幅二值图像,实现微动目标粗提取。微动目标粗提取流程如图 3.16 所示。

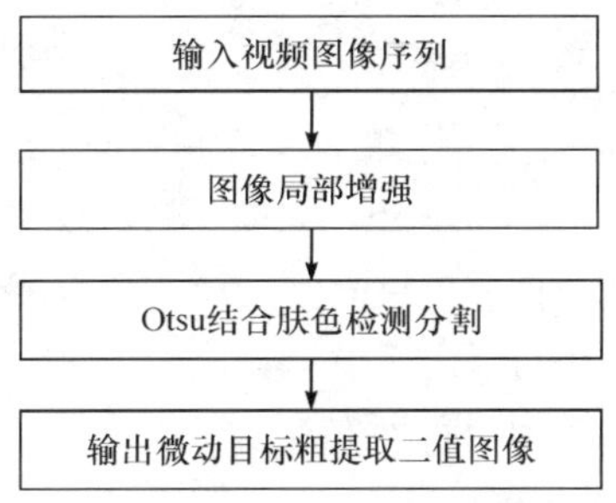


图 3.16　微动目标粗提取流程图

对如图 3.15 所示的简单背景视频序列执行微动目标粗提取,所得实验结果如图 3.17 所示。由图 3.17 可知,利用 Otsu 结合肤色检测算法对微动目标粗分割后,微动目标上还存在着大量孔洞,背景替换后也会暴露原视频序列的背景信息。

### 3.4.2　微动目标孔洞填充算法

微动目标提取不完整的原因主要有两点:

(1) 微动目标颜色与背景颜色非常接近,在分割时容易将微动目标部分区域误分割为背景。

(2) 强烈的光照大大增加了微动目标的颜色亮度,造成误分割。为了解决微动目标提取不完整问题,本书采用了孔洞填充算法,孔洞填充是为了填补微动目标粗分割二值图像中微动目标的孔洞。

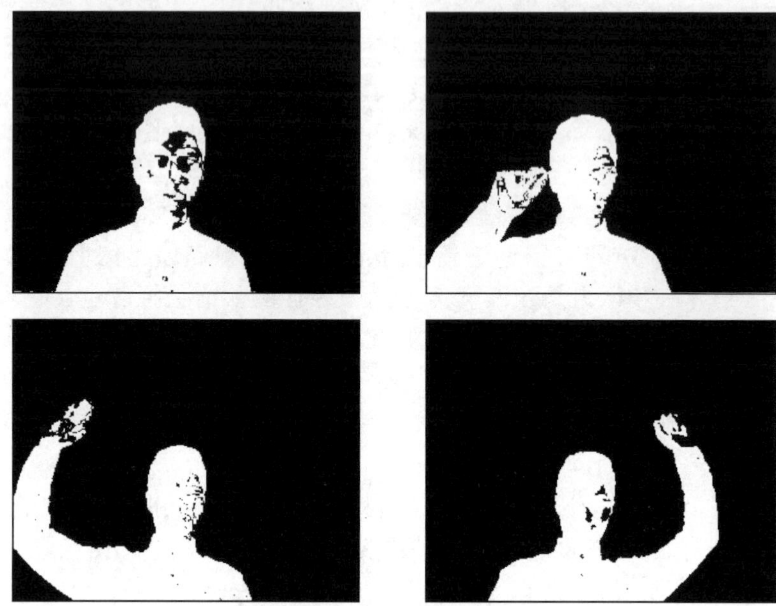

图 3.17 微动目标粗检测结果图像

孔洞填充算法的基本思想是:对微动目标粗提取结果进行处理,首先遍历整幅微动目标粗提取结果图像,利用 Canny 边缘检测获取图像中的轮廓,从而得到轮廓边缘的序列或数组;然后查找所有的轮廓,获取其感兴趣轮廓部分的起始点,计算由起始点构成的封闭区域面积,若封闭区域面积小于面积阈值,则判断为前景,否则判断为背景;最后得到微动目标二值图像。

孔洞填充具体算法步骤如下:

(1) 将微动目标粗分割二值图像进行形态学处理。

(2) 遍历当前图像,利用 Canny 边缘检测查找二值图像模板的所有轮廓,获取轮廓边界。

(3) 通过第(2)步查找的轮廓,获取其感兴趣轮廓部分的起始点,计算表示轮廓部分和起始点连线所构成的封闭部分的面积,记为 Area。

(4) 若封闭面积 Area<Area−$T$,则用白色像素点填充。

(5) 若封闭面积 Area≥Area−$T$,则进入下一个轮廓面积的计算,重复第(3)步。

其中,Area−$T$ 是手动设置的孔洞面积阈值。

孔洞填充算法流程如图 3.18 所示。

微动目标经过孔洞填充后,周围存在一些孤立点噪声,导致微动目标的特征信息不准确,无法较好地完成背景替换。该算法采用形态学的基本操作对孔洞填充

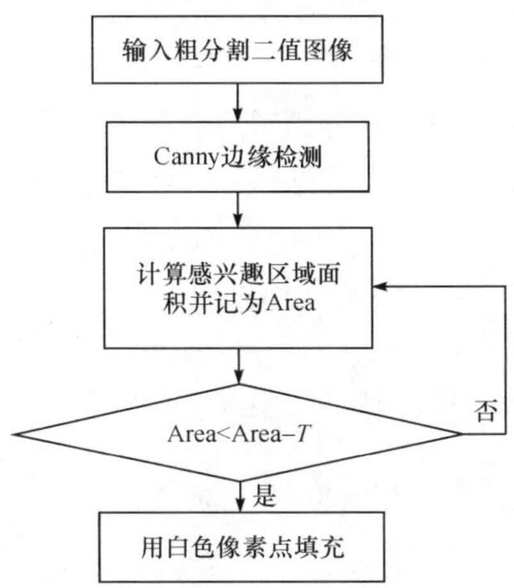


图 3.18 孔洞填充算法流程图

的二值图像进行先膨胀后腐蚀处理，不仅可以平滑图像中微动目标的轮廓，而且也可以去掉背景存留的噪声点。该算法先进行 $N$ 次膨胀，再进行 $N$ 次腐蚀。实验研究分析表明，重复执行两次膨胀腐蚀操作，不仅能够去除噪声点，也使得微动目标边缘平滑完整。对图 3.17 执行孔洞填充、形态学处理，得到完整的微动目标二值图像，实验结果如图 3.19 所示。

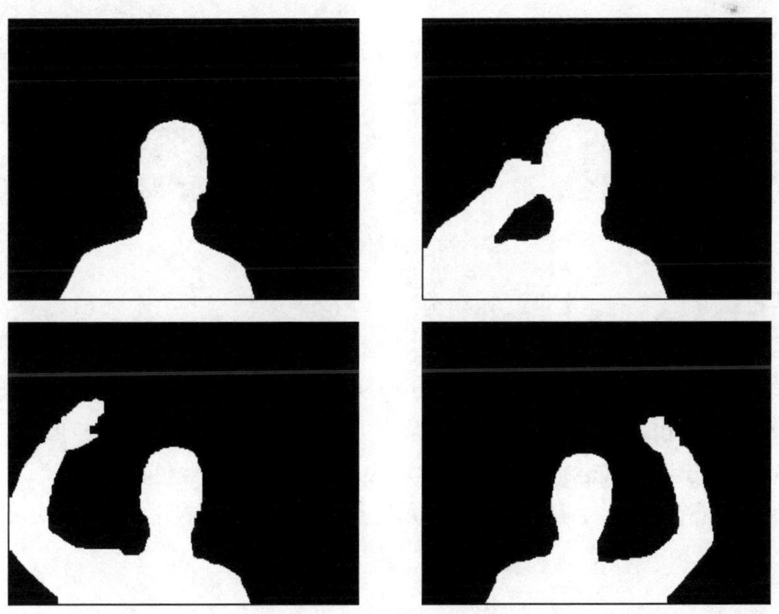

图 3.19 微动目标提取结果

### 3.4.3 背景替换算法

利用二值图像模板的黑白信息分别获取替换背景视频图像和原始视频图像的信息，并对两者颜色信息进行融合，最终得到背景替换视频图像，替换公式为

$$f_t(x,y)=\begin{cases} f(x,y), & f_n(x,y)=255 \\ f_b(x,y), & \text{其他} \end{cases} \tag{3.14}$$

式中，$f(x,y)$为原始视频图像；$f_b(x,y)$为替换背景视频图像；$f_t(x,y)$为背景替换后合成的新视频图像。背景替换结果如图 3.20 所示。

图 3.20 背景替换结果

通过图像局部增强、微动目标粗分割、Canny 边缘检测、孔洞填充算法以及形态学处理等步骤，Otsu 结合肤色检测的微动目标提取与背景替换算法对简单背景可以较好地完成微动目标的提取与背景替换，但针对复杂背景的视频序列，却无法完成微动目标的提取。为了解决复杂背景下的微动目标提取这一难题，本章提出 LBP 背景建模的微动目标提取算法，针对复杂背景、阴影等问题[12]提出改进算法，提高复杂背景下微动目标提取的完整性。复杂背景视频序列的微动目标检测流程如图 3.21 所示。

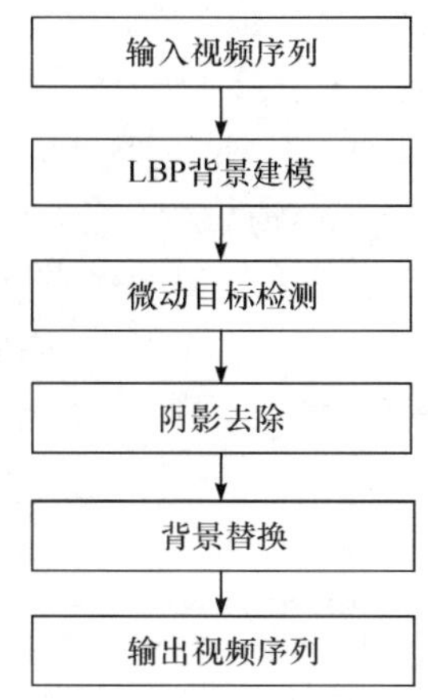


图 3.21　复杂背景微动目标检测流程图

## 3.5　LBP 背景建模改进技术

在实际的场景中，光照、阴影和天气都会为运动目标检测带来极大的困难，能否提高智能视频监控系统中运动目标检测的准确性，背景建模是关键。相比于国外，国内学者对背景建模的研究起步较晚。近几年，伴随着我国智能视频监控的飞速发展，大量国内学者也开始对背景建模的方法进行研究。无论是国外学者还是国内学者，背景建模的创新主要是在特征的选取上，学者们提出了许多新的图像特征描述子和多特征融合方法，并将其应用到背景建模上。

2006 年，Marko 等提出了一种基于 LBP 的背景建模算法[13]，该算法首先对图像中的每个像素点及以 $R$ 为半径的环形区域进行 LBP 计算，并统计领域内的 LBP 直方图，最后基于直方图来建立背景模型。基于 LBP 的背景建模算法首次将纹理特征描述子引入背景建模中，利用 LBP 纹理特征的灰度不变性[14]，来提高背景建模对自然场景中光照变化的适应能力。2007 年，Yao 等将图像中的 LBP 纹理特征与颜色特征相结合，提出了多层次的背景建模算法[15]。2010 年，Liu 等提出了将颜色与形状信息相结合的背景建模算法[16]，此算法充分利用了形状信息对光照变化不敏感的特性。

### 3.5.1　LBP 纹理特征提取算法

纹理特征作为一种人类视觉系统对物体表面表现的感知形式，反映图像本身的属性。纹理特征在图像中表现为一个像素与周围相邻像素点之间的灰度变化以及光强分布规律来反应物体表面粗糙程度和方向性以及判断物体表面是否符合某种规则。LBP 算子作为有效的纹理特征，可以度量和描述图像上不同的纹理信息，表示局部纹理图像的空间结构。LBP 用于描述图像局部纹理特征的算子，具有灰度不变性和旋转不变性等特征，该算子于 1994 年由 Ojala 等[17]提出。LBP 利用每个像素及以此像素为中心、半径为 $R$ 的环形邻域上的 $P$ 个像素点纹理特征的联合分布 $T=t(g_c,g_0,\cdots,g_{p-1})$来描述图像的纹理，其中 $g_c$ 表示局部邻域中心的灰度值，$g_p(p=0,1,\cdots,P-1)$对应半径为 $R$ 的圆环上 $P$ 个等分点的灰度值，对于不同的$(P,R)$组合，LBP 算子也不相同。图 3.22 分别为等分点的灰度值 $P$ 与半径 $R$ 为(4,1)、(8,1)、(16,2)的 3 种不同的 LBP 算子。

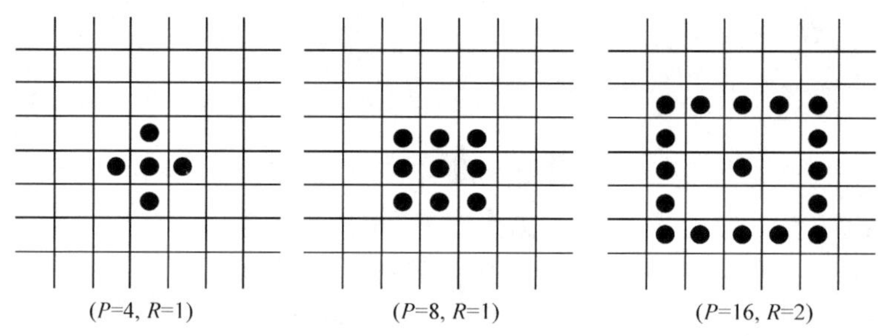


图 3.22 不同$(P,R)$的环形对称区域

LBP$(x_c,y_c)$计算公式为

$$\mathrm{LBP}(x_c,y_c)=\sum_{p=0}^{P-1}s(g_p-g_c)2^p \tag{3.15}$$

式中，$(x_c,y_c)$为中心像素；$g_c$ 为局部领域中心的亮度；$g_p$ 为相邻像素的亮度；$s$ 为一个符号函数，表示为

$$s(x)=\begin{cases}1, & x>0\\0, & x\leqslant 0\end{cases} \tag{3.16}$$

为了获得 LBP 纹理特征，将中心像素点的灰度值设为阈值，半径为 R 的圆形邻域内像素点与之比较，得到的二进制码用来表示图像的局部纹理特征，不易受整幅图像灰度线性变化的影响，因此 LBP 纹理特征具有灰度不变性。LBP 计算简单，分类能力强，在描述纹理特征提取方面具有显著效果。具体的 LBP 纹理特征计算过程如图 3.23 所示，将该图左边模板阈值化，使各邻域像素点与中心像素作差，如果为正置 1，为负置 0，按顺时针顺序构造序列(00011110)，最后计算出对应的十进制数(30)，该像素点的 LBP 纹理特征值就是 30，对图像中的每个像素求 LBP 特征值，就得到了图像的 LBP 纹理特征图像[18~20]。

利用 LBP 所具有的特征，采用基于 LBP 的背景建模算法具有以下优点：

(1) 灰度单调的变化不会导致 LBP 值发生改变。光照的变化不会改变整个图像的 LBP 值，因此可以很好地避免光照变化以及相机微小抖动的影响，但当目

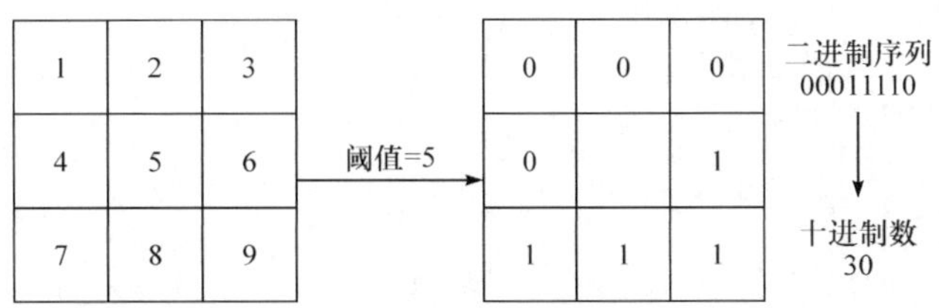


图 3.23　LBP 特征纹理计算过程

标很大时，也会出错，导致漏检。

(2) 计算速度快。对于摄像机拍摄的视频图像，在不降低采样率的条件下，也能达到 15ms/帧的速度，优于混合高斯模型。

(3) 能够实时跟踪快速运动的目标，对小目标也有较好的效果。

(4) 对噪声具有很好的抑制作用，不会出现高斯背景建模时出现的斑点噪声，因此无需滤波操作，节省了时间。

(5) 针对光照变化、树木摇摆、湖面起伏和监视器闪烁等复杂情况，还有背景中有新的物体进入或者旧的物体移出等情况都有很好的适应性。

### 3.5.2　基于 LBP 背景建模的微动目标检测算法

针对纹理特征的背景建模，李加佳等[21]提出了一种新的基于 LBP 纹理特征的背景建模方法，首先分别计算背景帧和当前帧的 LBP 纹理特征图像，然后将背景帧和当前帧的 LBP 纹理特征图像的对应像素异或生成前景概率图像，前景概率图像描述了当前像素是前景的概率，根据前景概率图像自适应地更新背景，可以使背景很快接近真实背景，最后用背景减除法得到运动目标。在光照变化的运动目标检测过程中，背景是不断变化的，因此运动目标检测的好坏通常取决于背景更新是否及时准确，构建一个精确的背景模型可以有效抑制由光照变化带来的对目标检测的影响。李加佳在 LBP 背景建模的基础上，针对光照突变的问题，提出了自适应背景更新的 LBP 背景建模，改进了 LBP 背景建模，对维护背景具有很好的鲁棒性。

LBP 背景建模的微动目标检测算法流程如图 3.24 所示。

LBP 背景建模的背景更新策略如下：对视频中的每一帧分别计算得到其 LBP 纹理特征，当新的一帧到来时，利用下式进行背景更新：

$$B_t(x,y)=B_{t-1}(x,y)+[1-P_t(x,y)][I_t(x,y)-B_{t-1}(x,y)] \tag{3.17}$$

式中，$B_t(x,y)$表示当前帧的背景；$B_{t-1}(x,y)$表示前一帧的背景；$I_t(x,y)$表示当前帧；$P_t(x,y)$表示当前像素为前景的概率。$B_0(x,y)$用第一帧初始化

$$P_t(x,y)=\frac{\text{ones}(\text{LBP}(I_t(x,y))\oplus\text{LBP}(B_{t-1}(x,y)))}{P} \tag{3.18}$$

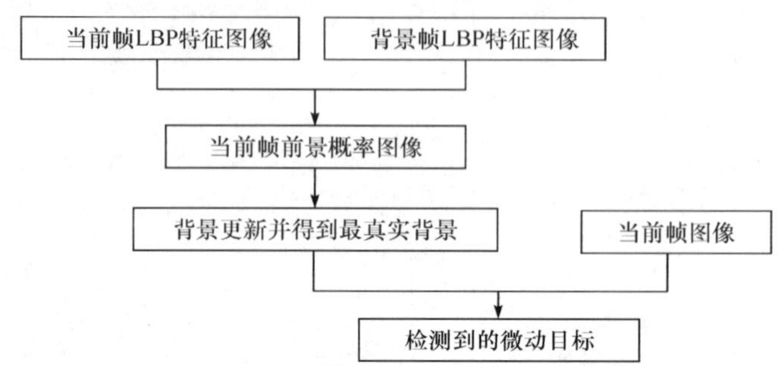


图 3.24　LBP 背景建模的微动目标提取流程图

式中，$\mathrm{LBP}(I_t(x,y))$表示当前帧的 LBP 纹理特征图；$\mathrm{LBP}(B_{t-1}(x,y))$表示前一帧背景的 LBP 纹理特征图像；$\mathrm{ones}(x)$表示 $x$ 的二进制中 1 的个数；$P$ 表示邻域上的像素个数。根据 LBP 的灰度不变性，当某一像素 $I_t(x,y)$为背景时，$I_t(x,y)$和$B_{t-1}(x,y)$异或后 1 的个数较少，$P_t(x,y)$也较小，反之 1 的个数较多，$P_t(x,y)$也较大。

由式(3.17)可知，当某一像素点为背景时，$P_t(x,y)$很小，$B_t(x,y)$趋近于$I_t(x,y)$，可有效抑制光照变化，且背景能在很短的时间内更新为真实背景。当某一像素点为前景时，$P_t(x,y)$很大，$B_t(x,y)$趋近于 $B_{t-1}(x,y)$，从而检测出前景目标。

### 3.5.3　LBP 背景建模改进算法性能分析

1. 颜色空间

RGB 颜色空间是根据人眼识别的颜色定义的颜色空间，可以表示出 $2^8\times2^8\times2^8=16777216$ 种颜色，但不常被用于科学研究中，因为 RGB 颜色空间将色调、亮度、饱和度三个量放在一起，因此一些细节难以进行数字化的调整。YCbCr 颜色空间是 YUV 颜色空间的缩放和偏移的翻版，$Y$ 分量表示亮度，又因为人的眼睛对亮度比对色度更加敏感，且阴影区域和微动目标区域的像素亮度不同，一般是较暗于微动目标区域[22,23]，所以 YCbCr 颜色空间可以选择不同的采样格式来减少数据量。该算法使用 LBP 特征在 YCbCr 颜色空间建模，不仅可以避免光照变化带来的影响，而且也便于分割图像中的亮度分量来消除部分阴影。

利用 Otsu 算法对 $Y$ 分量分割的对比结果如图 3.25 所示，可以发现利用 Otsu 算法对 YCbCr 颜色空间的 $Y$ 分量分割后，去除了一些阴影噪声点。图像由 RGB 颜色空间转换到 YCbCr 颜色空间的表达式为

$$\begin{bmatrix} Y \\ \mathrm{Cb} \\ \mathrm{Cr} \end{bmatrix} = \begin{bmatrix} 0.257 & 0.564 & 0.098 \\ -0.148 & -0.291 & 0.439 \\ 0.439 & -0.368 & -0.071 \end{bmatrix} \begin{bmatrix} R \\ G \\ B \end{bmatrix} + \begin{bmatrix} 16 \\ 128 \\ 128 \end{bmatrix} \tag{3.19}$$

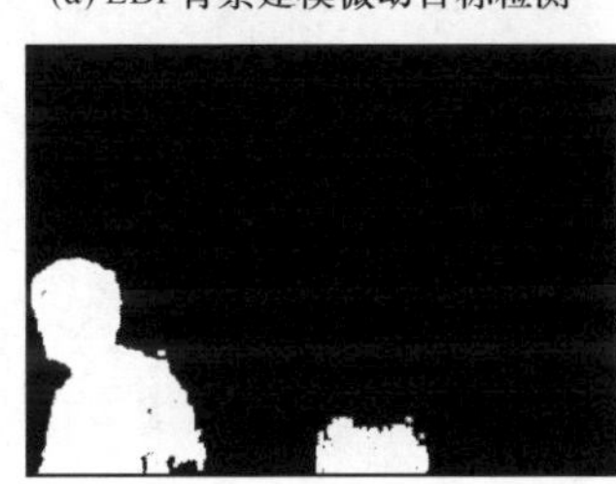

(a) LBP背景建模微动目标检测

(b) Otsu算法分割Y的微动目标检测

图 3.25　Otsu 算法对 Y 分量进行分割的对比实验结果

2. 阴影去除

经过 Otsu 算法对 Y 分量的分割后，只消除掉阴影噪声点，得到的二值图像还存在由于误分割造成的阴影。为了解决这个问题，本书提出了阴影去除算法，该算法包括阴影检测、阴影标记、阴影去除三部分，不仅可以去除由于单侧光照对微动目标形成的阴影，还可以保证微动目标的完整提取。该算法的主要步骤如下：

(1) LBP 背景建模后，分帧输入经过 Otsu 算法对分量 Y 分割的二值图像，如图 3.25(b)所示。

(2) 采用 Canny 算了进行边缘检测，得到微动日标以及阴影的边缘轮廓，如图 3.26 所示。

(3) 遍历图 3.26 的边缘检测二值图像，找到微动目标轮廓，并标记微动目标轮廓的最右端像素点，记为 $I(x,y)$。

(4) 确定像素点 $I(x,y)$后，遍历像素点 $I(x,y)$的 $y$ 轴右侧图像像素点，若像素点的值为 255，则标记为阴影，若没有值为 255 的像素点，则执行第(1)步的下一帧图像。

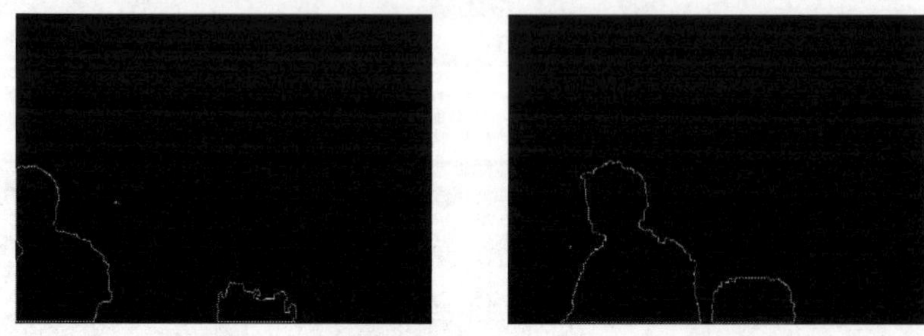

图 3.26　Canny 边缘检测得到的二值图像

(5) 遍历根据第(4)步标记出的阴影,然后将标记为阴影的像素点的值设置为 0。

(6) 利用形态学处理去噪,并输出复杂背景下的微动目标二值图像。

阴影去除算法的流程如图 3.27 所示。

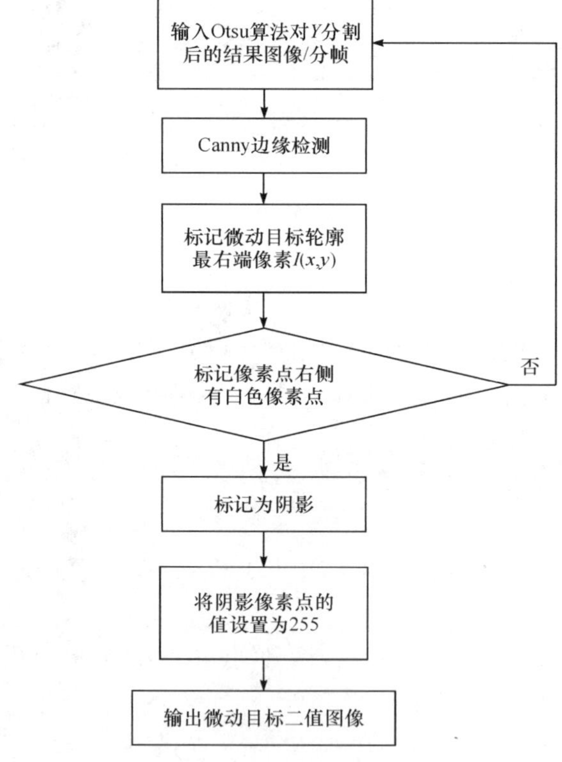


图 3.27　阴影去除算法流程图

图 3.28 是改进 LBP 背景建模算法的微动目标提取实验结果和采用阴影去除算法实验结果，这一组二值图像是利用 Otsu 算法对 $Y$ 分量分割的结果，只去掉了一些阴影噪声点，并不能去掉由于太阳光照射到微动目标上形成的单侧光，造成了椅子上的光线发生缓慢变化，而被当成微动目标形成误检。图 3.28(b)为利用该算法去除阴影后的微动目标提取实验结果，从图中可以看出，不仅去掉了误检的椅子，而且没有影响到微动目标提取的完整性。

(a) 改进LBP背景建模算法微动目标提取实验结果

(b) 阴影去除算法后微动目标提取实验结果

图 3.28　阴影去除试验结果对比

对实验结果进行量化分析，可以得到较精准的算法性能的评估结果，采用随机抽取复杂背景下的视频序列中 15 帧进行实验测试，分别采用 LBP 背景建模法和改进 LBP 背景建模算法对微动目标进行提取，统计每幅二值图像的白色像素点个数、由专业人士绘画得到的微动目标像素点个数，以及微动目标提取的完整率。相关实验数据如表 3.3 所示，其中 $N_o$ 代表 LBP 背景建模算法中统计微动目标提取的像素点个数，$N_b$ 代表改进算法中统计微动目标提取的像素点个数，$N_r$ 代表由专业人员绘画出微动目标的像素点个数，$R_o$ 代表 LBP 背景建模算法提取微动目标的完整率，$R_b$ 代表改进 LBP 背景建模算法提取微动目标的完整率。表 3.3 是随机抽取复杂背景视频 15 帧(第 109 帧，第 114 帧，…，第 174 帧，第 179 帧)对应的量化分析。

**表 3.3　LBP 背景建模算法和改进算法的实验数据对比分析表**

| 视频帧数 | $N_o$ | $N_b$ | $N_r$ | $R_o$ | $R_b$ |
|---|---|---|---|---|---|
| 第 109 帧 | 45509 | 40029 | 29987 | 1.518 | 1.334 |
| 第 114 帧 | 80862 | 71976 | 69484 | 1.164 | 1.036 |
| 第 119 帧 | 87656 | 84999 | 80665 | 1.087 | 1.054 |
| 第 124 帧 | 85016 | 82902 | 80930 | 1.050 | 1.024 |
| 第 129 帧 | 74905 | 73381 | 72492 | 1.033 | 1.012 |
| 第 134 帧 | 65779 | 63547 | 61933 | 1.062 | 1.026 |
| 第 139 帧 | 60996 | 58218 | 56893 | 1.072 | 1.023 |
| 第 144 帧 | 61937 | 58593 | 57411 | 1.079 | 1.021 |
| 第 149 帧 | 65043 | 62230 | 61877 | 1.051 | 1.006 |
| 第 154 帧 | 66594 | 64416 | 63924 | 1.042 | 1.008 |
| 第 159 帧 | 64589 | 62407 | 59317 | 1.089 | 1.052 |
| 第 164 帧 | 61826 | 59280 | 58418 | 1.058 | 1.015 |
| 第 169 帧 | 52168 | 49512 | 48801 | 1.069 | 1.015 |
| 第 174 帧 | 44880 | 41858 | 40076 | 1.119 | 1.044 |
| 第 179 帧 | 43556 | 40649 | 39886 | 1.092 | 1.019 |
| AVE | | | | 1.106 | 1.046 |

由于微动目标在缓慢进入视频图像过程中，边缘极其模糊，有些膨胀，无论原算法还是改进的算法提取的微动目标都会比由专业人员提取的微动目标膨胀变形，因此在表 3.3 的量化分析中，原算法和改进算法提取微动目标的完整率均大于 1，原算法微动目标提取的准确率平均为 1.106，改进算法微动目标提取的准确率平均为 1.046，改进算法提取的微动目标更加接近由专业人员提取的微动目标。

图 3.29 为 LBP 背景建模微动目标提取实验结果、改进 LBP 微动目标提取实验结果、原算法错分割实验结果、改进算法错分割实验结果。从图 3.29(b)中看出，改进算法不仅提取的微动目标准确，还去除了由于单侧光光照形成的阴影。为了量化分析该算法的准确率，用 $N_o$、$N_b$ 分别表示原算法和改进算法的错分率，其定义为

$$N_o = R_o - 1,\quad N_b = R_b - 1 \tag{3.20}$$

式中，$R_o$ 代表原算法 LBP 背景建模提取微动目标的准确率；$R_b$ 代表改进算法提取微动目标的准确率。针对随机的复杂背景视频序列的 15 帧(第 109 帧，第 114 帧，…，第 174 帧，第 179 帧)，对其分别使用原算法 LBP 背景建模和改进算法进行微动目标提取，所得的微动目标错分率如图 3.30 所示，微动目标准确率如图 3.31 所示。

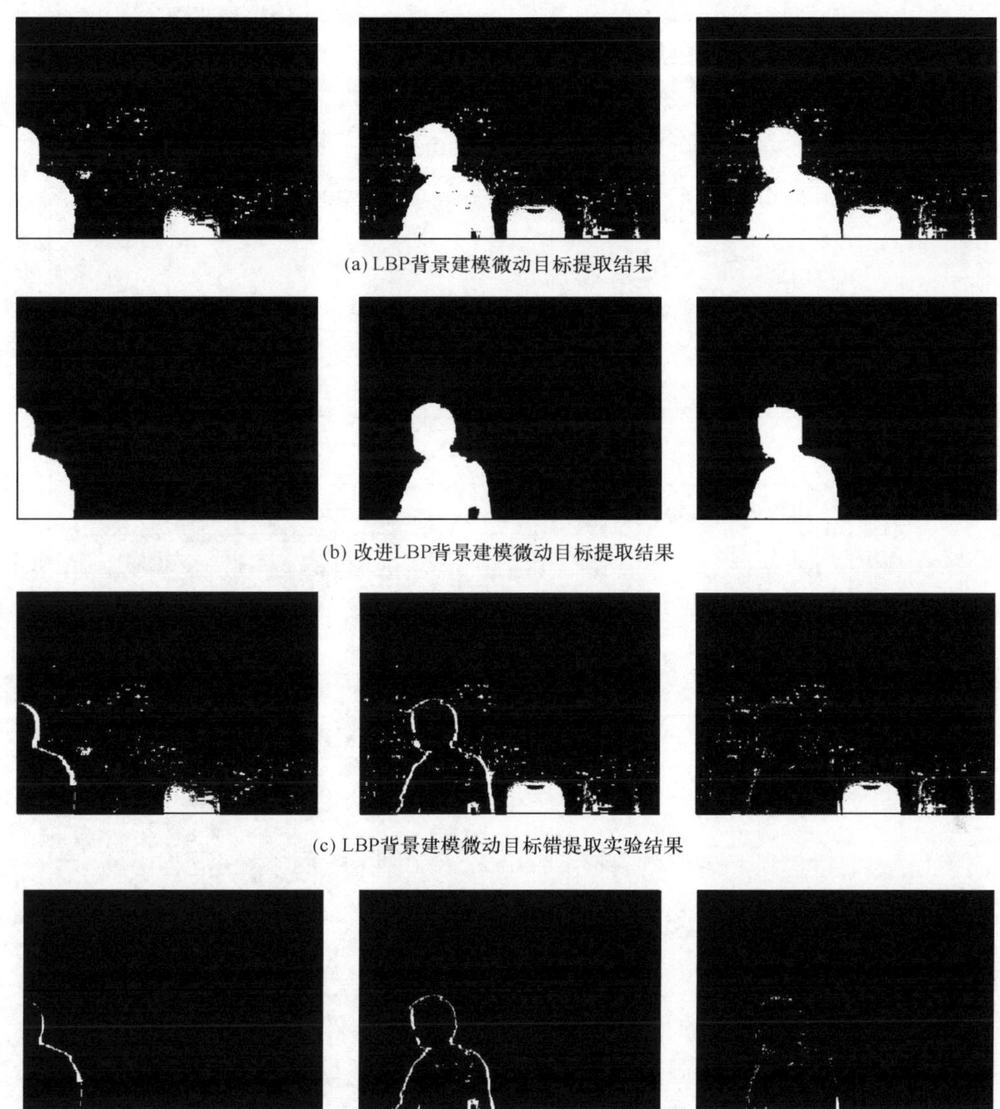

(a) LBP背景建模微动目标提取结果

(b) 改进LBP背景建模微动目标提取结果

(c) LBP背景建模微动目标错提取实验结果

(d) 改进LBP背景建模微动目标错提取实验结果

图 3.29 微动目标提取实验结果对比

图 3.30 表明,改进 LBP 背景建模的微动目标提取的错分率比较小,同时还提高了微动目标提取的准确率。图 3.31 表明,改进算法比原算法更加接近微动目标的完整率 1,因此具有较好的微动目标提取效果。

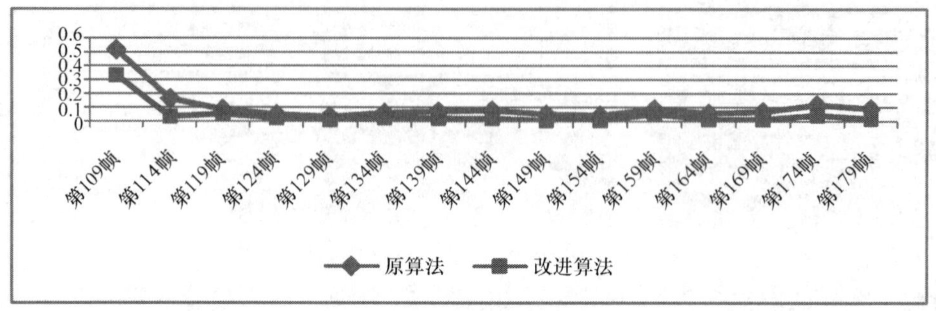


图 3.30　微动目标错分率

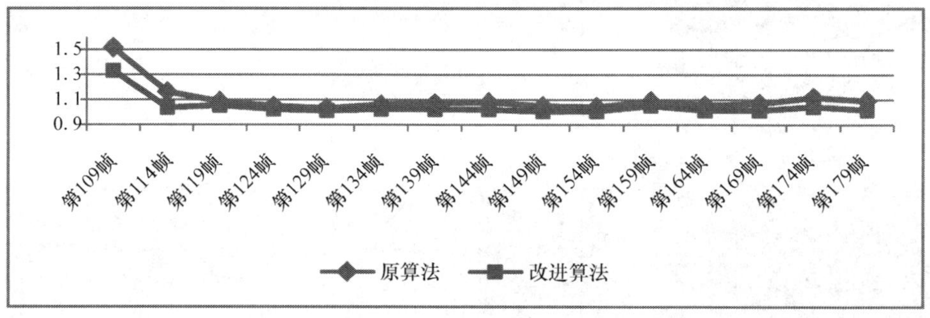


图 3.31　微动目标准确率

## 3.6　多线程图像处理技术

视频中的运动目标跟踪与提取是计算机视觉、视频目标跟踪等研究领域的重要内容,并已经得到了广泛应用。运动目标提取是指从图像序列中将运动的区域分割出来,然后根据提取的目标进行特征提取或目标再处理等操作。

对于目前的计算机而言,内核数目都比较多,内存也比较大,可以很轻松地处理多线程的程序。图像处理过程中,要想获得较高的效率,也应该考虑使用多线程。除非一定需要执行顺序结构,否则都应该考虑使用并行的多线程结构进行处理,以提高工作效率。

多线程思想是指每一个进程至少有一个主执行线程,它无需用户去主动创建,是由系统自动创建的。根据用户的需要,可以在应用程序的运行中自定义创建新的线程,此时,多个线程之间是并发关系,它们属于同一个进程,存储在所属进程的虚拟地址空间中,共享虚拟地址空间、系统资源或者全局变量,使得线程之间通信十分方便。多线程的并行处理可以避免某些任务长时间占用 CPU 时间资源。

### 3.6.1　多线程与图像处理

当多线程执行时，对应的进程包含并发执行的多个线程。利用多线程可以执行实时性、交互性很强的运算和操作，从而提高 CPU 的利用率。线程是动态存在的，从创建到终止具有一定的生命周期。创建线程时需指定任务函数，线程创建后开始执行，执行返回后线程处于终止状态，但线程仍然存在，线程的终止可由其他线程完成。

可以利用多线程技术来提高图像处理的速度和实现并发性[24]：

(1) 在具有多任务多线程功能的操作系统中，进程的处理时间是通过 CPU 时间片的轮询获得，每个进程可划分出若干个线程。任何线程在多任务操作系统中都不可能单独占用所有的系统资源。同时，CPU 时间片是根据创建线程的数量和顺序进行分配的，在优先级相同的情况下，多线程分配到的 CPU 时间要大于单线程拥有的时间，因此，多线程能够占用更多的 CPU 时间，从而加快处理速度。

(2) 对视频序列的处理主要包括对前景目标区域的运算处理和对背景图像进行加载两个部分。一次只能载入存储空间中一帧图像来实现视频序列，而一帧帧的载入使得访问磁盘十分频繁，会降低磁盘设备的访问速度。如果采用顺序处理方法，那么只能在处理完一帧前景数据后再进行磁盘访问载入背景图像，在系统挂起等待的过程中，CPU 资源不能得到充分的使用。采用多线程技术，可以实现对数据的处理和对磁盘的访问在互不干扰情况下同时操作，提高了对 CPU 的利用率，从整体上提高运算时间。

(3) 目标图像的处理存在多任务并发性，即在同一时刻存在不同的目标提取服务请求。在这种情况下，单线程显然无法满足实际需求，采用多线程技术则可以使不同并发的处理请求得到互不干扰的响应，从而满足实际多路并发情况。

### 3.6.2　多线程与视频微动目标提取算法

多线程技术可使编程任务简化和模块化，提高处理器的效率，减少任务的切换时间，提高了吞吐量和并发度。特别是后台处理，可以执行对时间要求不高但很重要的任务或控制某一事务的处理以便等待某一时间的发生等。

将多线程思想运用于多用户下响应图像处理的总体流程如图 3.32 所示。

图 3.32 中第一个虚线框包含部分是在主进程中创建多个线程阶段，线程创建完成后，进程发送消息给各个线程，启动各个线程，消息包含各个线程处理视频资源的路径等；第二个虚线框包含部分是指每个线程在处理同一个视频的同一帧情况下，所输出的内容应该相同，而由于每个线程执行时间各有长短，对应的每个线程输出相同帧图像的先后顺序不同。

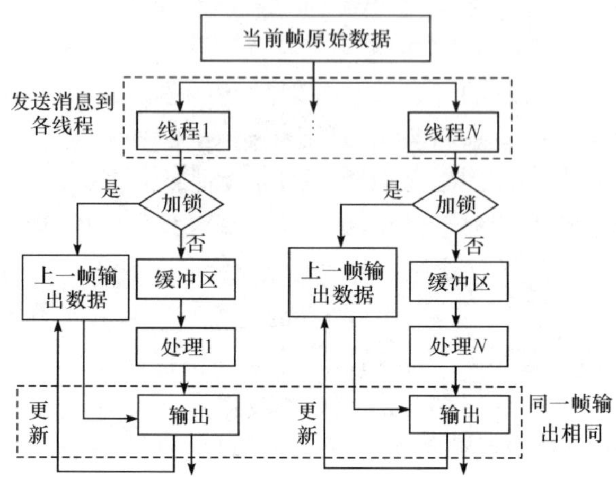


图 3.32 多线程下视频目标检测与提取流程

多线程下的图像处理主要用于多个用户向系统请求对采集到的视频进行处理,为了响应多个客户对服务器上同一个功能接口进行调用,采用动态创建多线程的方式对每个客户的请求进行响应。

视频是一个连续图像序列,当某一帧正在处理时,下一帧可能已到达,但当前帧还没处理完,由于一些原始图像数据在处理过程中还存在访问或回取的现象,因此此时不能对缓冲区中当前帧的原始数据进行下一帧覆盖操作,否则会出现错误的结果,还需要对线程的缓冲区资源进行加锁保护,实现互斥访问。

### 3.6.3 线程间的通信

当开始进行图像处理时,程序的主线程开始工作;当有用户请求视频处理时,主线程与用户处理子线程之间进行信息交换,如子线程启动、子线程数据获取和返回等,这些操作涉及线程之间的同步问题,通过互斥锁控制对图像数据缓冲区实现同步访问。

主线程和子线程都涉及对图像数据的读取和更新问题,当主线程重新获取数据后,就要向子线程发送消息,激活子线程处理消息响应;当子线程执行完后,向主线程发送处理完成信息,主线程接收到信息后释放子线程及其资源。

通过主线程 PostThreadMessage()函数向子线程发送消息来完成线程间通信,在子线程内部通过 GetMessage()函数,根据对应的线程 ID 号来获取主线程发送的消息。

### 3.6.4 共享缓冲区和互斥机制

共享缓冲区是实时视频数据存放和处理过程数据的公共缓冲区,不同的处理线程存在各自的缓冲区。为了防止出现访问冲突问题，实现线程同步，采用加互斥锁的方法避免访问冲突。

线程的某些步骤需要以原子的方式进行操作，尤其涉及线程对内存资源访问时。用 InterlockedExChange() 函数来实现循环锁的功能，即在向缓冲区存放数据的线程中，首先对加锁标识进行判断，若缓冲区未加锁，则对标识变量进行 InterlockedExChange() 函数加锁，此时才能向缓冲区存储数据，存储结束后，以同样的方式释放加锁标识；在读操作中，首先判断加锁标识位是否已被加锁，若未加锁，则对标识变量进行 InterlockedExChange() 函数加锁操作，读取数据，完成后释放锁标识，一直对锁标识进行循环操作，直到处理结束。

实验过程是通过对原始视频的每帧图像进行前景目标的检测，并形成二值化的目标模板，对比原始图像提取出目标的过程。其中，系统处理平台界面如图 3.33 所示。

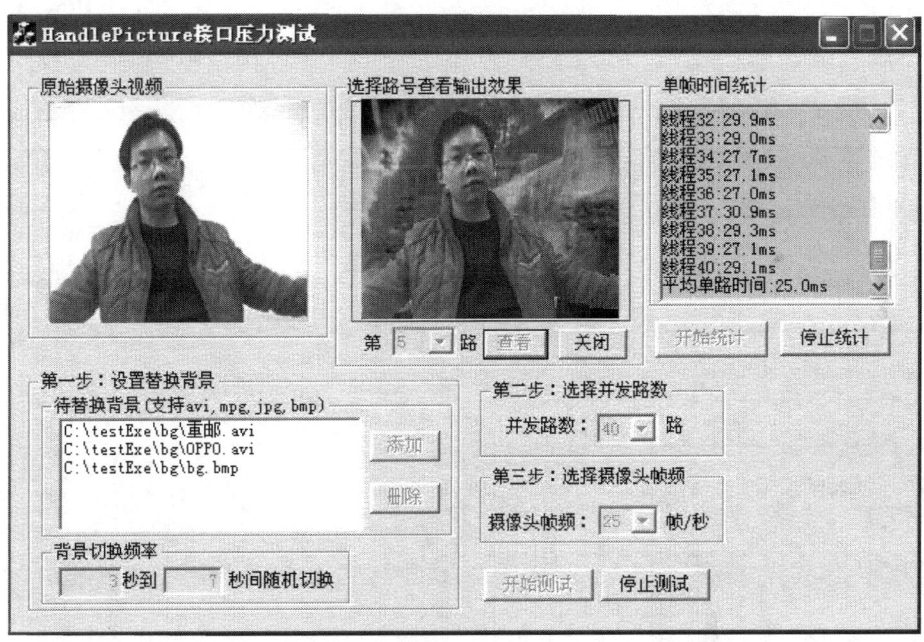


图 3.33　系统处理平台界面

实验结果的时间性能和内存使用性能统计如表 3.4 所示。

对表 3.4 中的数据进行性能分析和统计，在采集帧频相同的情况下，对线程数目不同的时间消耗和内存使用情况进行统计，统计结果如图 3.34～图 3.36 所示。

表 3.4 时间和内存使用性能统计

| 任务线程数 | 帧频/(帧/s) | 平均处理时间/ms | 内存使用/Mb | 理论帧间隔/(帧/s) |
|---|---|---|---|---|
| 1 | 10 | 20 | 14.7 | 100 |
| | 15 | 20.2 | 15.8 | 66 |
| | 30 | 18.7 | 11.3 | 33 |
| 2 | 10 | 23.0 | 18.4 | 100 |
| | 15 | 23.2 | 18.9 | 66 |
| | 30 | 22.7 | 19.7 | 33 |
| 10 | 10 | 27.0 | 32.1 | 100 |
| | 15 | 28.2 | 32.8 | 66 |
| | 30 | 29.7 | 33.1 | 33 |
| 20 | 10 | 30.3 | 44.7 | 100 |
| | 15 | 31.8 | 45.8 | 66 |
| | 30 | 33.5 | 41.3 | 33 |
| 40 | 10 | 38.2 | 72.4 | 100 |
| | 15 | 34.7 | 73.1 | 66 |
| | 30 | 40.1 | 73.3 | 33 |
| 80 | 10 | 46.7 | 118 | 100 |
| | 15 | 41.3 | 119.3 | 66 |
| | 30 | 44.2 | 119.9 | 33 |

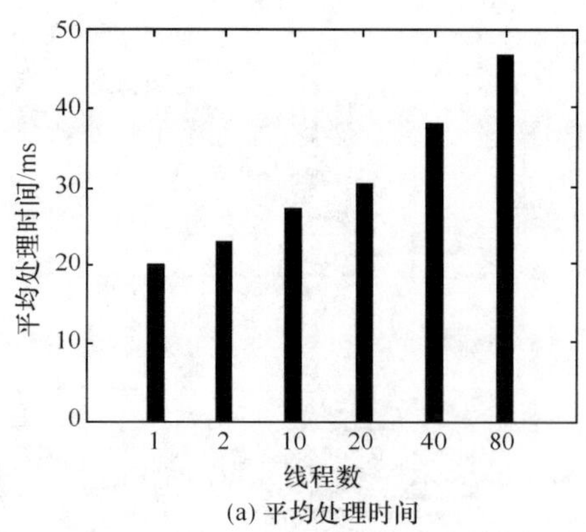

(a) 平均处理时间

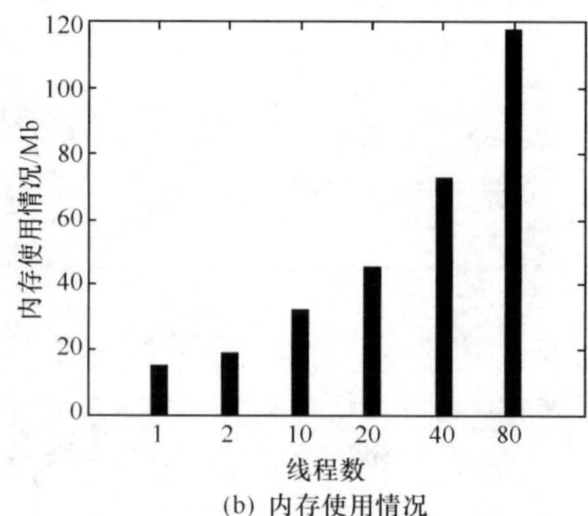

(b) 内存使用情况

图 3.34 采集帧频为 10 帧/s

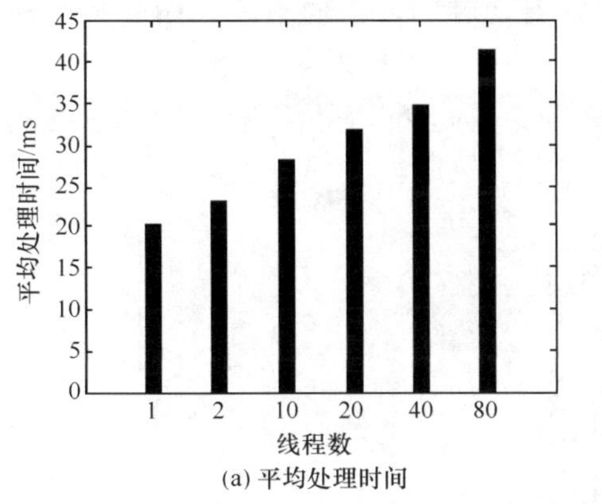


(a) 平均处理时间

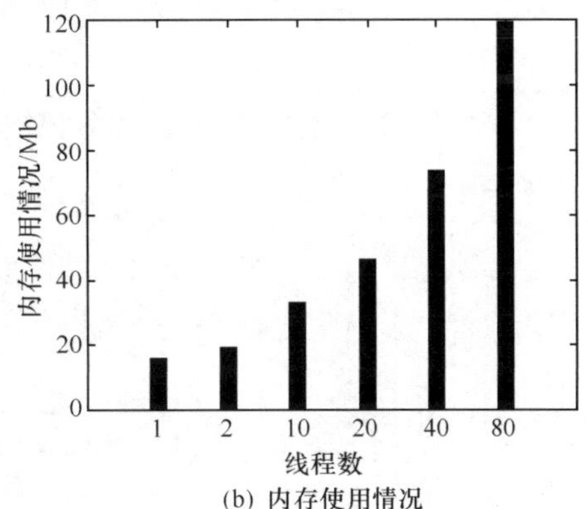


(b) 内存使用情况

图 3.35　采集帧频为 15 帧/s

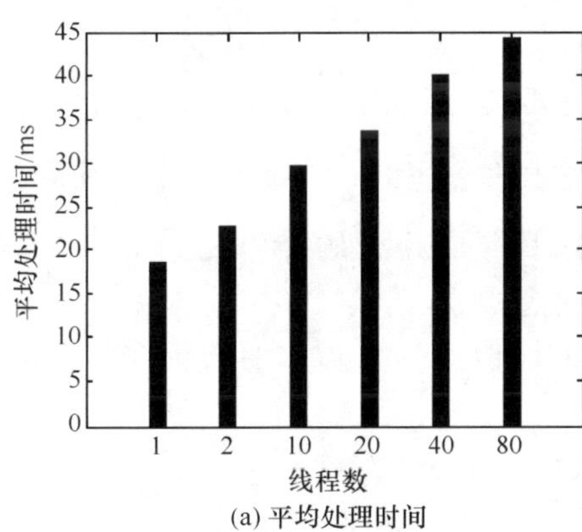


(a) 平均处理时间

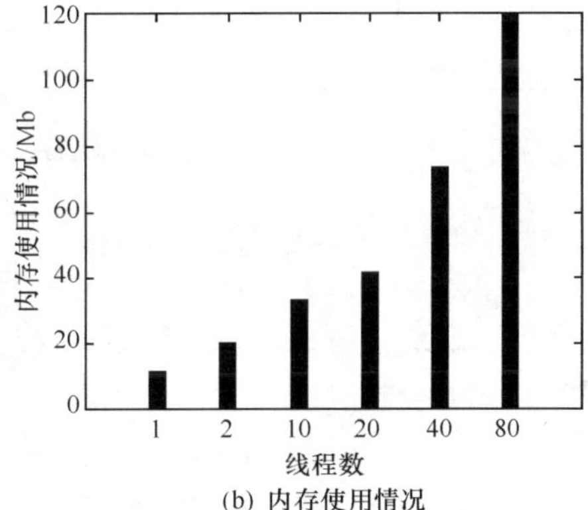


(b) 内存使用情况

图 3.36　采集帧频为 30 帧/s

由图 3.34～图 3.36 可知，在处理单个线程时，单帧处理时间远小于帧间隔时间，即达到实时处理的效果；在并发处理 2 路和 10 路线程时，单帧处理时间远小于理论计算得到的帧间隔时间，即达到实时处理的效果；在并发处理 20 路、40 路或 80 路线程时，由于程序运行在单一服务器上，因此处理时间需要考虑操作系统基本的线程轮询的时间消耗，在视频的帧频为 30 帧/s 时，处理时间比理论帧间隔时间长。例如，在并发线程数为 40 路时，30 帧/s 实际平均处理时间为 40.1ms，而理论值为 33ms，实际值比理论值大，但是实际图像处理效果仍然良好，视频播放同样流畅，能达到实际工程应用要求。

## 3.7　坐席视频通话中的微动目标检测与背景替换系统

坐席视频通话系统由微动目标粗提取模块、微动目标后处理模块、背景替换模块组成，通过 OpenCV 外部库的支持，实现对视频图像中的微动目标提取与背景替换[25~27]。

本书所完成的坐席视频通话系统主要分为三大部分：外部支持库、算法开发层和应用层，如图 3.37 所示。

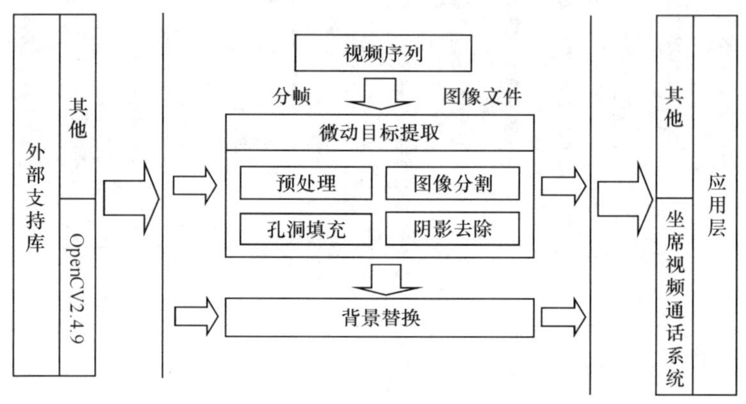


图 3.37 坐席视频通话系统体系框架

(1) 外部支持库 OpenCV2.4.9 及以上版本是开源的计算机视觉库，遵循 GPL(General Public License)协议，在图形图像处理、视频处理以及人工智能等领域应用广泛，此外 OpenCV 还封装了大量的基础性代码，为本书的研究和实现提供了强有力的支持。

(2) 算法开发层是本书研究的重中之重，主要研究视频序列中微动目标提取与背景替换算法。首先提出 Otsu 结合肤色检测的微动目标提取与背景替换算法，该算法包括视频序列的预处理、微动目标粗提取、微动目标孔洞填充，以及背景替换四个部分，解决了微动目标与背景颜色相似的问题，保证了微动目标在简单背景中提取的完整性。在复杂背景视频序列的微动目标提取过程中，针对背景复杂和误分割产生阴影等问题，本书提出了改进 LBP 背景建模的微动目标提取算法，该算法首先将视频序列从 RGB 颜色空间转换到 YCbCr 颜色空间，然后利用 LBP 纹理特征进行背景建模，最后采用阴影去除算法完成背景替换。这一层形成了中间层，为应用层提供了开发接口。

(3) 应用层根据算法开发层的接口进行坐席视频通话系统的应用层开发。例如，如将背景替换后的视频序列上传到服务器，应用到手机上，完成视频通话。

### 3.7.1 坐席视频通话系统体系结构

本系统的具体软件开发环境、运行环境及开发语言如表 3.5 所示。

**表 3.5　坐席视频通话系统开发环境需求表**

| 需求类型 | 开发环境 |
|---|---|
| 软件开发的硬件环境 | Intel(R)Core(TM)i3-4010U 处理器，1.70GHz 主频，4G 内存 |
| 开发工具 | Microsoft Visual Studio 2010，OpenCV 2.4.9 |
| 开发语言 | C++ |
| 软件运行平台 | 软件支持操作系统：Windows XP/Win 7，用户计算机需要安装 OpenCV 2.4.9 |
| 软件运行的硬件环境 | CPU 500Hz 以上，内存 128M 以上 |
| 测试视频 | 自然环境下录制或是实时录制的视频 avi 格式 |

视频序列中使用微动目标提取与背景替换算法，首先载入原始视频序列和替换背景视频序列，通过微动目标提取与背景替换算法对视频中的微动目标进行提取，然后对被提取的微动目标进行背景替换。简单背景视频大小为 320×240 像素，实时录制和复杂背景视频的大小为 640×480 像素。

坐席视频通话系统界面清新简单，功能一目了然，用户操作简易，主界面如图 3.38 所示，该系统主要由原视频序列显示窗口、合成影像视频序列显示窗口、背景视频序列显示窗口、加载原始视频按钮、加载背景视频按钮等组成。

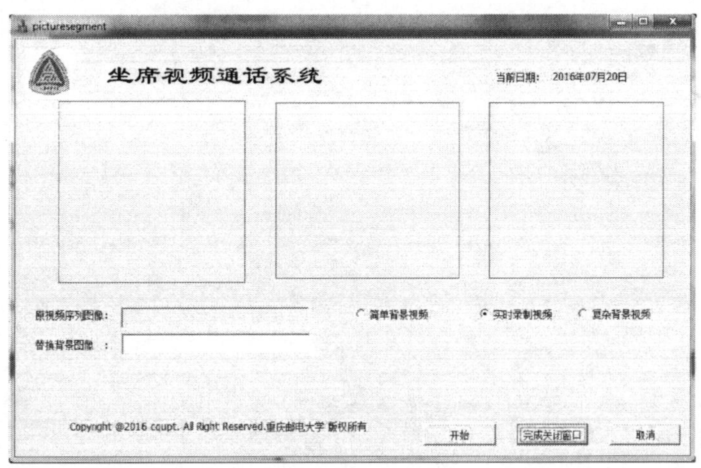


图 3.38　坐席视频通话系统主界面

### 3.7.2　坐席视频通话系统设计与实现

1. 加载视频序列

坐席视频通话系统载入实际录制的视频序列，输出为提取微动目标二值图像和新合成的视频序列。根据用户的实际需求，选择并单击主界面上的加载视频序列按钮(图 3.39),然后将视频路径添加到输入原视频序列地址处(3.40),同时也将背景视频添加到相应的位置,加载相应视频序列界面如图 3.41 所示。

图 3.39　加载视频序列按钮

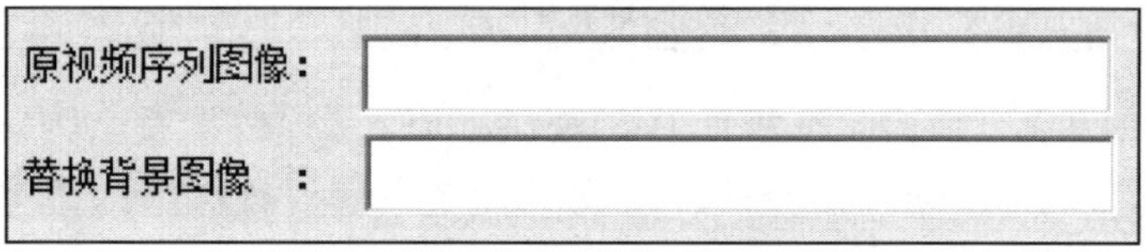

图 3.40　视频序列添加地址框

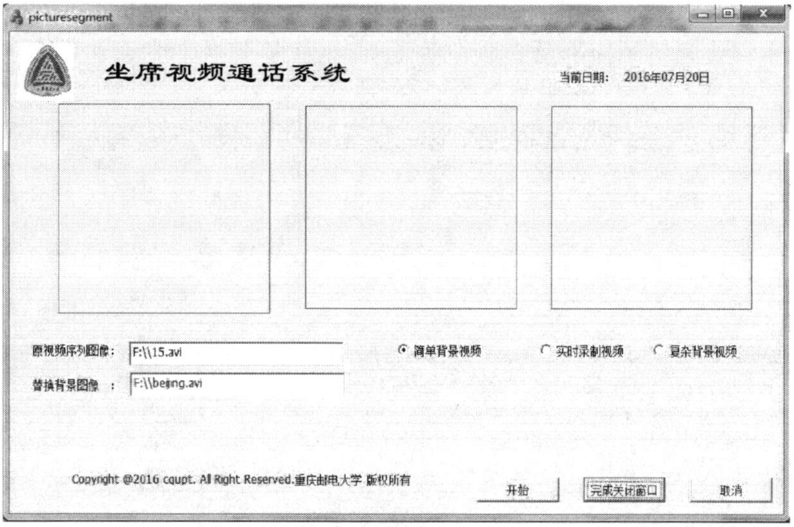

图 3.41　加载相应视频序列界面

2. 坐席视频通话系统的运行

用户根据需求加载视频后,单击主界面开始按钮,进行微动目标提取与背景替换操作。简单背景、实时录制、复杂背景的处理结果分别如图 3.42(a)～(c)所示。

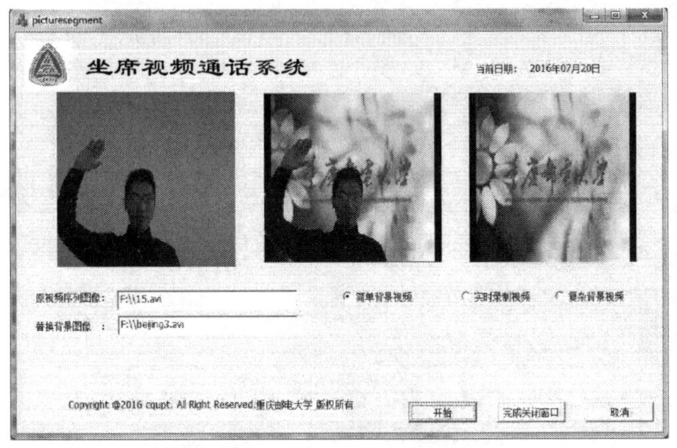


(a) 简单背景视频运行界面

(b) 实时录制视频运行界面

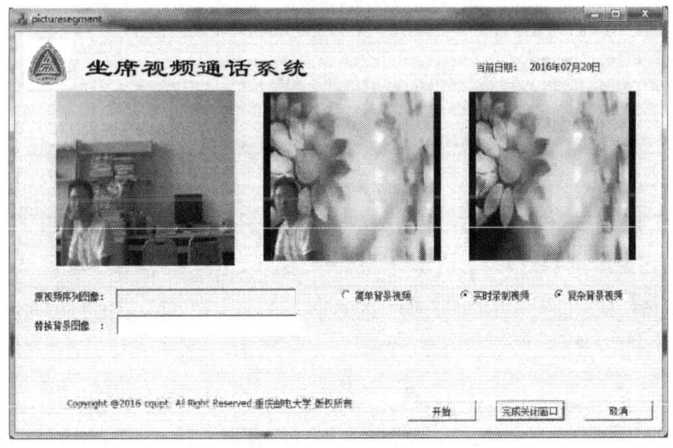


(c) 复杂背景视频运行界面

图 3.42 坐席视频通话系统的三种情况演示

3. 坐席视频通话系统性能分析

在运行实时录制视频时，由于 360 安全卫士具有保护摄像头的功能，因此导致无法实时录制视频完成背景替换。图 3.43 为 360 安全卫士保护摄像头运行界面，在运行坐席视频通话系统之前需要将其关掉，便可以保证该系统的正常运行。

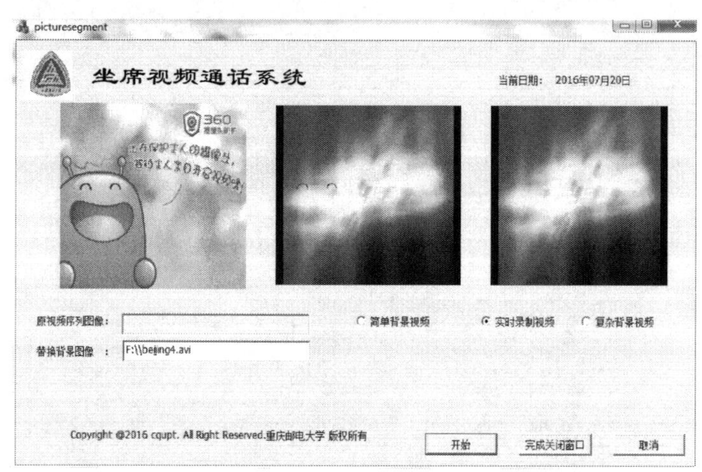


图 3.43　360 安全卫士保护摄像头运行界面

系统运行完成后，便会自动保存合成的视频序列到指定的文件夹，以便后续上传到服务器，为随后应用到手机视频通话做好准备。

## 3.8 本章小结

本章首先对传统的图像特征分类技术、提取技术进行介绍。然后主要对 Otsu 算法和肤色检测算法进行了研究，该算法主要包含图像局部增强、微动目标粗分割、Canny 边缘检测、孔洞填充以及形态学处理等步骤，在图像局部增强部分实现了图像感兴趣区域的图像增强。在微动目标粗分割阶段，提取到了微动目标不完整的二值图像，此时微动目标上存在区域面积不同的孔洞，经过孔洞填充算法对不完整的微动目标上的孔洞轮廓进行孔洞填充，然后利用形态学方法去掉孤立噪声点，对微动目标进行完整提取，最终完成背景替换。在基于 LBP 背景建模的微动目标提取阶段，分析了该算法的优缺点，并提出了改进基于 LBP 背景建模的微动目标提取算法。为了提高微动目标提取的完整性，改进算法不仅将视频图像由 RGB 颜色空间转换到 YCbCr 颜色空间，而且运用阴影去除算法，对改进算法进行了性能分析，充分验证了改进的基于 LBP 背景建模的微动目标提取算法的有效性和可靠性。在多任务环境下，运用多线程的思想对视频序列进行目标检测与提取处理，运用多线程的思想不仅能够提高图像处理过程中的时间效率，而且能够快速响应在多个任务请求下完成视频序列的处理，对实际应用具有很重要的价值。

## 参 考 文 献

[1] Sheikh Y, Shah M. Bayesian modeling of dynamic scenes for object detection[J]. IEEE Transactions on Pattern Analysis and Machine Intelligence, 2005, 27(11): 1778-1792.

[2] Kim Jinsang, Chen Tom. Multiple feature clustering for image sequence segmentation[J]. Pattern Recognition Letters, 2001, 22(11): 1207-1217.

[3] Lafferty J, McCallum A, Pereira F. Conditional random fields: probabilistic models for segmenting and labeling sequence data[C]//International Conference on Machine Learning, Williams College, 2001, 282-289.

[4] Ren X, Malik J. Learning a classification model for segmentation[C]//IEEE International Conference on Computer Vision, Nice, 2003: 10-17.

[5] Herbert Bay, Andreas Ess, Tinne Tuytelaars, et al. Speeded up robust features(SURF)[J]. Computer Vision and Image Understanding, 2008, 110(3): 346-359.

[6] Schapire R E, Freund Y. A Decision-Theoretic Generalization of On-Line Learning and An Application to Boosting. Computational Learning Theory. Berlin: Springer-Verlag, 1995.

[7] 瞿中，马庆伟，张庆庆. 多线程下的视频微动目标检测与提取算法研究[J]. 计算机科学，2012，39(4)：265-268.

[8] Qu Z, Ma Q W. An algorithm of slight moving object extraction in real-time video[J]. Advanced Research on Mechanical Engineering Industry and Manufacturing Engineering, 2011, (64): 603-606.

[9] Hidayatullah P, Zuhdi M. Color-Texture based object tracking using HSV color space and local binary pattern[J]. International Journal on Electrical Engineering and Informatics, 2015, 7(2): 161-174.

[10] Li Z, Wang W Q, Liu X Q, et al. An efficient multi-threshold AdaBoost approach to detecting faces in images[J]. Multimedia Tools and Applications, 2015, 74(3): 885-901.

[11] Kim K, Chalidabhongse T H, Harwood D, et al. Real-time foreground background segmentation using Codebook model[J]. Real Time Imaging, 2005, 11(3): 167-256.

[12] 宋克臣，颜云辉，陈文辉，等. 局部二值模式方法研究与展望[J]. 自动化学报，2013，39(6)：730-744.

[13] Marko H, Matti P. A texture-based method for modeling the background and detecting moving objects[J]. IEEE Transactions on Pattern Analysis and Machine Intelligence, 2006, 28(4): 657-662.

[14] Ojala T, Pietikäinen M, MäenpääT. Gray scale and rotation invariant texture classification with local binary patterns[J]. IEEE Transactions on Pattern Analysis and Machine Intelligence, 2002, 24(7): 971-987.

[15] Yao J, Odobez J M. Multi-layer background subtraction based on color and texture[C]//2007 IEEE Conference on Computer Vision and Pattern Recognition, Minneapolis, 2007: 1-8.

[16] Liu Y L, Nong Sang, Huang R. Background subtraction using shape and colour information [J]. Electronics Letters, 2010, 46(1): 41-43.

[17] Ojala T, Pietikainen M, Harwood D. Performance evaluation of texture measures with classification based on kullback discrimination of distributions[C]//1994 IEEE Conference on Pattern Recognition, Jerusalem, 1994: 582-585.

[18] Sen-Ching SCheung, Chandrika Kamath. Robust techniques for background subtraction in urban traffic video[C]//Proceedings of International Society for Optical Engineering, Visual Communications and Image Processing, San Diego, 2004, 5308: 881-892.

[19] Hsu Pohsiang, Liu Ray, Chen Tsuhan. A low bit-rate video based on two-dimensional mesh motion compensation with adaptive interpolation[J]. IEEE Transactions on Circuits and Systems for Video Technology, 2001, 11(1): 111-117.

[20] 卞紫涵，房胜，徐田帅. 面向局部光照突变的时间和空间中心对称局部二值模式算子[J]. 中国图象图形学报，2013，18(10)：1285-1292.

[21] 李加佳，彭启民. 适应光照突变的运动目标检测算法[J]. 计算机辅助设计与图形学学报，2012，24(11)：1405-1409.

[22] 卢官明，郎苏娟. 基于 YCbCr 颜色空间的背景建模及运动目标检测[J]. 南京邮电大学学报：自然科学版，2009，29(6)：17-22.

[23] 任永功，于戈. 一种能有效克服阴影影响的运动对象分割方法[J]. 小型微型计算机系统，2003，24(12)：2190-2192.

[24] 马庆伟. 复杂背景视频中目标检测的特征提取与分类算法研究[D]. 重庆：重庆邮电大学硕士学位论文，2012.

[25] 文倩云. 视频序列中微动目标提取与背景替换算法研究[D]. 重庆：重庆邮电大学硕士学位论文，2016.

[26] 赵琛，马思伟，张新峰，等. 基于云数据的高效图像编码方法[J]. 计算机学报，2015，38(145)：1-16.

[27] 张啸剑，孟小峰. 基于差分隐私的流式直方图发布方法[J]. 软件学报，2016，27(2)：381-393.

# 第 4 章　视频序列中的运动目标跟踪方法

在运动目标检测阶段提取到相关特征后，跟踪阶段采用一定的匹配算法跟踪视频序列中的运动目标，寻找与运动目标最相似区域来预测下一帧目标所在位置。同时，通过运动目标跟踪计算出目标的方向、速度、运动轨迹等相关运动信息，对下一步运动目标的理解和分析提供数据来源。

粒子滤波是一种采用滤波技术实现目标跟踪的算法，通过非参数化蒙特卡罗模拟方法[1]实现递推贝叶斯滤波，是解决视频序列中运动目标交叉、遮挡等问题的常用方法，被广泛应用于非线性模型和非高斯噪声系统空间中的目标跟踪。但是，标准粒子滤波算法存在不足，例如在复杂场景下，不精确状态模型和交叉遮挡等因素引起误差积累导致算法准确性和实时性降低，这些局限性都限制了粒子滤波的使用。针对标准粒子滤波的不足，本书提出了静态背景下融合邻域信息的 Codebook 模型与粒子滤波结合的跟踪算法[2]，实现在目标交叉遮挡、前背景相似等复杂环境下目标的有效跟踪。在动态背景下采用基于随机蕨丛在线学习的粒子滤波跟踪算法[2]解决粒子滤波在目标严重遮挡、丢失重现等情况下无法继续跟踪的问题。改进粒子滤波算法流程如图 4.1 所示。

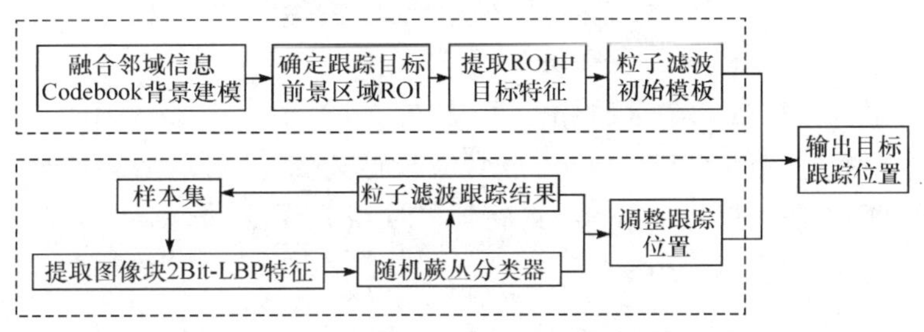


图 4.1　改进粒子滤波算法流程图

## 4.1　结合前景检测的运动目标跟踪技术

在摄像机固定的静态场景下，前景与背景较易分离，但是在实际情况中存在非刚性目标(如行人等)会在一定程度上影响粒子滤波算法的准确性。针对这种情况，通过前景检测算法提取目标的特征用于建立有效的先验状态模型，提高粒子滤波跟踪算法的准确性。本书采用改进的融合邻域信息的 Codebook 背景建模方法，克服光照和噪声干扰，得到目标的前景区域并提取目标前景区域特征，然后结合粒子滤波算法在前背景相似、交叉遮挡等情况下对视频序列中的运动目标进行有效跟踪。

### 4.1.1 Codebook 背景建模

Codebook 背景建模方法由 Kim 等[3]提出，不仅能够提取视频序列中的微动目标，而且适合提取有较少量光照阴影干扰的前景区域，是背景建模中常用的经典算法。Codebook 背景建模方法的基本思想是：首先，通过对视频序列中连续的像素信息来训练建立码字，这些码字包括颜色信息、亮度信息、时间信息等；在通过建立背景模型得到每个像素的时间变化模型后，形成一个 Codebook，将当前视频帧中像素和 Codebook 做对比，若找到和当前像素的匹配信息，则将当前像素点判定为背景像素，否则认为该像素点为前景像素。

该算法的主要步骤包含初始化 Codebook、定义最大负运行长度、计算颜色失真和亮度边界以及前景检测。

1. 构建初始化 Codebook

假设一个由 $N$ 维 RGB 向量构成的 $X=\{x_1,x_2,\cdots,x_N\}$ 是一个像素 $X$ 的序列采样值，定义 $C=\{c_1,c_2,\cdots,c_L\}$ 表示此像素的 Codebook，包含 $L$ 个码字，每个码字 $c_i(i=1,2,\cdots,L)$ 包含一个 RGB 向量 $v_i=(\bar{R}_i,\bar{G}_i,\bar{B}_i)$ 和一个 6 元组 $\mathrm{aux}_i=\langle \check{I}_i,\hat{I}_i,f_i,\lambda_i,p_i,q_i\rangle$。其中，$\langle \check{I}_i,\hat{I}_i\rangle$ 为该码字中最小亮度值和最大亮度值，$f_i$ 为 Codebook 背景模型中一个码字在该 Codebook 中出现的频率，$\lambda_i$ 为每个码字 $c_i$ 在背景模型训练阶段没有再次出现的最大时间段间隔，$\langle p_i,q_i\rangle$ 为 Codebook 中码字 $c_i$ 第一次和最后一次匹配的时间。在 Codebook 背景模型的训练阶段，像素在时间轴 $t$ 上采样的每一个值 $x_t$ 与当前 Codebook 进行比较来找到匹配的码字 $c_m$，将匹配码字作为样本编码的逼近值。

2. 定义最大负运行长度

通过去除背景码字中可能含有运动前景目标的码字来精炼 Codebook，在初始训练阶段允许有移动前景目标，真正的背景里面包含静态像素和运动的背景像素。定义最大负运行长度为某个码字在训练阶段没有重现的最大时间间隔。$\mu$ 和 $T_\mu$ 分别表示背景模型和阈值。通常 $T_\mu$ 设置为训练帧数的一半。

3. 计算颜色失真和亮度边界

在运动目标检测过程中，通过对 Codebook 背景模型建立的颜色和亮度模型进行前景目标检测，若新检测到的像素点颜色和亮度满足码字模型所定义的柱状

范围，则该像素点就被认定为背景像素点，若不满足，则说明该像素点为检测到的前景像素点。对于像素 $x_t=(R_t,G_t,B_t)$、码字 $c_i$ 及 $v_i=(\bar{R}_i,\bar{G}_i,\bar{B}_i)$，有 $\|x_t\|^2=R_t^2+G_t^2+B_t^2$，$\|v_i\|^2=\bar{R}_i^2+\bar{G}_i^2+\bar{B}_i^2$。由此，得到颜色距离 colordist$(x_t,v_i)$和颜色失真度 $\delta$[3] 为

$$\text{colordist}(x_t,v_i)=\delta=\frac{\|x_t\|^2\ \|v_i\|^2-\langle x_t,v_i\rangle^2}{\|v_i\|^2} \tag{4.1}$$

为了在检测阶段对目标像素点与 Codebook 中的码字做比较，通过定义颜色和亮度模型对像素点和码字进行匹配。从模型中可以看出，码字的亮度定义在 $[I_{\text{low}},I_{\text{hi}}]$，在 Codebook 更新阶段，$I_{\text{low}}=\alpha I$，$I_{\text{hi}}=\min(\beta I,I/\alpha)$，$\alpha<1$，$\beta>1$，通常情况下，$0.4<\alpha<0.7$，$1.1<\beta<1.5$，对亮度[3]约定表示为

$$\text{brightness}(I,\langle\check{I},\hat{I}\rangle)=\begin{cases}1, & I_{\text{low}}\leqslant||x_t||\leqslant I_{\text{hi}}\\0, & \text{其他}\end{cases} \tag{4.2}$$

4. 前景检测

将当前帧与背景模型做差分来检测前景，对输入像素值 $x$ 做减法操作。计算输入像素的亮度 $I$，在 $\mu$ 中寻找与 $x$ 相匹配的码字 $c_m$，使其满足条件 colordist$(x,c_m)\leqslant\varepsilon$(检测阈值)和 brightness$(I,\langle\check{I}_m,\hat{I}_m\rangle)=1$，并对匹配的码字进行更新，对于没有匹配的码字，对应的像素点被判断为前景，否则为背景。

通过对 CVRR-ATON 视频集中的 Highway 视频和自行采集的视频进行 Codebook 背景建模，检测结果如图 4.2 所示。

(a) 视频帧　(b) 前景检测

图 4.2　Codebook 背景建模检测结果

如图 4.2 所示，Codebook 背景建模具有很好的实时性和准确性，但当前背景相似时检测结果出现空洞，仍需要对其改进。

### 4.1.2 融合邻域信息 Codebook 背景建模

标准 Codebook 建模忽略了邻域像素点间信息的相关性，没有很好地处理背景邻域空间变化的不确定性，因此不能准确地反映当前像素的实际情况。在提取精确前景目标过程中，为更好适应光照变化和阴影等噪声干扰，本书提出融合邻域信息的 Codebook 模型，同时对 Wu 等[4]提出的马尔可夫局部信息 Codebook 建模算法进行简化，相关步骤如下。

(1) 初始化 Codebook，令 $C\rightarrow\varnothing, L\rightarrow 0$。

(2) 对视频序列中每个像素值序列按照式(4.3)进行训练：

$$x_t=(R,G,B),\quad I=\sqrt{R^2+G^2+B^2} \tag{4.3}$$

在 Codebook 中找出满足式(4.4)和式(4.5)的码字，即与 $x_t$ 相匹配的码字 $c_i$：

$$\text{brightness}(I,\langle \check{I}_i,\hat{I}_i\rangle)=1 \tag{4.4}$$

$$\text{colordist}(x_t,v_i)\leqslant\varepsilon_1 \tag{4.5}$$

式中，$\varepsilon_1$ 为设定采样阈值。若 $C=\varnothing$ 或无匹配，则 $L=L+1$，同时产生一个新码字 $c_l, v_l=(R,G,B), \text{aux}_l=(\check{I}_l,\hat{I}_l,f_l,\lambda_l,p_l,q_l)$；否则按照式(4.6)和式(4.7)[4]更新码字 $c_i$。

$$v_i=\left(\frac{f_i\bar{R}_i+R}{f_i+1},\frac{f_i\bar{G}_i+G}{f_i+1},\frac{f_i\bar{B}_i+B}{f_i+1}\right) \tag{4.6}$$

$$\text{aux}_i=(\min(I,\check{I}_i),\max(I,\hat{I}_i),f_i+1,\max(\lambda_i,t-q_i),p_m,t) \tag{4.7}$$

式中，$v_i=(\bar{R}_i,\bar{G}_i,\bar{B}_i)$ 表示 RGB 向量；$\text{aux}_i=\langle\check{I}_i,\hat{I}_i,f_i,\lambda_i,p_i,q_i\rangle$ 表示一个 6 元组。

(3) 在集合 $C=\{c_i,1\leqslant i\leqslant L\}$ 中，令 $\text{temp}\lambda_i=\max\{\lambda_i,N-q_i+p_i-1\}$，消除冗余码字。

(4) 在前景检测阶段，输入待检测像素 $x_t=\{R,G,B\}$。

(5) 在 Codebook 中找出满足式(4.8)和式(4.9)的码字，即与 $x_t$ 相匹配的码字 $c_i$：

$$\text{brightness}(I,\langle \check{I}_i,\hat{I}_i\rangle)=1 \tag{4.8}$$

$$\text{colordist}(x_t,v_i)\leqslant\varepsilon_2 \tag{4.9}$$

式中，$\varepsilon_2$ 为检测阈值，通常情况下 $\varepsilon_1<\varepsilon_2$。

(6) 若码字 $c_i$ 与 $x_t$ 匹配，则 $x_t=\text{background}$，更新码字 $c_i$；否则，$x_t=\text{fore-ground}$；同时对 $x_t$ 进行以下操作：

① 若对于 $x_t$ 的 Codebook 的 8 邻域相邻 Codebook 中，存在 $c_i$ 与之匹配，则 count++；

② 若 count++$\geqslant K$（$K$ 为设定阈值）则 $x_t$ = background；否则，$x_t$ = foreground。

针对室外和室内两种场景，利用融合邻域信息的 Codebook 背景模型进行前景检测，采用 PETS 视频数据库中 Camera 和 Lab 两组视频进行实验，前景检测结果对比如图 4.3 所示。

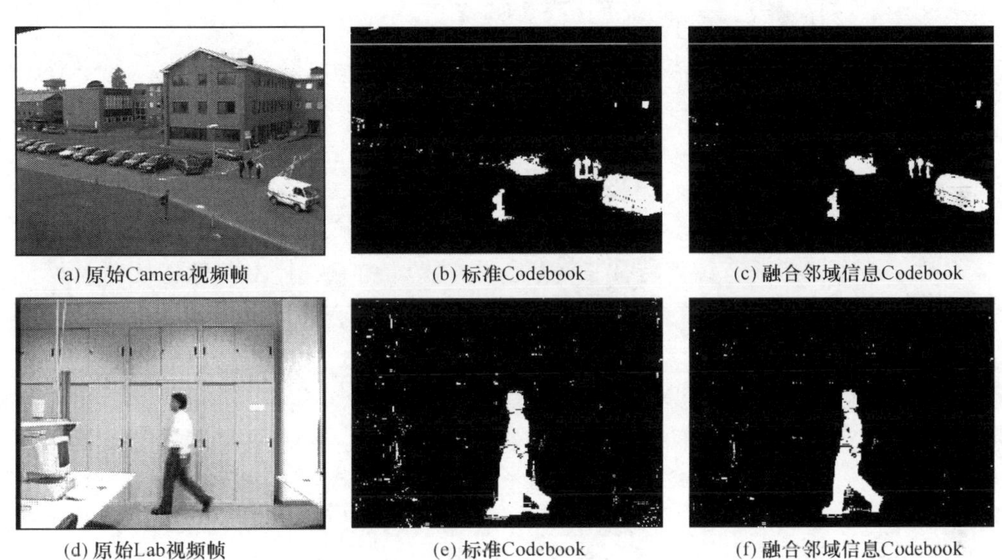

(a) 原始Camera视频帧　(b) 标准Codebook　(c) 融合邻域信息Codebook

(d) 原始Lab视频帧　(e) 标准Codebook　(f) 融合邻域信息Codebook

图 4.3　改进的 Codebook 模型与标准 Codebook 模型检测结果对比

如图 4.3 所示，原始 Camera 视频帧中左侧存在树枝晃动和车辆经过引起的沿途车窗光线变化，这些干扰都导致了标准 Codebook 的误检。同样，原始 Lab 视频帧中人体经过引起室内光线突变更是引起了标准 Codebook 较大范围的误检。对比实验结果可知，融合邻域信息的 Codebook 能进一步精确判断前景像素，很好地消除了环境中的噪声和背景干扰。

### 4.1.3　确定跟踪目标和特征提取

1. 跟踪目标的确定

在粒子滤波跟踪算法中，首先需要在视频序列中检测出跟踪目标。采用 4.1.2 节中所提出的改进 Codebook 算法对视频序列中的运动目标进行精确检测，在检测到运动目标后提取其最小外接矩形来确定跟踪目标，如图 4.4 所示。

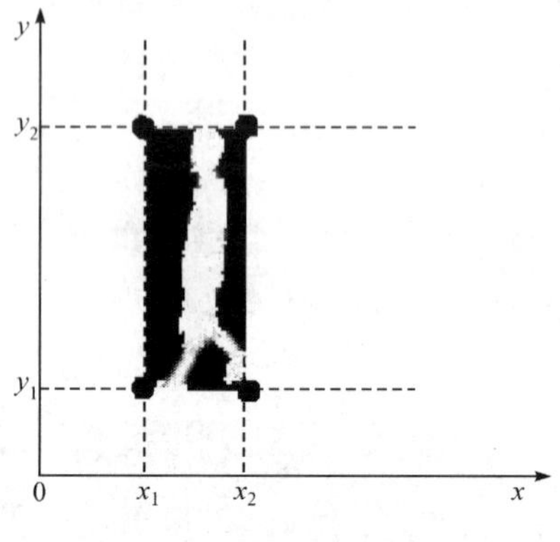


图 4.4　跟踪目标的确定

2. 特征选取

常用的区域特征有纹理特征、边缘特征、颜色特征等，其中颜色特征对目标的角度变化、形状变化等不敏感，在运动目标跟踪领域具有广泛的应用。本书在最小外接矩形确定跟踪目标后，提取跟踪目标的颜色特征等信息，并将这些特征信息作为目标跟踪过程的匹配依据。

通常计算机处理的图像都是基于 RGB 颜色空间，空间颜色信息容易受到光照变化的影响。本书通过计算 HSV 颜色空间下运动目标区域颜色直方图，并将其作为目标特征匹配的依据，可以避免光照变化对跟踪效果的影响。HSV 模型可以由 RGB 颜色空间转化得到，$H$ 代表色相，如白色、绿色、黑色等；$S$ 代表饱和度，是指色彩的纯度；$V$ 代表亮度，是色彩的明暗程度。HSV 颜色模型与 RGB 颜色空间的相互转化关系分别为

$$H=\begin{cases}\arccos\left\{\dfrac{[(R-G)+(R-B)]}{2\sqrt{(R-G)^2+(R-B)(G-B)}}\right\}, & B\leqslant G\\ 2\pi-\arccos\left\{\dfrac{[(R-G)+(R-B)]}{2\sqrt{(R-G)^2+(R-B)(G-B)}}\right\}, & B>G\end{cases}\tag{4.10}$$

$$S=\frac{\max(R,G,B)-\min(R,G,B)}{\max(R,G,B)}\tag{4.11}$$

$$V=\frac{\max(R,G,B)}{255}\tag{4.12}$$

3. 特征匹配的度量

相似性度量方法常用的有欧氏距离、加权距离、Hausdorff 距离、Bhattacharyya 距离[5]等。因为 Bhattacharyya 系数值在区间[0,1]，具有使用方便等特

点，所以本书使用 Bhattacharyya 距离表示目标直方图的相似性，以此来衡量两者之间的相似性。Bhattacharyya 系数为

$$\rho(p,q) = \sum_{u=1}^{m} \sqrt{p_u q_u} \tag{4.13}$$

系数 $\rho$ 的值越大，两个经过归一化的离散颜色直方图 $p_u$ 和 $q_u$ 的相似度就越高，其 Bhattacharyya 距离就可以表示为

$$d=\sqrt{1-\rho(p,q)} \tag{4.14}$$

通过计算 $d$ 来判断两个目标颜色直方图的相似性，即 $d$ 越小，两个颜色直方图的相似性越大，两者为同一目标的可能性就越大。

### 4.1.4　基于颜色特征的运动目标模型构造

通过式(4.14)得到 Bhattacharyya 距离，据此定义运动目标的观测概率分布为

$$P(z_k \mid x_k^{(i)})=\frac{1}{\sqrt{2\pi\sigma}}\exp\left(\frac{-d^2}{2\sigma^2}\right) \tag{4.15}$$

由于采用颜色信息作为特征值，因此在式(4.15)中 $d$ 即为式(4.14)中的 Bhattacharyya 距离，$\sigma$ 所表示的方差为 HSV 颜色空间下的样本颜色方差。通过式(4.15)的表述可以看出，Bhattacharyya 距离 $d$ 的值越小，观测概率的值就越大，说明通过检测得到的目标可信度越高。下面对检测到的目标进行采样，由前面讨论可知，在不影响粒子滤波算法实时性的基础上，随着粒子数的增加，跟踪效果也会越好。对粒子的权重 $\omega^{(i)}$ 进行如下更新：

$$\omega_k^{(i)}=\omega_{k-1}^{(i)}\frac{1}{\sqrt{2\pi\sigma}}\exp\left(\frac{-d^2}{2\sigma^2}\right) \tag{4.16}$$

将式(4.14)代入式(4.16)可得

$$\omega_k^{(i)}=\omega_{k-1}^{(i)}\frac{1}{\sqrt{2\pi\sigma}}\exp\left(-\frac{1-\rho(p,q)}{2\sigma^2}\right) \tag{4.17}$$

在建立粒子运动模型过程中，基于非高斯非线性环境中运动目标的多样性，简单的运动模型不能很好地描述实际运动目标的运动情况，为了提高粒子的活力，对运动目标信息做出准确的预测并跟踪，本书选取了随机运动模型作为粒子的运动模型，运动模型的状态转移方程表示为

$$X_{k+1}=X_k+G_k \tag{4.18}$$

在该状态转移方程中，$X_k$ 为样本在空间中的位置坐标向量，为了增加粒子的随机性，在该状态转移方程中加入了随机扰动噪声 $G_k$。通过结合 HSV 颜色特征、Bhattacharyya 距离以及状态转移方程，建立目标的运动模型。

### 4.1.5 融合邻域信息的 Codebook 模型与粒子滤波结合的跟踪算法

在标准的粒子滤波算法中，为了能够对目标进行有效跟踪，通常用增加粒子数来保证粒子的多样性，但是这样会导致大量无用粒子出现，不但影响跟踪效果而且还会增加计算量。针对该问题，在粒子滤波算法中引入融合邻域信息的 Codebook 模型，同时对粒子的采样范围进行约定，减少了粒子的离散程度，使得采样粒子都具有较大的权重，能够对运动目标进行准确跟踪。

改进的粒子滤波算法对交叉遮挡的情况进行规定，当两个目标的距离达到一定的阈值时就认定目标即将发生交叉，此时停止粒子的重采样，用发生交叉遮挡之前的模板对运动的目标进行跟踪。其中，目标之间的距离阈值设定是基于前景的约束，采样粒子会集中在目标的周围，但是由于增加了随机噪声，粒子会在目标周围跳动，为了防止两个目标的重采样粒子出现重合的情况，进而影响跟踪的效果，根据设定的误差范围，将阈值设定为四个像素点的宽度。通过上述改进，粒子滤波算法的实时性和准确性都得到了有效提高，具体的改进算法步骤如下。

(1) 通过改进的 Codebook 模型检测运动目标，得到感兴趣区域(ROI)。

(2) 初始化。计算目标区域 HSV 颜色模型直方图$\{q\}$；通过序列重要性采样(sequential importance sampling, SIS)建立初始样本集$\{X_0^{(i)},1/N\}_{i=1}^{N}$。

(3) 状态转移。对 ROI 内初始化得到的粒子利用状态转移方程进行状态转移，并计算转移后粒子$\{X_k^{(i)}\}_{i=1}^{N}$的颜色直方图。对每个粒子进行状态转移，计算新粒子$\{X_k^{(i)}\}_{i=1}^{N}$的颜色模板值。

(4) 对粒子权重进行更新。对得到的权重进一步归一化，$\omega_k^{(i)}=\omega_k^{(i)}/\sum_{n=i}^{N}\omega_k^{(i)}$。

(5) 对目标进行预测。用权重最大的粒子表示目标当前位置。

(6) 重采样。当粒子集的权重 $\omega_k^{(i)}$ 小于阈值时对粒子集进行重采样。考虑到目标交叉遮挡的问题，进行如下交叉判断：

① 判断交叉遮挡，若满足判断条件则停止重采样；

② 若粒子集权重小于 $1/N$，则进行粒子集的重采样；

③ 在 ROI 的约束下进行重采样。

(7) 当前帧跟踪结束，转入下一帧。

从算法步骤中可以看出，改进后的粒子滤波算法与传统的粒子滤波算法相比增加了第(1)步的 ROI 设置。如果在使用 Bhattacharyya 系数对目标相似度进行判断时发生了交叉，那么就会导致两个目标的采样粒子重合，使得算法在判断目标编号时出现误差，将会引起目标编号交换。因此，算法第(6)步重采样增加了交叉判断，在出现交叉时停止重采样，使得在目标周围的粒子不会受到干扰。

改进的粒子滤波算法结合了颜色特征信息和 Codebook 背景模型，首先使用

Codebook 对视频序列进行背景建模，完成对前景目标的检测，采用形态学方法和阴影去除法对前景进行优化，利用前景检测得到的模板对粒子滤波进行初始化并设定 ROI，在 ROI 中使用前景区域的 HSV 颜色直方图作为模板初始化粒子；然后进行粒子的状态转移并对粒子的权重进行更新，对粒子的状态进行预测；最后判断重采样，在更新模板时考虑目标之间的交叉遮挡问题。改进的粒子滤波算法的设计流程如图 4.5 所示。

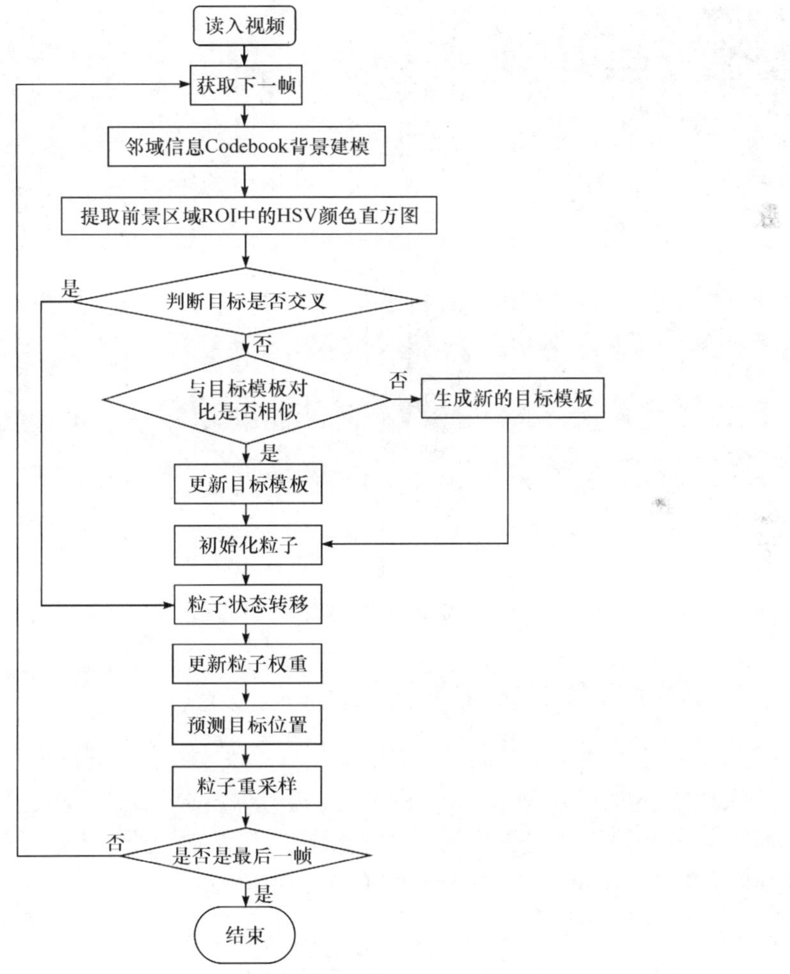


图 4.5　结合前景检测的粒子滤波算法流程

图 4.6(a)为标准粒子滤波算法跟踪效果，其粒子搜索空间为随机采样，由于噪声、背景等干扰会引起跟踪误差，随着跟踪过程的进行，大量粒子浪费在噪声计算上且发散越来越大，引起粒子枯竭退化等问题。

从标准粒子滤波算法与 4.6(b)中改进的粒子滤波算法的跟踪对比分析中可以看出:标准粒子滤波算法中的粒子不能很好地聚集在目标周围,会随着时间不断发散,在长时间的目标跟踪过程中会严重影响跟踪的准确性。改进的粒子滤波算法中的粒子,则能够持续聚集在目标的周围,体现在改进之后粒子采样性能的提高。由于粒子的发散和退化必然会对跟踪的准确性造成影响,因此改进的粒子滤波算法通过限制采样范围,增大了粒子的权重,能够对粒子退化进行有效抑制。

(a) 标准粒子滤波算法跟踪效果

(b) 改进的粒子滤波算法跟踪结果

图 4.6 标准与改进的粒子滤波算法跟踪结果

### 4.1.6 目标跟踪和特征提取算法性能分析

为了验证改进粒子滤波算法的稳定性和鲁棒性,本书进行了两组实验,分别为在交叉遮挡环境下与 Sherrah 等的粒子滤波算法对比实验[6]和在复杂背景环境下与标准粒子滤波算法对比实验。实验采用 VS2010+OpenCV2.4.9 环境下,硬件条件为 CUPi5(2.60GHz)、内存 2G 的笔记本电脑。

1. 交叉遮挡情况下与 Sherrah 等的粒子滤波算法对比实验

实验采用自行采集的视频,在实验视频中两个目标经过了由接近、交叉到分开的过程。这里给出了 Sherrah 等[6]的粒子滤波算法和本章采用的改进粒子滤波算法的对比实验。如图 4.7(a)所示,由于文献[6]算法中粒子的采样空间是随机的,因此其粒子发散比较大,两目标交叉过程中发散尤为严重。图 4.7(b)为改进的粒子滤波算法的粒子采样状态,由于改进的粒子滤波算法采用已经检测出的前景区域作为粒子滤波观测样本且粒子围绕目标中心采样，因此粒子状态较稳定。图 4.7(c)为改进粒子滤波算法的最大权重粒子状态。

(a) 文献[6]的算法

(b) 改进的粒子滤波算法的粒子采样状态

(c) 改进的粒子滤波算法的最大权重粒子状态

图 4.7　跟踪结果对比

根据图 4.7 两目标交叉时的第 188 帧跟踪结果，设定粒子矩形框的中心与目标实际中心的像素距离来表征粒子的采样状态，即发散程度。两种算法粒子序号为 1～100，采样状态统计如图 4.8 所示。

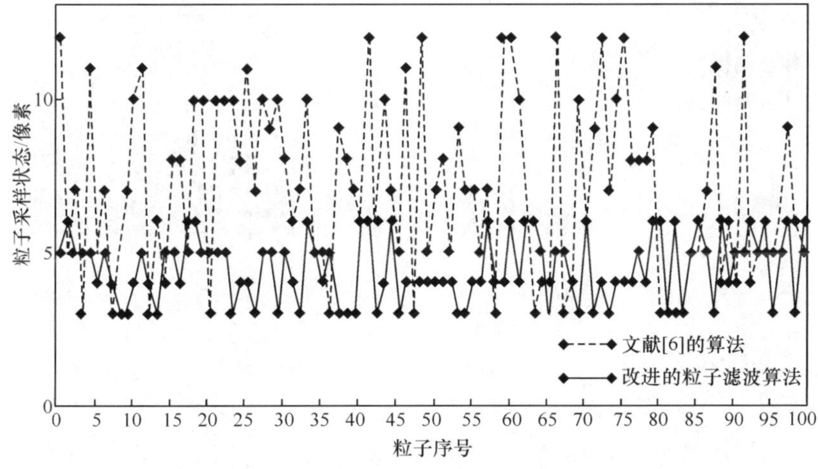


图 4.8　第 188 帧粒子采样状态统计

为了直观地展现改进后的算法，表 4.1 给出了两种算法的跟踪精度、平均处理时间等相关数据对比。

表 4.1　交叉遮挡实验结果对比

| 算法 | 总帧数 | 成功跟踪帧数 | 跟踪精度 | 粒子平均波动范围/像素 | 平均处理时间/ms |
|---|---|---|---|---|---|
| 文献[6]的算法 | 300 | 286 | 0.95 | 10.42 | 39.54 |
| 改进的粒子滤波算法 | 300 | 294 | 0.98 | 5.05 | 35.71 |

由图 4.7、图 4.8 和表 4.1 可以看出,改进后的算法能够在目标交叉遮挡下进行准确、鲁棒地跟踪目标,同时抑制粒子发散,克服粒子快速退化的问题。

2. 复杂背景下目标跟踪对比

为验证改进后的粒子滤波算法在复杂背景下跟踪的有效性,实验截取了一段自行采集且存在阴影扰动和前背景相似的视频,分别对标准粒子滤波算法和改进后粒子滤波算法的跟踪结果进行对比(粒子数为 100)。如图 4.9(a)所示,在第 261 帧,两种算法都可以进行有效跟踪,但由于枝叶晃动和明暗交错,标准粒子滤波算法对预先手动划定的目标颜色特征适应较差,粒子波动较大。图 4.9(b)中,在第 277 帧目标与背景的颜色特征较为接近难以区分,此时标准粒子滤波算法出现较大偏差,以至于在第 291 帧之后彻底跟丢,而改进后的粒子滤波算法虽有偏差,但误差较小,仍能稳定跟踪。实验中以目标跟踪框的中心与实际目标中心的像素距离表征跟踪误差,实验数据对比如图 4.10 和表 4.2 所示。

(a) 第261帧

(b) 第277帧

(c) 第286帧

图 4.9　标准粒子滤波算法与改进后的粒子滤波算法的跟踪结果对比

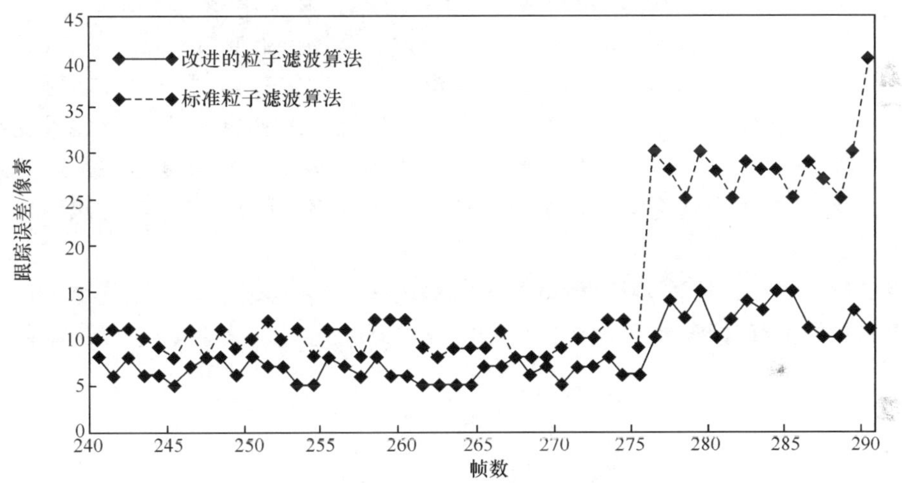


图 4.10　第 240～290 帧跟踪误差统计

**表 4.2　复杂背景实验结果对比**

| 算法 | 总帧数 | 成功跟踪帧数 | 跟踪精度 | 平均误差/像素 | 平均处理时间/ms |
|---|---|---|---|---|---|
| 标准粒子滤波算法 | 350 | 277 | 0.79 | 14.38 | 51.62 |
| 改进的粒子滤波算法 | 350 | 350 | 1.0 | 5.34 | 37.41 |

由图 4.9、图 4.10 和表 4.2 可以看出，改进的粒子滤波算法可以在前背景相似情况下对目标进行准确稳定跟踪，同时实时性优于标准粒子滤波算法。

## 4.2　结合在线学习检测器的运动目标跟踪技术

近年来，基于机器学习的目标跟踪方法取得了良好的跟踪效果，如 SVM[7]、AdaBoost[8]等方法。Ali 等[9]采用以 HSV 颜色直方图为特征的粒子滤波结合

AdaBoost 进行多目标跟踪，其基本思路是检测器与跟踪器同时进行。利用分类器对每一帧目标进行分类检测，根据检测位置与预测位置的距离来判断跟踪结果，当距离大于某个阈值时，认为跟踪不正确，此时采用检测结果作为最终位置结果；当距离小于某个阈值时，认为粒子滤波跟踪结果是正确的。SVM、AdaBoost 等学习方法称为离线学习方法，而在线学习方法采用半监督策略，将每帧的最终跟踪结果都作为一个训练样本，其相对于离线学习方法具有更好的鲁棒性与可变性，检测效果更好，如 Pavan 等[10]提出的 SBT(semi-Boost)算法，通过计算数据样本相关性得到的伪标签结合先验概率更新分类模型。Boris 等[11]提出的 MIL(multiple instance learning)通过样本包形式对分类器进行更新。

TLD(tracking-learning-detection)[12]是结合了跟踪、检测和机器学习的算法，在基于在线学习检测的跟踪算法中，其在各种复杂场景下取得了良好的跟踪效果。TLD 的基本原理是：跟踪器采用光流法，根据其跟踪结果对每一帧目标特征进行自学习，将输出结果通过随机森林分类器在线训练得出检测结果，最后将检测结果和跟踪结果对比，选出较高置信度的结果作为最终输出。当检测器和跟踪器结果不同时，将结果输出作为学习样本更新检测器以提高检测器准确度，若跟踪器和检测器置信度都较低，则认为目标处于遮挡或暂时不在视频中。整个算法分为检测、跟踪和学习三个阶段，学习阶段将综合检测与跟踪的结果输出，输出的结果可以作为检测器的训练数据，也可以用作对跟踪器重新初始化。TLD 跟踪算法流程如图 4.11 所示。

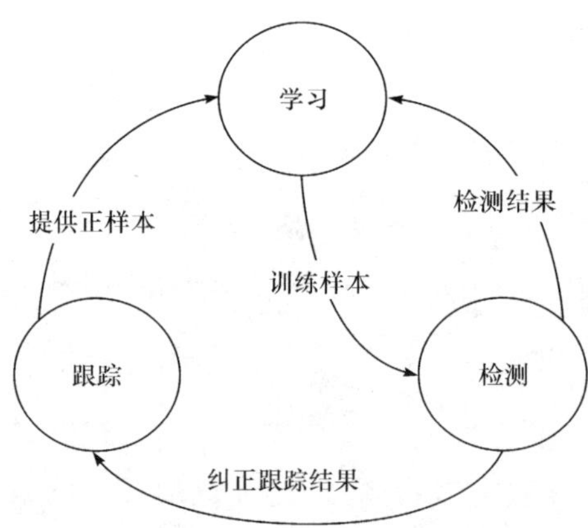


图 4.11 TLD 跟踪算法流程

TLD 跟踪算法的跟踪器采用 LK(Lucas-Kanade)光流法，其检测器选择的特征是基于灰度的特征点对，这种特征不能很好地适应目标的旋转、缩放以及环境光照突变等状况。这导致 TLD 跟踪算法存在重大缺陷：目标发生旋转、缩放和光照突变等状况都会造成目标特征不能准确提取，从而导致跟踪失败。

本书通过借鉴 TLD 跟踪算法，将检测器和粒子滤波跟踪器同时进行，选择随机蕨丛作为分类器。相比于 TLD 检测器，随机蕨丛是随机森林的简化形式，它的精度、检测和训练速度都要快于随机森林。算法具体描述如下：首先将粒子滤波初步跟踪结果作为样本集输出给检测器，检测器将分类结果输出用于指导和修正粒子滤波跟踪器的跟踪结果，两个结果中置信度较高的被当做最终目标位置。当粒子滤波跟踪器跟踪失败后，检测结果在局部搜索并重新定位目标位置继续跟踪目标并初始化粒子滤波跟踪器，跟踪算法框架如图 4.12 所示。

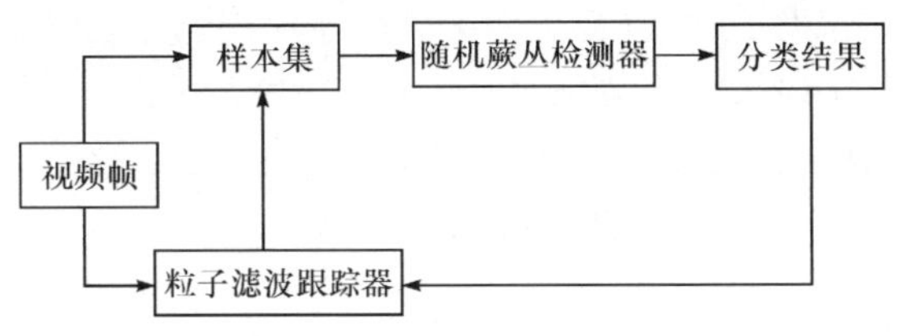


图 4.12　跟踪算法框架

### 4.2.1　基于机器学习的特征提取

机器学习中的目标检测对准确性和实时性要求较高，提取目标特征的方法具有简单快捷、识别率高的特点。其基本思想是：提取目标样本的特征（如 Haar-like 小波特征、LBP 特征、SIFT 特征等），采用分类训练得到分类器，检测阶段加载分类器对运动目标进行提取分离。只要样本集覆盖目标足够大的形态与外观，就能对静动态目标、非刚性行人目标以及有部分遮挡的目标进行实时、准确的识别，甚至在复杂变化的场景中依然表现出相当强的鲁棒性，满足机器学习对目标理解、分类的要求。机器学习中常见的特征提取有以下几种。

1. Haar-like 特征

Harr-like 特征[13]又称为小波矩形特征，最早由 Papageorigiou 等提出用来描述人脸的粗略特征。目前常用的 Haar-like 特征主要有线性特征、中心特征和边缘特征三种。每种特征都是黑色区域内像素值之和与白色区域内像素值之和的差值，这个差值就是特征的输出值。由于计算区域内 Haar-like 特征计算量较大，因此相关学者通过积分图对其进行了加速，使得该特征广泛地应用于人脸检测领域并取得了很好的效果，但是由于其特征提取结构上的限制，其只能描述结构、纹理简单的物体特征。

2. LBP 特征

LBP 特征又称为局部二值特征，该特征以某个像素为中心建立 8 邻域窗口，中心像素为阈值。提取特征时将邻域像素的灰度值与中心阈值进行比较，若邻域像素值大于阈值，则该像素点置为 1，否则置为 0。最后将 8 个邻域排列成二进制，该二进制可转化为 $2^8=256$ 个 LBP 特征值。由于该特征对光照不敏感且具有旋转不变性等特点，因此可以很好地描述目标的纹理特征，但在分辨率较低的压缩图像中不能准确地提取目标特征。

3. Edgelet 特征

Edgelet 特征[14]又称为小边特征，由 Wu 等提出，该特征基于人体的局部特征，包括人的头肩部、躯干、腿部等，分别对其进行特征提取并通过 AdaBoost 训练得到强分类器。由于该特征基于人体局部信息建模，因此在人流量比较大甚至产生交叉遮挡时仍可对行人进行鲁棒的检测，但该算法复杂度较高，不利于实时检测。

4. SIFT 特征

SIFT 特征[15]又称为尺度不变特征，其基本思想是将图像转化为空间尺度并从中寻找极值点，这些极值点满足位置、尺度以及旋转不变性，该特征匹配速度快且精度高，甚至仅需 3 个 SIFT 特征点就可确定物体的位置与方位，其接近实时的辨识速率在海量数据库中实现快速精准匹配，并在图像拼接中拥有较好的表现，但其在检测边缘光滑的目标时，无法精确提取 SIFT 特征点从而导致检测失败。

5. HOG 特征

HOG 特征[16]又称为梯度方向直方图，由 Dalal 等于 2005 年提出。其基本思想是：将图像分为若干大小相等的单位元，求得每个单位元的方向幅值和梯度幅值，然后根据方向幅值和梯度幅值将每个单位元的像素投影到直方图中，最后构造特征算子。HOG 特征可通过结合 SVM 分类器实现行人检测，但当人体密度较大或者有遮挡时，检测效果不准确，容易造成误检。

### 4.2.2 特征选择与分类器设计

1. 基于图像块的 2Bit-LBP 特征

特征的选择直接决定了分类器的精度与效率。TLD 选取的特征是图像点的特征，不能很好地表现目标各种尺度、大小的变换。在众多物体识别的方法中，基于图像小块(patch)[17]的特征取得了良好的检测效果。其基本思想是：在训练目标上随机选取若干小块作为单位，在小块上进行图像操作得到其小块的特征，这些随机的小块共同表征了目标的特征，然后存储这些小块特征以供训练检测，这种特征不仅抗尺度变化、平移变化等，而且具有实现简单、训练速度快的特点。

本书采用 2Bit-LBP 特征。图 4.13 中目标的外框区域内虚线框是随机提取的图像块，取图像块中的一个区域如黑色方框所示，将其水平和垂直方向等分，$S(P_i)(i=1,2,3,4)$表示等分后小图像块的灰度值总和，其中，若 $S(P_1)>S(P_2)$，则水平特征值 $f_h=1$，否则 $f_h=0$；同理，若 $S(P_3)>S(P_4)$，则垂直特征值 $f_v=1$，否则 $f_v=0$。将水平与垂直特征结合可得 11、10、01、00 共 4 组二进制码。2Bit-LBP 是 LBP 特征的基于图像块的简化改进，LBP 对像素 3×3 邻域进行编码共输出 256 个值，而 2Bit-LBP 只输出 4 个值，加快特征的统计，使其更适合应用于在线学习的场景。

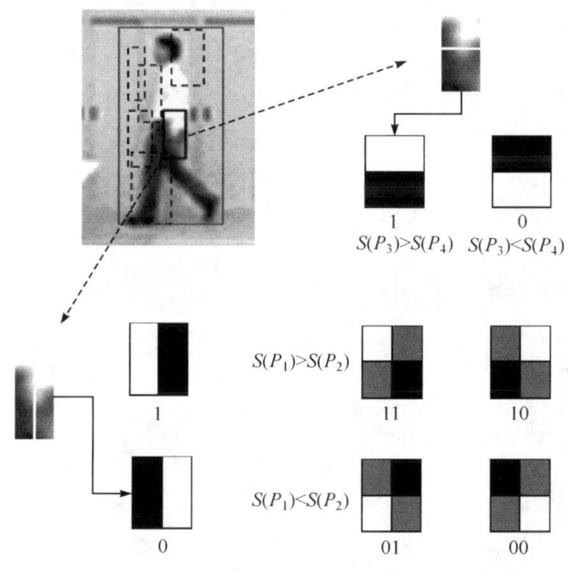


图 4.13　2Bit-LBP 特征

### 2. 决策树和随机森林分类器

随机森林分类器[18]由 Breiman 提出，其基本原理是将多个弱分类器通过其对应的决策树级联成为一个强分类器。如图 4.14 所示，在这个森林中共有 $N$ 个弱分类器，每个弱分类器有其对应的一棵决策树，随机森林分类器输出的结果为每棵决策树分类结果的最大权重值。

设样本总数为 $L$，样本中的变量为 $M$，随机森林学习训练过程如下：

(1) 从样本集中提取 $L$ 个训练样本并对每棵决策树进行训练。

(2) 在决策树的每个分支点中，从 $M$ 个变量中随机选择 $m$ 个变量($m\leqslant M$)，选择 $m$ 个变量中最大熵增益的变量作为新的分支点，同时，$m$ 在随机森林训练过程

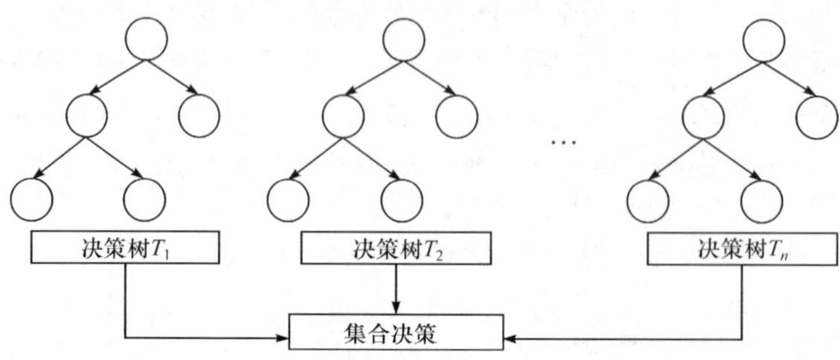


图 4.14 随机森林分类器原理

中的值固定。

(3) 对每棵决策树进行无剪枝生长，直到叶子节点无子节点或无法继续生长。

在一个有 $W$ 类的训练分类的过程中，样本 $q$ 分别通过各个决策树 $T_n$ 产生 $W$ 个输出，即共有 $W$ 个置信度，每个置信度 $p(n,q)(f(q)=c, c\in\{1,2,\cdots,W\})$ 代表该样本 $q$ 在第 $c$ 类中的概率，随机森林的分类结果汇总了所有决策树结果的平均值，表示为

$$\widehat{F}(q) = \arg\max p_c(q) = \arg\max_c \frac{1}{N}\sum_{n=1}^{N} p(n,q)(f(q)=c) \tag{4.19}$$

3. 改进的随机蕨丛分类器

随机蕨丛[19]是随机森林的简化形式，与随机森林不同的是每棵蕨都采用相同的决策树，具有精度高、检测速度快的优点，满足在线学习的要求，其结构如图 4.15 所示。

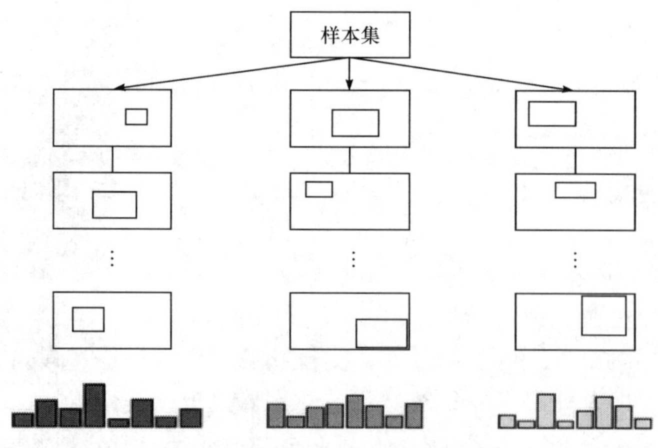


图 4.15 随机蕨丛分类器示意图

随机蕨与随机森林的区别在于：随机蕨中的每棵蕨只有主干而没有分支，相当于把随机森林的每棵决策树改成相同的判断条件。采用 10 棵蕨，每棵蕨共有 8 个节点，相当于在目标区域内随机生成 8 个图像块，且这 8 个图像块生成后便不再改变，每棵蕨都从某个维度上描述了样本特征。

假设训练样本集为 $X=\{x_1,x_2,\cdots,x_K\}$，$K$ 为样本总数，类别 $C=\{c_1,c_2\}$，$c_1$ 和 $c_2$ 代表正样本和负样本，即目标和非目标的分类。$F_j$ 表示第 $j$ 棵蕨，$j=1,2,\cdots,10$，训练步骤如下：

(1) 将已标记的正负样本集 $x_i$ 输入 $F_j$ 中，$x_j$ 在蕨 $F_j$ 的每个节点即每个图像块上均可求得 2Bit-LBP 特征的结果 $f_d\in\{00,01,10,11\}$，其中 $d=1,2,\cdots,8$ 即每棵蕨的节点个数。

(2) 将 2Bit-LBP 特征的结果 $f_d$ 集合起来得到该棵蕨 $F_j$ 的十进制输出值 $B_j=f_8\cdots f_2 f_1$，$B_j\in\{0,1,\cdots,2^{16}\}$。

(3) 假设 $x_i$ 属于 $c_1$ 类，$H_j^{c_1}$ 为 $c_1$ 类第 $j$ 个统计直方图，$H_j^{c_1}(B_j)=H_j^{c_1}(B_j)+1$，$H_j^{c_1}(B_j)$为直方图中随机蕨输出值 $B_j$ 的频数。

(4) 由 Dirichlet 先验假设可知，若 $F_j$ 的输出值 $B_j$ 对应于 $c_1$ 的直方图 $H_j^{c_1}$ 的一个值，则 $x_i$ 一定属于 $c_1$ 类。

(5) 循环上述步骤，训练每个样本并更新对应的统计直方图直到训练结束。

当输入测试样本 $S$ 时，判断其样本类别 $C$ 的相关步骤如下：

(1) 将测试样本 $S$ 通过随机蕨 $F_j$ 计算出其输出值 $k_j$。

(2) 求得最大似然估计：$p_j^{c_t}=p(C=c_t\mid k_j)=\dfrac{N_j^{k_j c_t}}{N_j^{c_t}}$，$t=1,2$。其中，$N_j^{c_t}$ 为 $c_t$ 类第 $j$ 个直方图频数之和；$N_j^{k_j c_t}$ 表示直方图中值为 $k_j$ 的频数。

(3) 若满足 $\dfrac{1}{n}\sum\limits_{j=1}^{n}p(C=c_t\mid k_j)>50\%$，$n=10$，则 $S$ 为 $c_t$ 类。

样本集通过随机蕨丛分类器分类后，可以将背景等非目标的样本从中排除掉，但经过随机蕨丛的分类后最终剩下的候选目标样本通常不止一个，需要通过计算各个候选目标样本的置信度决策出最终的输出结果，各个候选目标的置信度取决于候选目标样本映射到正负样本集的相关性。

首先将所有候选目标的尺寸归一化到同样大小，设候选目标样本为 $T$，模板为 $I$，则 $T$ 与 $I$ 的相关性度量表示为

$$R(T,I)=-\frac{\sum\limits_{x,y}T(x,y)\cdot I(x,y)}{\sqrt{\left(\sum\limits_{x,y}T(x,y)^2\right)\cdot\left(\sum\limits_{x,y}I(x,y)^2\right)}}\tag{4.20}$$

式中，$T(x,y)$代表候选目标样本在$(x,y)$坐标处的像素值；$I(x,y)$代表模板在$(x,y)$坐标处的像素值。候选目标样本 $T$ 的置信度表示为

$$\mathrm{conf}(T)=\frac{1-\max R(T,I^{-})}{1-\max R(T,I^{+})+1-\max R(T,I^{-})} \tag{4.21}$$

式中，$I^{+}$ 和 $I^{-}$ 分别表示样本集中的正样本和负样本，通过计算得出所有候选目标样本的置信度，从小到大排列决策出最大的置信度作为检测器最终的输出结果。

### 4.2.3 随机蕨丛在线学习和粒子滤波相结合的目标跟踪

1. 融合随机蕨丛的粒子滤波观测模型改进

在粒子滤波中，各个粒子的权重是由粒子与目标模板之间的直方图 Bhattacharyya 距离求得的。为求得粒子的权重 $\omega_k^{(i)}$，需要计算粒子观测值的条件概率 $p(y_k,x_k^i)$，将相似度与随机蕨分类结果进行结合，对观测模型进行改进，定义如下：

$$p(y_k|x_k^i)=\alpha p_1(q)+\beta p_2(q)$$

式中，$\alpha$ 和 $\beta$ 为相似度系数且满足 $\alpha+\beta=1$，各个值根据具体实验调整设置，$q$ 为粒子 $x_k^i$ 对应的采样样本。

$p_1(q)$为随机蕨丛分类器计算样本属于目标的概率，定义为

$$P_1(q)=\frac{1}{N}\sum_{n=1}^{N}p(n,q)(f(q)=1) \tag{4.22}$$

式中，$N$ 为随机蕨丛中蕨的棵数；$p(n,q)(f(q)=1)$为第 $n$ 棵蕨中该样本属于目标分类的概率。

$p_2(q)$为样本直方图与目标初始模板的归一化相关(normalized cross correlation，NCC)输出值，定义为

$$p_2(q)=\frac{H_1^{\mathrm{T}}H_2}{\sqrt{\sum_I H_1(i)}\sqrt{\sum_i H_2(i)}} \tag{4.23}$$

2. 在线学习粒子滤波算法流程

在线学习粒子滤波算法[20～22]的总体思想是：在粒子滤波的框架下，由随机蕨丛在线学习目标特征指导并纠正粒子滤波的跟踪结果。算法流程如图 4.16 所示。

粒子的权重值由随机蕨丛分类概率和直方图相似度来表示，随机蕨丛的初始正负样本集合目标初始直方图由第一帧所要跟踪的目标手动划出，在目标区域进行仿射变换生成大量正样本集，仿射变换的方程表示为

$$\begin{bmatrix}x_t\\y_t\end{bmatrix}=\begin{bmatrix}\cos\theta & \sin\theta\\-\sin\theta & \cos\theta\end{bmatrix}\begin{bmatrix}1 & s\\s & 1\end{bmatrix}\begin{bmatrix}x\\y\end{bmatrix} \tag{4.24}$$

式中，$(x,y)^{\mathrm{T}}$ 为手动选定目标区域的像素点；$(x_t,y_t)^{\mathrm{T}}$ 为仿射变换后的目标区域像素点；$\theta$、$s$ 为相关变换参数，$\theta$ 为变换角度，考虑到目标跟踪框为长方形，$\theta\in[-0.2,$

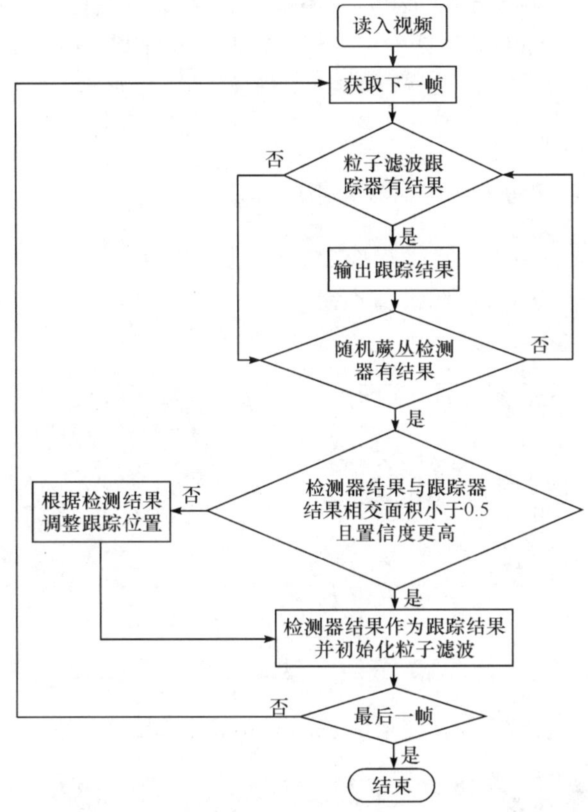


图 4.16　在线学习粒子滤波算法流程

0.2]，旋转角度间隔设置为 0.005。根据式(4.24)将目标模板进行仿射变换并计算 2Bit-LBP 特征生成正样本，同时选取部分背景区域作为负样本。

在视频后续帧跟踪中，分类器和粒子滤波跟踪器同时运行。若分类器结果与跟踪器结果相交面积大于 0.8，则证明粒子滤波跟踪轨迹是正确的，并将跟踪轨迹上的所有结果都作为正样本更新分类器。若随机蕨从分类器和粒子滤波跟踪器的结果有较大差异(分类器结果与跟踪器结果相交面积小于 0.5)，且分类器置信度较高，则输出分类器结果为最终跟踪结果并重新初始化粒子滤波跟踪器。由于在线学习的策略正样本一直存在，因此当目标由于严重遮挡或者长时间丢失重现后，分类器仍然可以检测到并初始化粒子滤波，这样就可以继续跟踪，从而保证了运动目标跟踪的鲁棒性和有效性。

### 4.2.4　基于滤波的目标跟踪算法性能分析

为验证基于在线学习粒子滤波算法在目标丢失重现和前背景复杂情况下对目

标跟踪的鲁棒性与准确性，分别在两个场景下与标准粒子滤波算法进行实验对比。实验采用 VS2010＋OpenCV 2.4.9 环境下，硬件条件为 CPUi5(2.60GHz)、内存 2G 的笔记本电脑。视频测试集中的场景 1 和场景 2 均来自 Kalal 的 TLD_dataset 数据集[17]。

1．单目标严重遮挡情况下的继续跟踪实验

标准粒子滤波在场景 1 下受摄像机抖动、目标的快速移动和背景剧烈变化等因素影响，导致粒子发散、目标跟踪不精确、计算量成倍增长等，最终导致跟踪彻底失败。实验结果如图 4.17 所示。

图 4.17　标准粒子滤波算法在场景 1 中的跟踪结果

跟踪结果如图 4.18 所示，由实验结果可以看出，利用基于在线学习的粒子滤波算法可以很好地解决复杂背景下的运动目标跟踪问题。

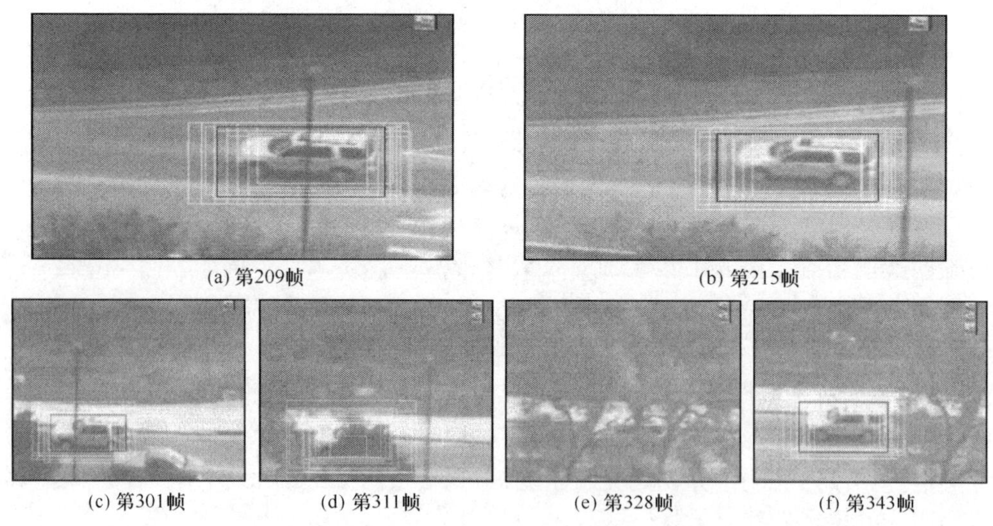


图 4.18　基于在线学习的粒子滤波算法在目标遮挡重现后的跟踪结果

图 4.19 展示了在场景 1 前 50 帧单目标跟踪下，标准粒子滤波算法和改进的算法处理每一帧所需时间的对比。

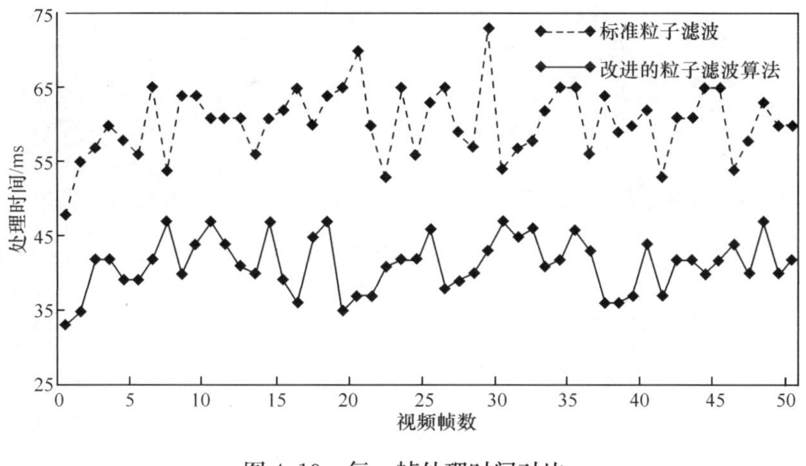


图 4.19　每一帧处理时间对比

2. 多目标在快速移动和阴影干扰下的跟踪实验

标准粒子滤波在场景 2 的多目标跟踪中表现也不尽如人意,实验结果如图 4.20 所示。由实验结果可知,由于目标快速移动,背景变化剧烈,最初建立的初始模板不能适应目标实时状态的变化,刚一开始就出现跟踪漂移、粒子发散的现象,以致后续跟踪彻底失败。

图 4.20　标准粒子滤波算法在场景 2 中的跟踪结果

如图 4.21 所示,基于在线学习的粒子滤波算法由于引进了随机蕨丛检测器,因此当多个目标在快速移动中、背景变化剧烈或者阴影遮挡等影响下使得粒子滤波有跟踪误差时,检测器会及时纠正粒子滤波的跟踪结果,保证了对运动目标稳定地跟踪。

图 4.22 展示了在场景 2 前 100 帧多目标跟踪下,标准粒子滤波和改进的粒子滤波算法处理每一帧所需时间对比。

标准粒子滤波和基于在线学习的粒子滤波算法的跟踪成功率、平均处理时间等相关实验对比数据如表 4.3 所示。

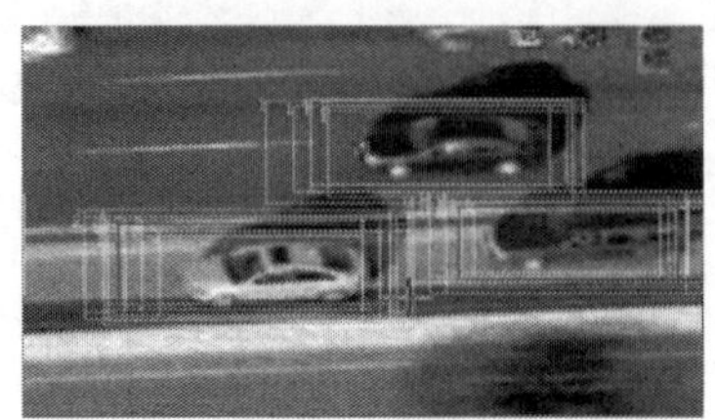
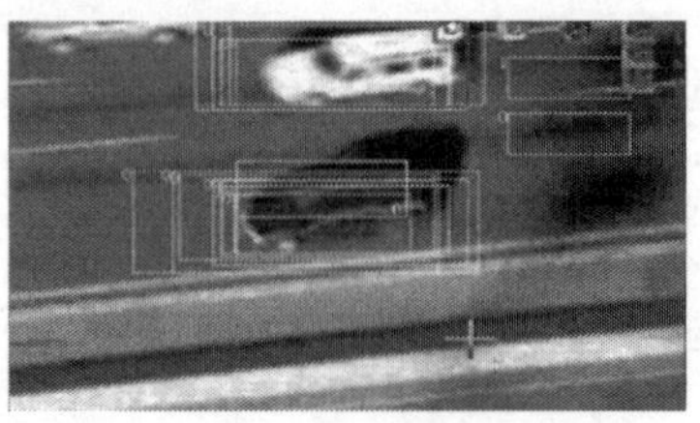

图 4.21 基于在线学习的粒子滤波算法在场景 2 中的跟踪结果

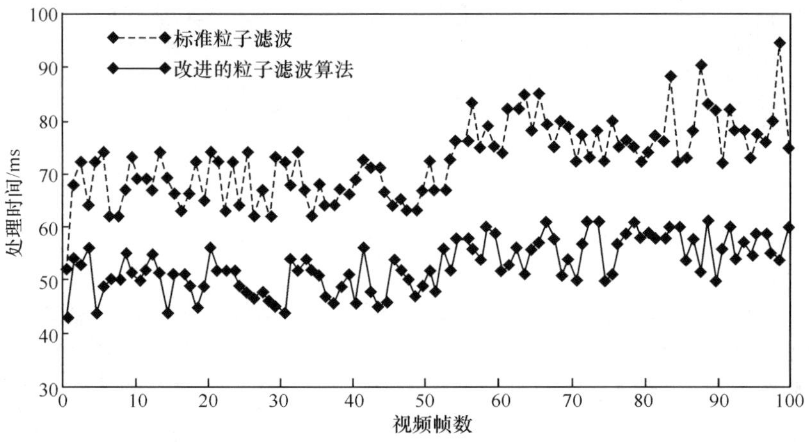


图 4.22 每一帧处理时间对比

**表 4.3 实验数据对比**

| 算法 | 场景 | 视频总帧数 | 跟踪成功总帧数 | 平均帧处理时间/ms | 跟踪成功率 |
|---|---|---|---|---|---|
| 标准粒子滤波 | 1 | 375 | 301 | 59.01 | 0.80 |
| | 2 | 150 | 112 | 68.96 | 0.74 |
| 基于在线学习的粒子滤波(改进后的算法) | 1 | 375 | 355 | 41.56 | 0.95 |
| | 2 | 150 | 137 | 50.53 | 0.91 |

## 4.3 视频序列中的粒子滤波跟踪系统体系结构

依据前面两节对 Codebook 检测、随机蕨丛检测和粒子滤波跟踪算法的描述，本书实现了复杂背景下粒子滤波跟踪系统，下面对系统的设计与实现进行介绍。

### 4.3.1　粒子滤波跟踪系统体系结构

本书对标准粒子滤波算法在复杂背景中易出现误差、效率低等不足进行改进，针对不同的场景采取不同的跟踪策略，静态背景下采用结合邻域信息的 Codebook 前景检测与粒子滤波相结合的跟踪算法，动态背景下采用基于随机蕨丛在线学习的粒子滤波跟踪算法。本系统的整体模块设计如图 4.23 所示。

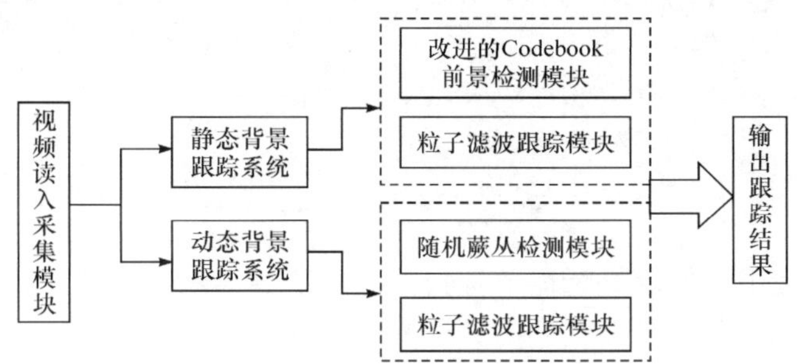


图 4.23　复杂背景下粒子滤波跟踪系统模块设计

本系统共分为以下部分：视频读入采集模块、静态背景跟踪系统和动态背景跟踪系统。静态背景跟踪系统包括改进的 Codebook 前景检测模块和粒子滤波跟踪模块，动态背景跟踪系统包括随机蕨丛检测模块和粒子滤波跟踪模块。各模块功能介绍如下。

1）视频读入采集模块

通过监控区域中摄像机或加载离线视频获取当前场景中的视频序列。

2）改进的 Codebook 前景检测模块

首先通过改进的 Codebook 背景建模提取出前景二值图像；然后使用阴影检测调整阈值去除阴影，利用形态学对目标图像进行优化处理，消除噪声等影响；最后进行连通区域检测，准确保留运动目标特征。

3）随机蕨丛检测模块

系统采用随机蕨丛在线学习方法，对所跟踪的目标提取基于图像块的 2Bit-LBP 特征并对其训练生成分类器。

4）粒子滤波跟踪模块

系统采用改进的粒子滤波算法跟踪运动目标，静态背景下通过 Codebook 检测得到的目标前景区域特征作为粒子滤波目标模板；动态背景下通过在线学习所得的检测结果指导、纠正粒子滤波的跟踪结果，并在目标长时间丢失重现后重新初始化粒子滤波跟踪器。

### 4.3.2 粒子滤波跟踪系统设计与实现

复杂背景下粒子滤波检测与跟踪系统软件开发环境如表 4.4 所示。

**表 4.4 复杂背景下粒子滤波检测与跟踪系统软件开发环境**

| 开发平台 | Windows XP/Windows 7 |
|---|---|
| 开发工具 | Microsoft Visual Studio 2010,OpenCV 2.4.9,GSL1.8 |
| 开发语言 | Visual C/C++ |
| 软件平台 | 软件支持操作系统:Windows XP/Windows 7,用户计算机需要安装 OpenCV 2.4.9 开发包,GSL 库 |
| 软件运行环境 | Windows XP/Windows 7 |

打开软件后根据实际场景需要选择静态背景目标跟踪和动态背景目标跟踪两种模式,如图 4.24 所示。

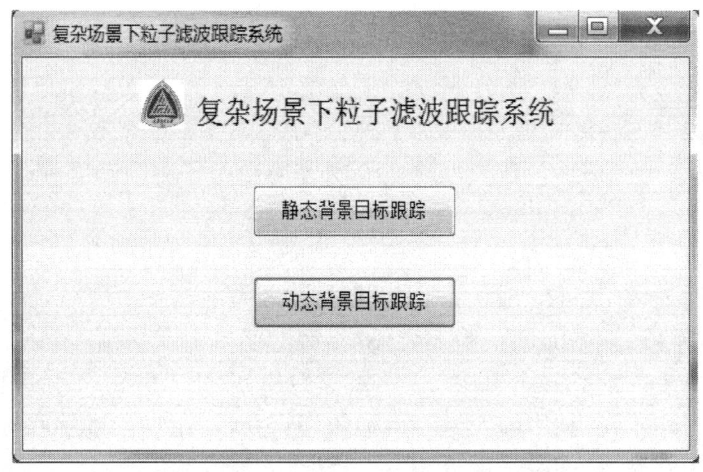


图 4.24 系统主界面

打开静态背景目标跟踪模式,则进入如图 4.25 所示的 Codebook 与粒子滤波结合运动目标跟踪系统,其中包括跟踪结果区域、前景检测结果区域,以及控制端区域、阴影处理调整阈值区域。

通过打开按钮加载视频并点击开始,跟踪结果区域会显示目标跟踪结果,可通过切换显示粒子按钮来显示采样粒子与最终跟踪结果。右侧前景检测结果区域为 Codebook 检测结果区域,可通过调整 YUV 阈值来实现去除阴影、优化前景的效果,系统测试如图 4.26 所示。

打开动态目标跟踪系统模式,则进入随机蕨丛在线学习粒子滤波目标跟踪系统,其中包括动态背景目标跟踪、控制端和设置端窗口,如图 4.27 所示。

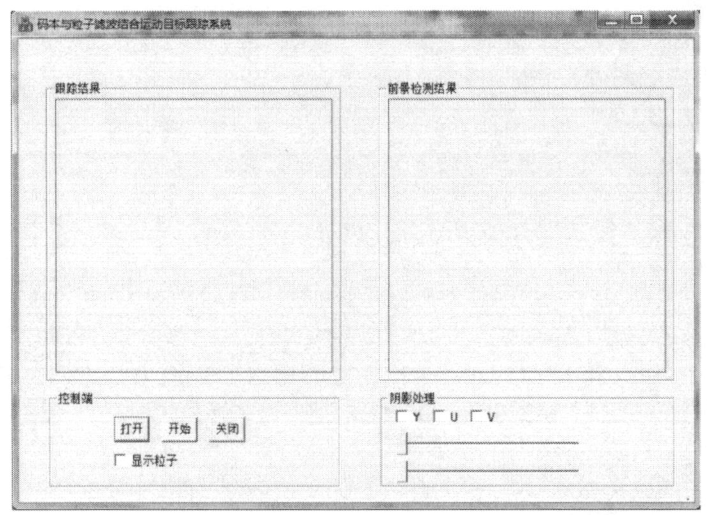


图 4.25 Codebook 与粒子滤波结合运动目标跟踪系统

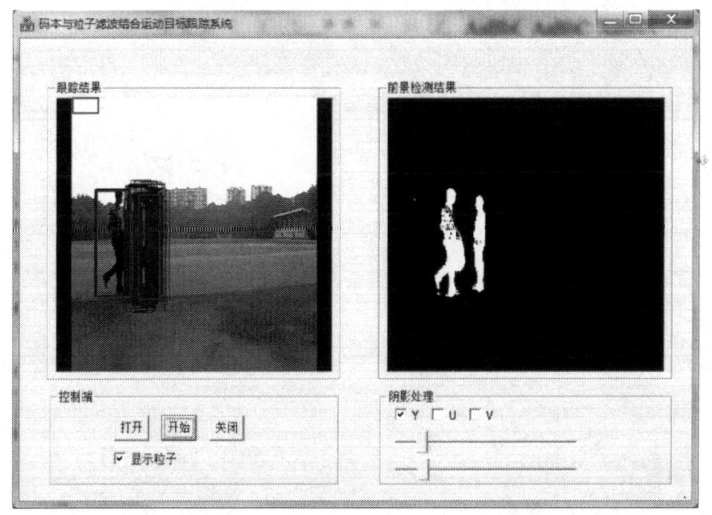


图 4.26 Codebook 与粒子滤波结合运动目标跟踪系统实现结果

通过打开视频载入所需目标跟踪的场景，点击选择目标按钮暂停视频并选择目标开始跟踪，通过切换显示正样本更新可以在屏幕右上方显示跟踪所需样本模板的更新状态，而通过切换显示粒子可以观察粒子采样状态以及最终目标跟踪结果。

如图 4.28 所示，动态背景下随机蕨丛在线学习粒子滤波目标跟踪系统可在移动摄像机和镜头严重抖动情况下对目标进行稳定跟踪，且在雨雪天气、低分辨率等

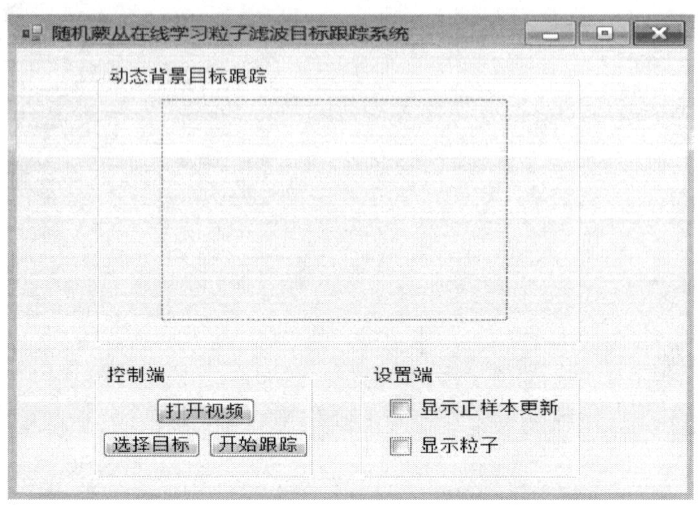


图 4.27　随机蕨丛在线学习粒子滤波目标跟踪系统

复杂场景下依然可以准确识别运动目标并实现稳定跟踪，充分验证了基于在线学习粒子滤波算法的可行性。

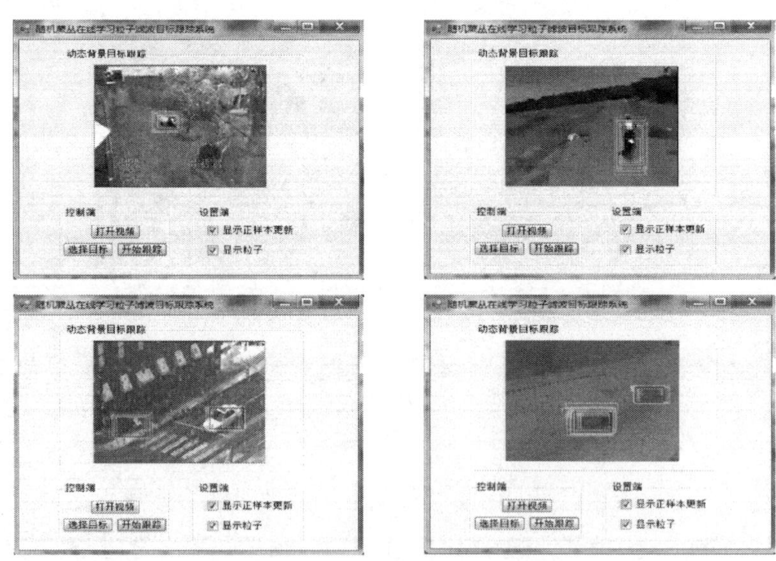

图 4.28　随机蕨丛在线学习粒子滤波目标跟踪系统实现结果

## 4.4　本章小结

本章首先采用了一种结合邻域信息 Codebook 与粒子滤波的目标跟踪算法，

利用 Codebook 前景检测得到前景区域，提取该前景区域的核函数颜色特征作为粒子滤波观测模型，同时在跟踪过程中对观测模板进行实时更新，并对粒子重采样算法进行了改进。实验结果表明，改进的算法能够克服交叉遮挡和复杂背景等干扰，能够稳定跟踪目标且粒子发散小，在精度、实时性和鲁棒性上优于标准粒子滤波算法。其次提出了一种基于在线学习检测的粒子滤波跟踪算法，通过改进的随机蕨丛检测器提取目标的 2Bit-LBP 特征并对其检测分类，利用随机蕨丛检测器置信度和粒子滤波权重融合对粒子滤波观测模型进行改进，将检测结果与跟踪结果进行置信度比较，引导和纠正粒子滤波的跟踪结果。由于引用了在线检测和学习模块，在动态场景下对运动目标跟踪表现出了鲁棒性，同时较好地解决了粒子滤波不能初始化的问题，使得改进后的算法对目标严重遮挡、长时间丢失的情况仍可恢复跟踪。

## 参考文献


[1] Xu H X, Zhou W, Zheng J H, et al. Multi-object visual tracking based on reversible jump Markov chain Monte Carlo[J]. IET Computer Vision, 2011, 5(5): 282-290.

[2] 赵栋梁. 改进快速粒子滤波算法的多目标检测与跟踪系统设计[D]. 重庆：重庆邮电大学硕士学位论文，2016.

[3] Kim K, Chalidabhongse T H, Harwood D, et al. Real-time foreground background segmentation using Codebook model[J]. Real Time Imaging, 2005, 11(3): 167-256.

[4] Wu M J, Peng X R. Spatio-temporal context for Codebook-based dynamic background subtraction[J]. AEU International Journal of Electronics and Communications, 2010, 64(8): 739-747.

[5] Kailath T. The divergence and Bhattacharyya distance measures in signal selection[J]. IEEE Transactions on Communication Technology, 1967, 15(1): 52-60.

[6] Sherrah J, Ristic B, Redding N J. Particle filter to track multiple people for visual surveillance [J]. IET Computer Vision, 2011, 5(4): 192-200.

[7] Papageorgiou C P, Oren M, Poggio T. General framework for object detection[J]. Clinical Neurology and Neurosurgery, 2013, 108(6): 555-562.

[8] Viola P, Jones M J, Snow D. Detecting pedestrians using patterns of motion and appearance [J]. International Journal of Computer Vision, 2013, 63(2): 153-161.

[9] Ali I, Dailey M N. Multiple human tracking in high-density crowds[J]. Image and Vision Computing, 2012, 30(12): 966-977.

[10] Pavan K M, Rong J, Jain A K, et al. SemiBoost: boosting for semi-supervised learning[J]. IEEE Transactions on Pattern Analysis and Machine Intelligence, 2009, 31(11): 2000-2014.

[11] Boris B, Ming-Hsuan Y, Serge B. Robust object tracking with online multiple instance learning[J]. IEEE Transactions on Pattern Analysis and Machine Intelligence, 2011, 33(8): 1619-1632.

[12] Zdenek K, Krystian M, Jiri M. Tracking-Learning-Detection[J]. IEEE Transactions on Pattern Analysis and Machine Intelligence, 2012, 34(7): 1409-1422.

[13] Yun W, Qing T, Teng G. An improved pedestrian detection algorithm integrating Haar-like features and HOG descriptors[J]. Advances in Mechanical Engineering, 2015, 5(4): 1-8.

[14] Wu B, Nevatia R. Detection of multiple, partially occluded humans in a single image by bayesian combination of edge let part detectors[C]//2005 International Conference on Computer Vision, Washington, 2005: 90-97.

[15] Jiang R M, Crookes D, Luo N. Live-Cell tracking using SIFT features in DIC microscopic videos[J]. IEEE Transactions on Biomedical Engineering, 2010, 57(9): 2219-2228.

[16] Dalal N, Triggs B. Histograms of oriented gradients for human detection[C]//2005 Computer Society Conference on Computer Vision and Pattern Recognition, San Diego, 2005: 886-893.

[17] Kalal Z, Matas J, Mikolajczyk K. Online learning of robust object detectors during unstable tracking[C]//2009 International Conference on Computer Vision Workshops, Kyoto, 2009: 1417-1424.

[18] Breiman L. Random forests[J]. Machine Learning, 2001, 45(1): 5-32.

[19] Quan W, Chen Jim X, Yu N Y. Robust object tracking using enhanced random ferns[J]. Visual Computer, 2014, 30(4): 351-358.

[20] 张艳梅，姜淑娟，陈若玉，等. 基于粒子群优化算法的类集成测试序列确定方法[J]. 计算机学报，2016，39(55)：1-18.

[21] 刘威，段成伟，遇冰. 基于后验 HOG 特征的多姿态行人检测[J]. 电子学报，2015(2)：217-224.

[22] 韩贵金，朱虹. 基于 HOG 和颜色特征融合的人体姿态估计[J]. 模式识别与人工智能，2014，27(9)：769-777.

# 第 5 章　行人检测和流量统计方法

智能视频监控系统中,行人流量统计技术涉及计算机视觉与数字图像处理领域中的图像预处理、目标检测、识别和跟踪等多方面问题。行人计数作为视频监控系统的一个重要分支,对其研究为人们的生活带来了很多便利。目前,智能视频监控中的行人计数方法多数情况下是依靠人工计数来完成的。但是,视频的信息量较大且包含较多无用的背景信息,另外视频中的行人出现时间不固定,采用人工方法进行统计耗费时间长,对人的体力也是一个很大的挑战;视频中的人员流量不固定,人流量大时需要统计人员全神贯注地盯着视频进行统计,增加了统计人员的工作量。针对上述问题,本书开发出行人流量统计系统,行人检测及流量统计主要方法如图 5.1 所示。

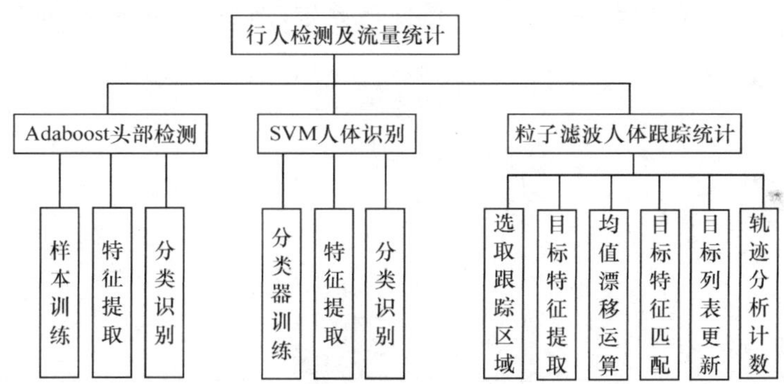


图 5.1　行人检测及流量统计方法

## 5.1　运动目标计数算法

### 5.1.1　智能视频监控系统概述

智能监控系统是在传统的监控系统上,增加智能分析模块,利用计算机视觉技术对采集的视频图像信号进行处理、分析,目的在于快速收集视频序列中的有用信息,减轻监控人员的负担,进一步提高监控系统的效率。目前,智能视频监控主要集中在过滤掉无用以及干扰信息的视频序列、快速定位及跟踪物体、检测人群状态、准确快速地对事件进行预警等方面。

图 5.2 是一个典型的智能监控系统框图，其具体包含以下模块。

（1）图像采集模块：通过摄像头对图像进行采集，由摄像机内的控制电路对捕捉到的图像进行模数的转换，并通过端口与传输系统连接。

（2）传输模块：由传输线路、交换机以及存储模块组成，负责将采集到的图像输入系统进行存储，同时还能够传输到后端系统以供处理等。

（3）中心处理系统：为前端系统的核心，即连接前端摄像头及后端分析处理系统的中转站。一方面，该模块能够将前端采集到的视频序列进行采集存储，对摄像头进行控制；另一方面，通过与后端的交互，可以为后端提供相应的视频请求服务，如实时播放、回放、下载等功能。

（4）后端分析系统：是视频图像的分析处理模块，是智能化的核心。智能视频监控的应用主要在该模块实现，例如本书所涉及的人群分析应用也是在此基础上实现的。该模块能够向中心处理系统请求获取视频资源，通过对视频序列进行处理、分析和理解，实现对场景的自动监控，提高监控效率。

（5）显示模块：对视频图像进行显示，可以是监控大屏，也可以是计算机屏幕。根据需求向中心处理系统请求，从中心处理系统获取响应的视频信息，最后进行显示。

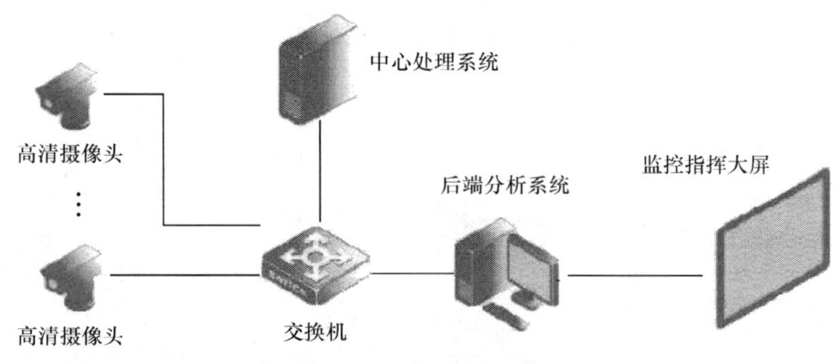


图 5.2　智能视频监控系统

在视频监控系统智能化的过程中，根据监控对象的不同，可以划分为交通监控系统和人群分析系统。人群作为活动的主体，在监控系统中享有关键地位，对人群的监控分析将有效提高监控效率，并且在安全防范方面起到关键作用。

### 5.1.2　行人计数统计算法

随着社会的不断进步和计算机技术的飞速发展，人工行人计数方式已经不能满足要求，同时鉴于广泛的市场需求，复杂环境下基于智能视频监控的行人数量统计具有较大的应用前景。

对智能视频监控中的行人人头目标进行检测与跟踪，对实现行人数量统计具有重要的研究意义与实用价值，主要可分为以下四个方面：

(1) 社会在飞速发展，人们生活水平越来越高，如何使道路建设更加合理，给人们带来生活上的最大便利，是当前社会关注的重点。通过对道路路口的监控，统计经过该路口的行人数量，可以评估该路口建设是否合理。如果统计结果显示，在人流高峰期，容易造成路口堵塞或者交通不顺畅，就有必要采取适当措施来减少拥堵情况的发生。

(2) 通过对某段时间进出商店的行人数量进行统计，智能视频监控可以为商家在衡量营销的策略与效果时提供重要参考。采用智能视频监控，商家可以利用行人数量的统计结果来评估营销策略是否可行，若采取新的营销策略时，顾客络绎不绝，与采用营销策略前相比进出商店的行人数量大幅度提高，则说明该策略可以吸引顾客的眼球，有继续使用的价值，反之，商家就需要尽快地采取相关措施来提高营业额。

(3) 通过对某些场所的行人流量进行统计，可以为广告厂商是否在这些场所投放广告提供依据。在投放广告前，一般会对投放广告的地段进行行人流量测评，如果该地段行人流量大，那么投放的广告才可能会有较好的广而告之的效果；如果该地段人烟稀少，那么投放的广告很难有大的影响。因此，对投放广告的地段进行行人流量统计能够保证广告的资金投入与效益回报成正比，实现最大限度的营利。

(4) 行人流量统计信息可以为监控场所内的人员提供安全保障。公共场所内人员密集，人多的地方很可能存在安全隐患。通过对监控场所内的人员数量进行统计，管理人员可以根据行人流量信息采取安全措施。在行人较多且较密集的地方，做好安全措施以及应对突发事件的准备，预防一切可能伤及人身安全的威胁，为人们的生命财产安全保驾护航。

面向视频监控应用的人群分析研究的难点[1,2]主要有准确性和实时性。

(1) 准确性。对于任何算法，准确性都是衡量的重要指标，行人计数算法也不例外。在行人计数算法中，算法的准确性在于正确地对行人数量进行统计，避免漏检误检情况的发生。主要有以下几个因素。

① 遮挡情况：遮挡是影响准确性的最大因素，由于遮挡情况复杂多样，因此无论选择何种算法，都难以包括所有可能的遮挡情况。同时，想要将算法应用到中高密度等级，遮挡是无可避免的，因此，遮挡成为需要解决的关键问题。

② 非行人目标：难以避免会出现非行人目标，包括背景和其他运动目标。当选择的场景中经常出现这样的情况时，会给准确性带来很大压力。

③ 行人活动的多样性：无法用一种统一的方式来规定行人的运动模式，因此不同的运动方式将会对算法本身产生难以预测的结果。

④ 场景复杂性：对于不同的场景，或者单一场景下的光照等变化，都会影响到

最终结果。

(2) 实时性。实时性对于算法应用到实际场景非常关键，因此，对监控视频的实时处理成为需要解决的关键因素。在行人计数算法当中，很大一部分算法相对于低密度场景算法复杂度低，相对于高密度场景算法复杂度高，这一因素极大地限制了算法的适用性。同时，对于复杂度高的算法，即使可以在一定程度上提高算法的准确率，也会由于过于耗时给算法的应用带来很大难题。

当前的行人计数算法主要有基于个体检测的行人计数算法、基于团块分割的行人计数算法、基于统计回归的行人计数算法和基于虚拟门的行人计数算法。

1) 基于个体检测的行人计数算法

在计算机视觉起步时，行人计数就作为视频监控中的主要研究课题出现在人们的视线中。当时，理论基础远远没有达到目前的水平，但是人们依然通过对图像的理解提出了基于个体检测的行人计数统计算法。

基于个体检测的算法基于以下基本假设：视频中的行人有区别于其他物体的特征存在；所有行人都可以完全检测到这样的特征。因此，早期的行人计数算法围绕着行人的特征进行研究。随着研究的不断深入，该算法被分成两个不同的方向，一种是基于行人的静态特征，另一种则是基于行人的运动特征。该算法的主要步骤如图 5.3 所示。

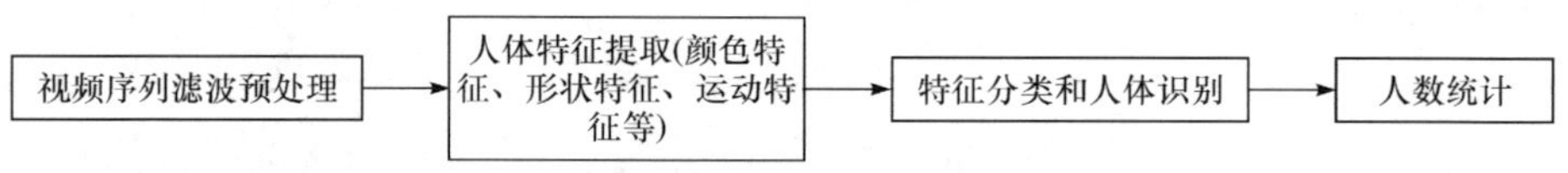


图 5.3 基于个体检测的行人计数算法

下面介绍几种主要的基于个体检测的行人计数算法。

(1) 基于人脸检测。基于人脸检测[3]的行人计数算法是最直观的方法，Zhao 等[4]提出了利用人脸特征来检测的方法来对行人进行检测。这一方法由三个步骤组成，首先对人脸进行检测，然后根据检测到的人脸分别跟踪行人，最后统计行人的计数，如图 5.4 所示。

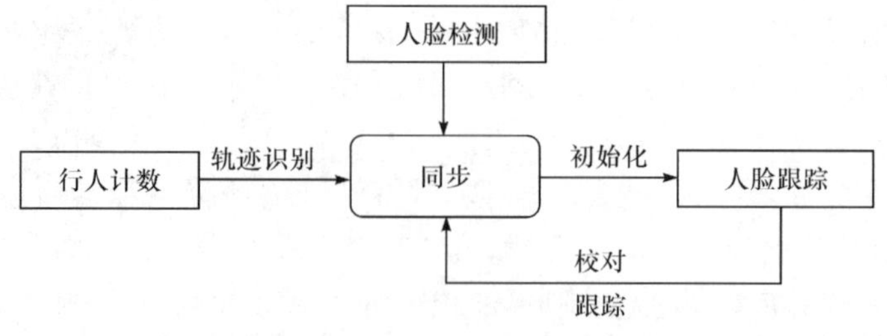


图 5.4 基于人脸检测的行人计数框

基于人脸检测的方法简单易懂，但是存在以下几方面的不足：

首先，该方法对摄像机的拍摄角度有要求，由于摄像机的角度直接影响画面中行人脸部的完整性以及特征的提取，因此一般来说，40°～60°的斜角能够提高对人脸的检测以及跟踪的鲁棒性。

其次，该方法应用场景较为单一，只能处理较为稀疏的行人场景，也就是说过于密集的行人会导致人脸重叠，极大地限制了该方法的广泛应用。然而要避免遮挡的情况，最好的方法就是调整摄像头的角度，采用垂直拍摄，可是该方法又和第一点产生冲突。

最后，该方法对跟踪有较高的要求，因此跟踪的准确性极大限制了行人计数算法的准确性，同时跟踪算法的复杂度也会影响行人计数的效率。

(2) 基于人体轮廓。

基于人体轮廓的行人计数方法也属于基于静态特征的一种，该方法的计算如图5.5所示。

首先，对输入图像进行归一化，计算每个像素的梯度。然后，利用Dalal等[5]提出的建立HOG这一特征对人体的轮廓特征进行提取。最后，将样本特征送入SVM分类器进行分类，以此来对人体轮廓进行有效的识别。

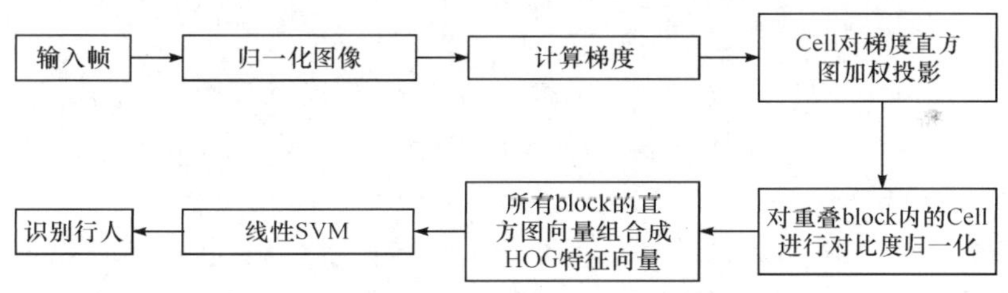


图5.5　基于人体轮廓的行人计数算法

该算法依然存在基于个体检测所不可避免的局限性，即遮挡情况下的准确率下降问题，一旦出现较多的密集遮挡状况，HOG的特征就无法进行正确分类识别，从而导致了计数结果出现误差。

2) 基于团块分割的行人计数算法

由于基于个体检测的方法在应用方面具有很大局限性，因此人们开始重新审视面向视频监控行人计数和现实的区别。通过进一步的研究，人们抛弃了“个体”这一概念，转向对群体特征的探索。这一观点突破了以往的行人计数概念，希望通过对群体的检测来实现行人计数算法，实现了从微观尺度向宏观尺度的转换。

基于团块[6]的方法就是在这样一种情况下产生的，具体流程如图5.6所示。这一算法需要训练的过程、训练和预测的流程基本相同，接下来对预测的流程进行分析。

首先，对输入的视频进行分割，对不同的人群团块进行选择和分割。

然后，对选取的团块进行特征提取，利用训练中的模型进行透视校正。

最后，通过训练模型，对选取的团块进行计数。

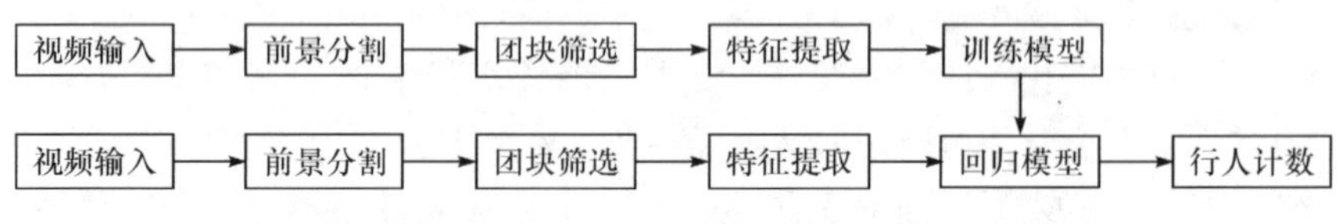


图 5.6　基于团块分割的行人计数算法

基于团块分割的行人计数方法有效克服了个体检测方法的缺点，在一定程度上提高了算法的鲁棒性。然而，团块分割中团块特征千差万别，包括数量、光照强度、运动形态等，这些因素会对特征的提取和模型的训练产生影响。但是，基于团块的方法突破了"行人"这一概念，相对于个体检测的方法，有了新的思路，对于面向视频监控的人群分析提供了一个不同的解决方案，也为后续的人群研究奠定了基础。

3）基于统计回归的行人计数算法

在基于个体检测的行人计数算法中，受人流量大小的限制，当人流稀疏时准确率较高，但是当人群密集或发生遮挡时将会引起性能的急剧下降。

基于团块分割的行人计数方法的提出，在一定程度上突破了"个体"这一概念，而基于统计回归的行人计数算法则进一步将应用场景扩展到密集人群，以一种纯宏观的角度来观测人群。

基于统计回归的行人计数算法主要由人群特征描述和回归模型预测。接下来将对这两点进行说明，并根据这两点采用的不同技术介绍几种基于统计回归的行人计数算法。

(1) 人群特征描述：该方法在观测尺度上突破了个体的微观概念，采用了能最大限度地描述人群实际情况的宏观特征。为了更好地描述人群情况，常采用前景像素、边缘像素、纹理等人群特征。将这些特征与人群情况建立相关性，利用特征提取对行人进行统计。

(2) 回归模型：该方法用于人群特征提取结束之后，对行人的统计结果进行预测，主要有线性回归模型、神经网络模型等。

Davies 建立了前景像素比例和边缘比例与人数的函数模型。该方法直观地展示了人数和前景边缘的关系，然而是建立在无遮挡的前提下。当人流密度较低时，由于函数呈线性关系，因此采用了卡尔曼滤波器。但是，随着遮挡情况的出现，计数结果将会偏离实际情况，造成误差。

Chan 则是把人群流量看做是高斯过程，采用行人的纹理特征对人群像素相关参数进行估计，得到回归模型。

基于统计回归的行人技术方法在特征提取方面脱离了个体的局限，从宏观意义上对人群特征进行提取，进一步提高了行人算法在高密度人流中的鲁棒性，为下一步的研究提供了新的思路。

4) 基于虚拟门的行人计数算法

基于虚拟门的行人技术算法来源于对出入口流量的统计。这一算法复杂度低，应用价值高，因此常用于实际场景中。基于虚拟门的行人计数算法的常见流程如图 5.7 所示。

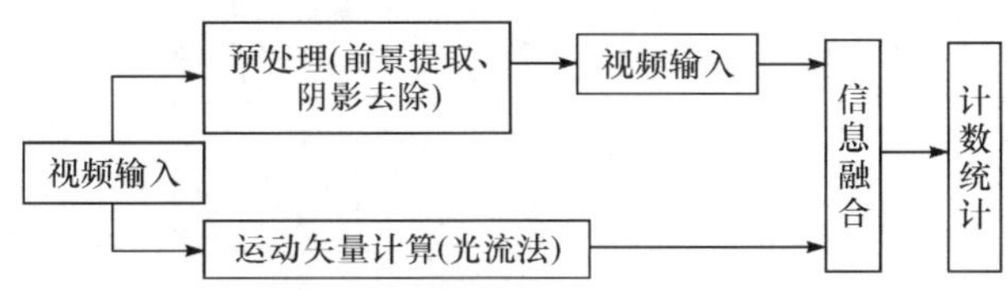


图 5.7　基于虚拟门的行人计数算法

Bozzoli 于 2007 年调整摄像机角度至垂直方向，之后根据对虚拟门处的运动检测和光流计算，有效避免了因遮挡带来的误差问题。为了对人流进行计数统计，Hsieh 利用网络化的模板匹配方法，把视频场景分成 12 部分，代表 12 个网络，在每个子网络中，使用 6 个人体模板进行匹配，从而识别出人体，这样做是为了消除阴影变化的影响。为了进一步提高系统的准确率，Hsieh 利用 HSV 模型建模，以消除阴影带来的影响。Lee 和 Liu 采用虚拟门进行检测和跟踪，以此对行人进行计数。

总的来说，基于个体检测的行人计数算法对摄像机和场景的要求较高，需要较为固定的拍摄角度，只能处理较低密度情况下的人流；基于团块分割的行人计数算法突破个人局限，但受团块特征影响，在高密度情况下效果不佳；基于统计回归的行人计数算法采用人群全局特征，在高密度下具有较高的准确率；基于虚拟门的行人计数算法复杂度较低，实时性好，有较高的应用价值。

## 5.2　基于 AdaBoost 的行人检测技术

AdaBoost 算法是 Freund 等[7]提出的一种统计学习方法，通过对弱分类器进行级联，得到最终的强分类器，从而提高分类能力。Viola 等[8]提出了 Haar-Like 特征，利用 AdaBoost 算法提取该特征生成强分类器，该算法主要对人脸进行检测，用于人头检测时则包含人脸、头发以及场景等信息。另外，人头还包含正面、背面和侧面等多种状态，因此，Haar-Like 特征难以对人头信息进行准确描述。Corvee 等[9]提出将 LBP[10]特征用于人头检测，而 MB-LBP[11]特征是在 LBP 特征的基础上提出的，在对样本提取特征时，其速度更快，效果更好。

### 5.2.1 人头样本训练

AdaBoost 算法是一种迭代分类算法，包括离线训练过程和在线检测过程。离线训练过程中，正负样本组成样本集，提取样本集的特征值，利用弱分类算法经过多轮训练生成多个弱分类器，将这些弱分类器加权组合得到强分类器，最后将多层强分类器进行连接得到级联分类器。在线检测过程中，加载离线过程中训练好的级联分类器，根据 AdaBoost 检测算法对待检测视频图像进行人头检测，最终得到检测结果。

1. 强分类器

AdaBoost 算法[12,13]对人头进行检测，实质上是对人头正样本和非人头负样本进行分类，令样本集 $P=\{(x_i,y_i),i=1,2,3,\cdots,m\}$，其中，$x_i$ 为样本集中第 $i$ 个样本，$y_i=\begin{cases}0, & x_i \text{ 为正样本} \\ 1, & x_i \text{ 为负样本}\end{cases}$。训练前，需要确定训练样本，并且对每个样本赋予相同的权重 $1/m$，其中 $m$ 为正负样本总数。

AdaBoost 算法步骤描述如下：

(1) 确定训练样本集$(x_1,y_1),(x_2,y_2),\cdots,(x_m,y_m)$。

(2) 初始化样本集中的样本权重 $W_1(x_i)=1/m,i=1,2,\cdots,m$，其中，$W_1$ 为样本的初始分布。

(3) 经过 $T$ 轮训练，最终得到 $T$ 个弱分类器 $h_t,t=1,2,\cdots,T$。

① 针对第 $d$ 个特征，$d=1,2,\cdots,D$，$D$ 为样本特征总数，得到弱分类器 $h_d(x_i)$，计算 $h_d(x_i)$的分类误差 $\varepsilon_d=\sum_{i=1}^{m}W_t(x_i)\,|h_d(x_i)-y_i|$；

② 比较 $\varepsilon_d$，将具有最小误差 $\varepsilon_d$ 的弱分类器作为该轮的最终弱分类器 $h_t$，并将该 $\varepsilon_d$ 赋值给 $\varepsilon_t$，即 $h_t$ 的分类误差为 $\varepsilon_t$，从而使得弱分类器 $h_t$ 在组合成强分类器时的权重为 $\alpha_t=(1/2)\ln[(1-\varepsilon_t)/\varepsilon_t]$；

③ 调整新样本分布中每个样本的权重，为下轮训练作准备，新样本权重计算公式如下：

$$W_{t+1}(x_i)=\frac{W_t(x_i)\exp(-\alpha_t y_i h_t(x_i))}{E_t} \tag{5.1}$$

式中，$E_t$ 满足 $\sum_{i=1}^{m}W_{t+1}(x_i)=1$。

(4) $T$ 轮训练结束后，得到 $T$ 个弱分类器，将这些弱分类器按照下式组合得到强分类器。

$$H(x) = \text{sgn}\left(\sum_{t=1}^{T} \alpha_t h_t(x)\right) \tag{5.2}$$

2. 级联分类器

级联分类器是将多层强分类器组合得到级联结构的 AdaBoost 分类器，它能够滤除掉非人头区域，从而集中精力对人头区域进行识别，这样避免将时间浪费在非人头区域，大大减少了训练时间。在级联分类器中，只有当前层分类器识别为正样本的人头子区域时，才能进入下一层分类器，而被该层判别为负样本的非人头子区域则被拒绝进入下一层分类器，最终，经过多层强分类器训练输出人头样本。因此，许多待检测子区域在级联分类器的前几层已经被滤除掉，使得参与总体训练的子区域骤减，生成级联分类器的复杂度在很大程度上得到了降低。级联分类器的结构如图 5.8 所示，其中正方形表示样本特征，六边形表示弱分类器，十字形表示强分类器。

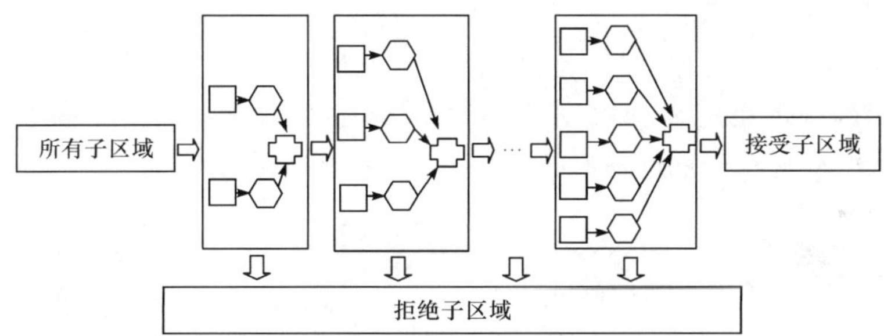


图 5.8　级联分类器训练过程描述

各强分类器组合生成级联分类器，生成 Cascade 级联分类器的实现过程如下：

(1) 令每层强分类器的正样本最小检测率为 $d$，负样本最大误报率为 $e$，Cascade 分类器最终误报率为 $E$。令正样本集为 $x_P$，负样本集为 $x_N$，第 $k$ 层强分类器中弱分类器的数量为 $n_k$，第 $k$ 层 Cascade 分类器的检测率为 $D_k$、误报率为 $E_k$。

(2) 在未开始训练，即 $k=0$ 时，令 $D_0=1.0, E_0=1.0$。

(3) 开始训练，若 $E_k>E$，则进入下列循环过程。

① $i++, n_k=0, E_k=E_{k-1}$；

② 开始训练第 $k$ 层强分类器，若 $E_k>eE_{k-1}$，则进入下列循环过程；

③ $n_k++$；

④ 训练当前强分类器，该强分类器包含 $n_k$ 个弱分类器；

⑤ 调整阈值，使得 $D_k \geqslant dD_{k-1}$，即当前 Cascade 分类器对正样本的检测通过率需满足上式，另外需求得 $E_k$。

(4) 调整负样本集 $x_N$ 中的负样本，保留分错类的负样本，若负样本数目不够，则不足部分通过自举荐得到。自举荐是指将当前得到的所有强分类器组合成暂时的 Cascade 分类器，并利用该 Cascade 分类器对不包含正样本的背景图像进行检测，检测到的区域作为负样本补充到样本集 $x_N$ 中，从而使样本数目符合要求。

### 5.2.2 Haar-Like 特征与 MB-LBP 特征提取

AdaBoost 算法通过提取样本集特征生成特征分类器，目前较常用的特征是 Haar-Like 特征[14,15]和 MB-LBP 特征[16,17]。

1. Haar-Like 特征

Haar-Like 特征是一种邻域矩形灰度差特征，其特征定义如式(5.3)所示，其中 $S_w$ 和 $S_b$ 分别表示 Haar-Like 特征算子白色和黑色区域内的图像灰度累加和，$N_w$ 和 $N_b$ 分别表示白色和黑色区域的面积(即区域内像素点个数)。

$$F=\frac{S_w}{N_w}-\frac{S_b}{N_b} \tag{5.3}$$

部分 Haar-Like 特征算子如图 5.9 所示，特征算子内有黑色和白色两种矩形，特征算子的特征值可由式(5.3)求得。Haar-Like 特征值的数量由样本图像矩阵大小决定，将特征算子放在子窗口内，一种形态就是一种特征。

图 5.9 部分 Haar-Like 特征算子

Haar-Like 特征广泛用于人脸检测，因为 Haar-Like 特征主要用来描述纹理比较固定的图像，而人脸就是这样的情况。另外，也有少数研究将 Haar-Like 特征用于人头检测，通过 AdaBoost 算法提取样本集的 Haar-Like 特征，离线训练阶段生成特征分类器，在线检测阶段加载离线训练生成的特征分类器，对待检测视频序列中的行人人头目标进行检测。

2. MB-LBP 特征

基于 AdaBoost 算法的特征提取主要是提取 Haar-Like 特征和 LBP 特征，对 LBP 特征进行改进得到 MB-LBP 特征。MB-LBP 特征可以克服传统 LBP 特征的缺点，能够捕捉不同尺度的结构信息，使得测量更加稳定。

MB-LBP 特征是在 LBP 特征的基础上发展而来的，为了更加深入地了解该特征，首先对 LBP 特征进行介绍。LBP 算子用于描述图像的纹理特征，可以很好地解释图像的纹理信息。在计算原始图像中每个像素点的LBP值之前，需要将原始图像转化为灰度图像，再计算灰度图像中各个像素点的LBP值。令原始图像为Origi$(x,y)$，转化后的灰度图像为Gray$(x,y)$，提取LBP算子的步骤如下：

(1) 设灰度图像Gray$(x,y)$中任意像素点为Gray$(x_a,y_a)$，该像素点的灰度值为$g_a$，以Gray$(x_a,y_a)$为3×3窗口的中心点，按顺时针命名其领域像素点的灰度值分别为$g_0,g_1,\cdots,g_7$。

(2) 根据式(5.4)求得像素点Gray$(x_a,y_a)$

$$\mathrm{LBP}(x_a,y_a)=\sum_{i=0}^{7}R(g_i-g_a)2^{7-i} \tag{5.4}$$

式中，$R(x)=\begin{cases}1, & x\geqslant 0\\ 0, & x<0\end{cases}$。

(3) 求灰度图像Gray$(x,y)$中所有像素点的LBP值，得到图像LBP$(x,y)$。为了更直观地表现LBP值的计算过程，这里利用图5.10来描述。

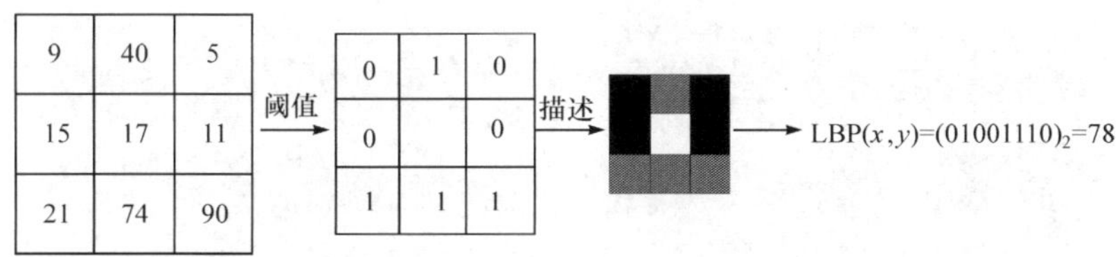


图5.10　LBP算法计算过程

计算MB-LBP特征值的流程与计算LBP特征值的流程基本一致，只不过需要将3×3窗口中各个像素点的灰度值转换为多个像素点灰度值的平均值。部分MB-LBP特征模板如图5.11所示，图中第一个特征模板将1×2个像素点作为一个像素块，再将各个像素块组成3×3的窗口，根据式(5.4)计算中心像素块的MB-LBP值。

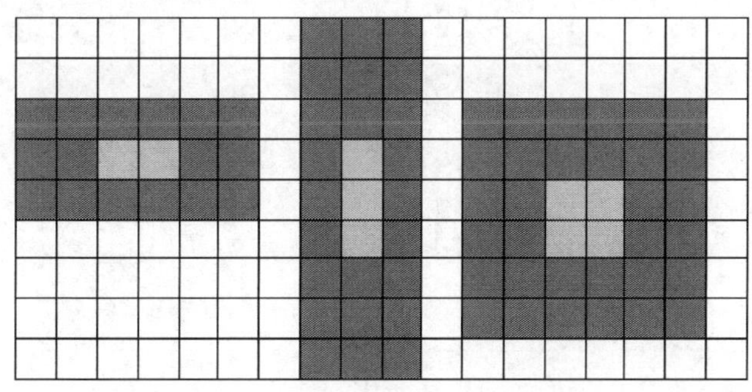

图5.11　部分MB-LBP特征模板

图中第二个和第三个 MB-LBP 特征模板分别将 3×1 和 2×2 个像素点作为一个像素块，再分别将这些像素块组成 3×3 的窗口，由式(5.4)计算中心像素块的 MB-LBP 值。

### 5.2.3 基于 AdaBoost 的人头检测算法

对 AdaBoost 算法提取样本集的 MB-LBP 特征进行离线训练，得到特征分类器。在线检测阶段，导入待检测视频序列，对视频序列图像进行预处理，如去除噪声操作，并用加载训练好的特征分类器对视频中的行人人头目标进行检测，检测效果如图 5.12 所示。采用的行人人头检测算法可以对视频中的行人人头目标进行较准确的检测，不过存在误检测，即将非人头目标作为人头目标框出，这是由于视频背景或者行人身上的某些特征、因素与人头特征相似。但是，基于人头的行人检测在行人人体之间存在交叉遮挡或行人距离较近时也可以正确地分割目标，与行人人体检测相比提高了检测率。

(a) 原始图像

(b) 检测结果

图 5.12　行人人头检测结果

### 5.2.4　人头检测实验结果与分析

1. 人体检测与人头检测对比

目前，对行人人体检测最常用的方法是采用 SVM 算法提取样本的 HOG 特征进而离线训练生成分类器，在线检测阶段加载分类器对视频中的行人人体进行检测。行人人头检测采用 AdaBoost 算法提取样本的 MB-LBP 特征离线训练生成分类器，在线检测阶段加载分类器对视频中的行人人头进行检测。两种检测效果对比如图 5.13 所示。

(a) 原始图像　(b) HOG特征检测结果图像　(c) MB-LBP特征检测结果图像

图 5.13　人体和人头检测结果对比

图 5.13 中，(a)图分别为视频中第 65、300 和 465 帧原始图像，(b)图和(c)图分别为利用 HOG 和 MB-LBP 两种特征分类器的检测结果。第 65 帧中，HOG 检测将 3 个目标框成一个目标，误检了 4 个目标，MB-LBP 检测完全正确；第 300 帧中，HOG 检测将 4 个目标框成一个目标，误检了 3 个目标，MB-LBP 检测漏检 2 个目标；第 465 帧中，HOG 检测将 3 个目标框成一个目标，误检了 4 个目标，而 MB-LBP 检测完全正确。通过上述对比可以看出，在检测效果方面，基于 MB-LBP 特征的分类器比基于 HOG 特征的分类器检测得更准确，在目标误检方面，基于 MB-LBP 特征的分类器比基于 HOG 特征的分类器误检更少。

当对行人人体进行检测时，存在很多干扰因素，例如当背景很复杂时会存在与行人人体特征相似的干扰因素。另外，行人的运动轨迹无规律可循，行人间的距离很近或者不同行人间相互遮挡，这些因素都会造成检测不准确，因此出现将多个行人目标检测成一个目标或将非行人目标检测成行人目标的情况。当对行人人头进行检测时，即使行人间距离较近，或身体间存在遮挡，但行人人头没有行人身体的面积大，不容易被遮挡，因此可以克服检测行人人体时的缺点。但是，视频背景的复杂性以及行人身体上的某些特征会对检测结果造成影响，可能出现误检测，会将某些非人头目标检测成人头目标。

#### 2. Haar-Like 与 MB-LBP 两种分类器检测对比

采用 AdaBoost 算法提取样本的 Haar-Like 特征和 MB-LBP 特征，分别训练生成特征分类器，用这两种特征分类器分别对视频序列中的行人人头目标进行检测，比较这两种方法的检测结果和误检率，从而找出一种更适合人头目标检测的方法。这两种分类器的检测结果如图 5.14 所示，实验平台为 AMD Athlon Dual Core 4050e 处理器、2.11GHz 主频、2G 内存的台式机。

图 5.14 中，(a)图分别为视频中第 5、203 和 465 帧原始图像，(b)图和(c)图分别为 Haar-Like 和 MB-LBP 特征分类器的检测结果。第 5 帧中，Haar-Like 检测漏检了 2 个目标，MB-LBP 检测漏检了 1 个目标；第 203 帧中，Haar-Like 检测漏检 3 个目标，误检一个目标，MB-LBP 检测漏检了 1 个目标；第 465 帧中，Haar-Like 检测漏检 1 个目标，MB-LBP 检测完全正确。通过对比可以看出，基于 MB-LBP 特征的分类器的检测结果比基于 Haar-Like 特征的分类器更好，这是因为基于 Haar-Like 特征的分类器在对目标进行检测时，对纹理不太敏感，导致其在复杂纹理环境下检测结果不好，而基于 MB-LBP 特征的分类器能够反映图像的局部结构化特征，并且具有很强的图像局部纹理特征描绘能力。

#### 3. 行人检测改进技术

在对视频中的人头进行检测时，由于每帧的待检测图像大小不变，因此分类器

图 5.14　两种特征分类器检测结果对比

检测窗口按比例不断放大来检测图像。如图 5.15 所示，设定检测窗口的初始值，从当前图像的左上方开始检测，若检测完整幅图像未发现目标，则按比例扩大检测窗口，循环从当前图像的左上方开始检测，直到检测到目标。值得注意的是，每次在扩大检测窗口后，需要判断检测窗口是否大于整幅图像，若大于整幅图像，则开始检测下一帧图像，否则继续检测当前帧图像。图 5.15 左侧第一幅为原始图像，第二幅为初始检测窗口开始检测图像，第三幅为检测窗口按比例扩大后开始检测图像，最后一幅为检测到目标后停止检测当前帧图像。

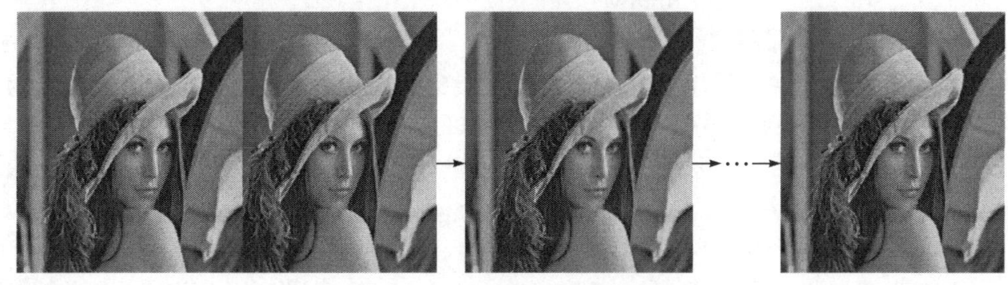

图 5.15　检测窗口检测图像流程

初始的分类器检测窗口与正样本图像尺寸相同,即 20×20,检测窗口的放大参数 $1+\gamma$ 直接影响着检测性能,若 $\gamma$ 较大,则检测窗口缩放比例增大,有可能会导致漏检目标。通过研究不同环境下的 500 帧图像发现,人头目标检测率随 $\gamma$ 变化而变化,关系如图 5.16 所示,其中检测率为目标正确检测数目与目标总数目的比值。

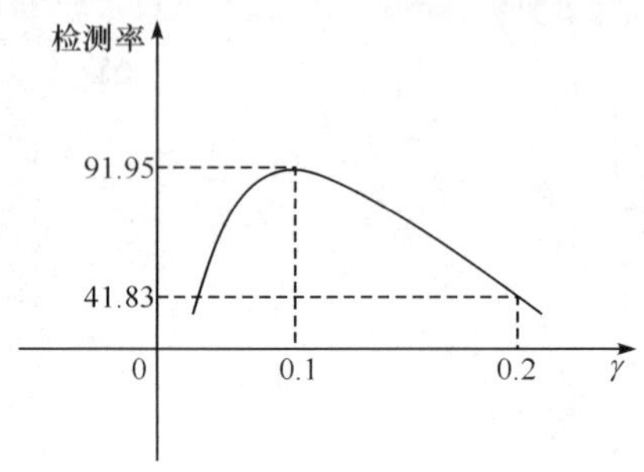


图 5.16 $\gamma$ 与检测率之间的关系

从图 5.16 中可以看出,当 $\gamma=0.1$ 时,检测率最高,因此,本书中 $\gamma$ 取 0.1。也就是说在检测人头目标时,检测窗口按 1.1∶1 的比例增大。

由于视频背景复杂以及行人身体上的某些因素可能会与人头样本有相似之处,因此不可避免会在检测人头时出现误检。尽管行人人头大小形状各异,但人头尺寸会在一定范围内。因此,有学者对行人检测算法提出改进,当检测出人头目标时暂不将该目标区域保存到目标队列,而是通过判断该目标区域是否满足目标区域尺寸范围,再决定将该目标区域保存到目标队列还是丢弃该目标。改进算法的步骤[18]如下:

(1) 将检测窗口逐级扩大,对一帧图像进行检测。

(2) 检测到的任意目标区域为 $\{x,y,w,h\}$,$x$ 和 $y$ 为目标区域的中心点坐标,$w$ 和 $h$ 为该目标区域的宽和高。

(3) 若 $w\leqslant\xi$ 且 $h\leqslant\xi$,其中 $\xi$ 为阈值,则以 $(x,y)$ 为中心,以 $w$ 和 $h$ 为长短轴画椭圆,否则不画椭圆,将其作为误检目标处理。

(4) 将满足条件的目标区域 $\{x,y,w,h\}$ 保存到目标队列 lineObject 中,修改目标队列长度 numObject=numObject+1。

(5) 检测下一帧图像。

为了确定阈值 $\xi$,这里对比了 750 帧视频图像,并且综合考虑了检测率和误检率两个性能指标,最终阈值 $\xi$ 取 48,也就是当人头目标的尺寸范围小于 48×48 时认为是人头目标,存入目标队列 lineObject,否则丢弃该目标。两种算法检测结果对比如图 5.17 所示。

图 5.17(a)为视频中第 10、533 和 56 帧原始图像,图 5.17(b)为基于 AdaBoost 算法的检测效果图像,图 5.17(c)为改进的基于 AdaBoost 算法的检测效果图像。通过对比可以看出,改进的检测算法可以有效地去除部分误检目标。

(a) 原始图像　(b) AdaBoost算法的检测结果　(c) 改进算法的检测结果

图 5.17　两种算法检测结果对此

改进检测算法后的人头目标检测流程如图 5.18 所示。

在检测行人人头目标之前需要判断当前帧是否小于视频总帧数，若当前帧小于视频总帧数，则对待检测图像进行去噪预处理，并归一化直方图，然后开始检测当前帧图像。在检测之前首先要将 AdaBoost 分类器加载进来，检测时从图像左上方开始检测，初始检测窗口为正样本大小，每次按当前窗口检测完整幅视频图像后，都需要按 1.1∶1 的比例逐级扩大检测窗口，并且需要判断当前检测窗口是否比整幅图像小，只有在满足比整幅图像小的情况下才能开始检测当前子区域，不满足这个条件则检测下一帧视频图像。若检测到人头目标，则需要根据去误检算法判断其是否为人头目标，即判断其是否在目标尺寸范围内，在这个范围内的人头目标才保存到目标队列，不在该范围内的人头目标则丢弃。若检测不到人头目标，则需要判断整幅图像是否检测完，若检测完则按照比例扩大检测窗口，若没有检测完则扫描下一个区域。若当前帧大于视频总帧数，则检测流程结束。

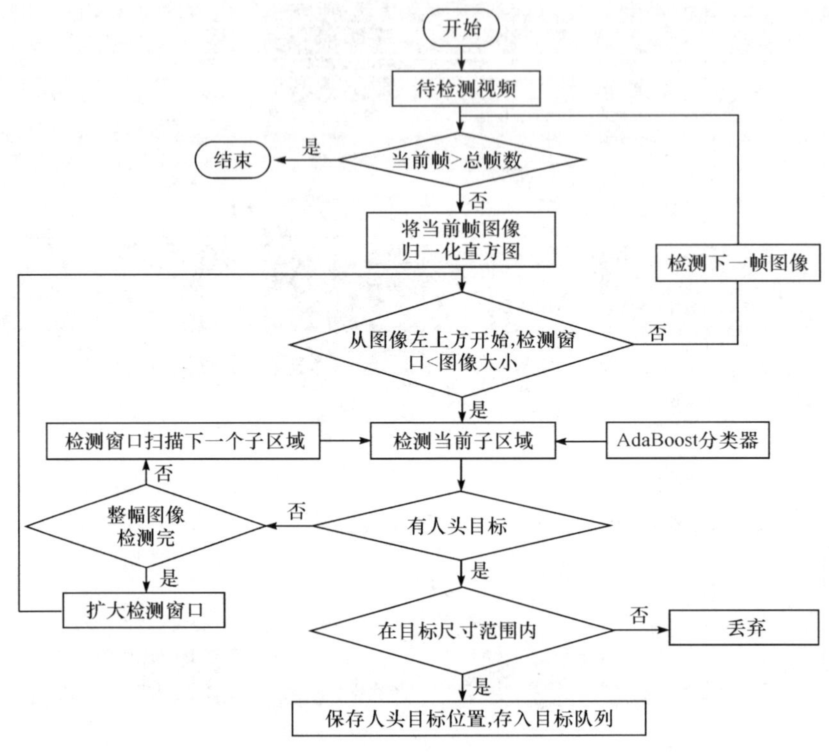


图 5.18　人头目标检测流程

## 5.3　基于 SVM 的人体识别技术

人体是一个非刚体的物体,存在人体姿势多变、行人服饰复杂以及所处环境的干扰等,这些因素在一定程度上加大了检测的难度。然而,HOG 特征可以很好地实现对人体对象轮廓描述,因此 HOG 特征最适合对人体对象的特征进行检测。在分类算法方面,简单实用的 SVM 算法能够较为准确地对人体对象进行判断。人体分类器训练与检测的流程如图 5.19 所示。

### 5.3.1　HOG 特征提取

HOG 特征算子的核心是将一幅图像分成 $N$ 个单元,称为细胞单元或 cell,每个单元都由若干个像素点组成,并对这 $N$ 个细胞单元进行组合,构成若干个块,称为 block,如图 5.20(a)所示,然后统计各个方向的梯度值分布。一般将梯度的方向定为 0°～180°,并将其分成 9 段,如图 5.20(b)所示。

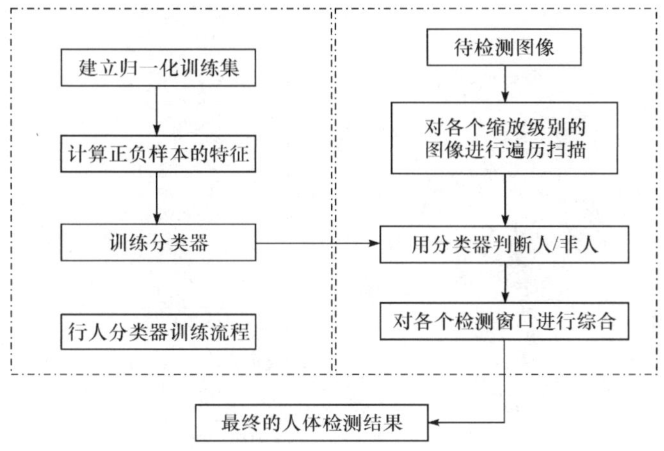


图 5.19　人体分类器训练与检测流程

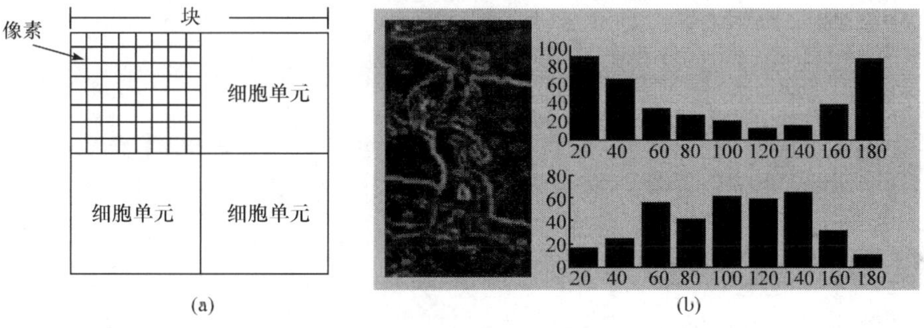


图 5.20　HOG 特征图解

由于 HOG 特征能够很好地描述行人的轮廓信息，因此本书采用 HOG 特征对人体轮廓信息进行提取[19～22]。HOG 特征的核心是通过计算密集的局部范围上的直方图来对行人轮廓信息进行构造。详细的 HOG 特征提取流程如图 5.21 所示。

HOG 特征向量的计算过程分析如下：

(1) 为了减少光照突变、环境变化等因素影响，需规范化图像信息，如标准化 Gamma 空间和颜色空间。对图像进行适当压缩[23]可以有效地应对光照、部分区域阴影等环境的变化。另外，在检测时为了提高系统的实时性，一般把彩色图像转化为灰度图像进行处理。

(2) 计算图像的一阶梯度。该一阶求导操作在弱化光线突变干扰的同时，还能对人体的轮廓信息、图像纹理信息等进行捕获。梯度大小的计算公式为

$$R(x,y)=\sqrt{I\left((x+1,y)-I(x-1,y)\right)^2+I\left((x,y-1)-I(x,y+1)\right)^2} \tag{5.5}$$

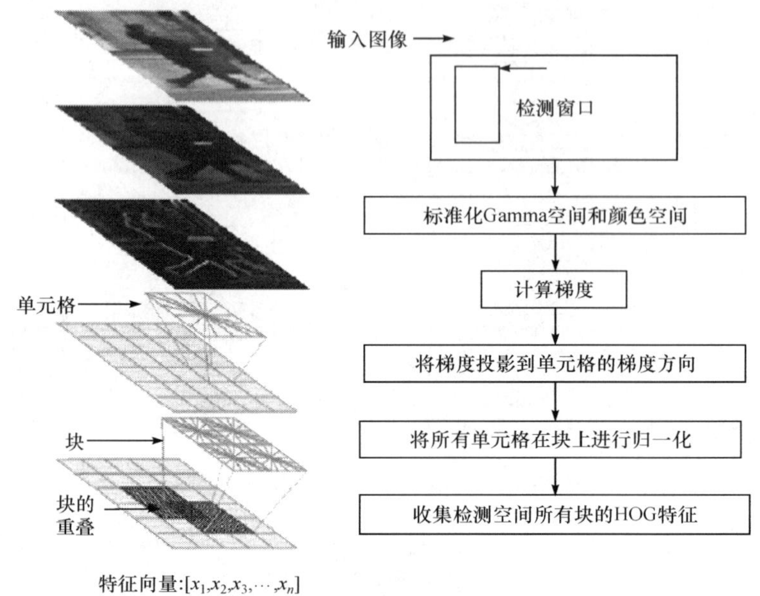


图 5.21 HOG 特征提取

相应的梯度方向计算公式为

$$\mathrm{Ang}(x,y)=\arccos\frac{I(x+1,y)-I(x-1,y)}{r} \tag{5.6}$$

(3) 对单元格进行梯度投影。这样做可以降低行人目标的外观、姿势以及体态的敏感度,这一步对局部图像的信息进行了提取。在获得最终的特征之前,需要先把图像分成若干个单元格,然后统计每个单元格中像素的方向梯度直方图并进行累加,通过映射而获得最终的特征信息。

(4) 归一化块中的所有单元格。通常,图像中的单元格被共享在多个不同的块上,由于归一化操作是针对不同块进行的,因此每次运算结果都将不同。通过对单元格进行归一化操作,可以对干扰因素进行进一步压缩。

(5) 收集 HOG 特征。在待识别图像中对全部重叠的块进行 HOG 特征提取,并将它们组合成最终的特征向量,以用于识别。

### 5.3.2 SVM 分类器

SVM 主要针对两类线性可分问题,其基本原理是寻找一个最优分割面,并使其两侧的分类间隙最大。基于 SVM 理论来训练的 SVM 分类器的流程如图 5.22 所示。

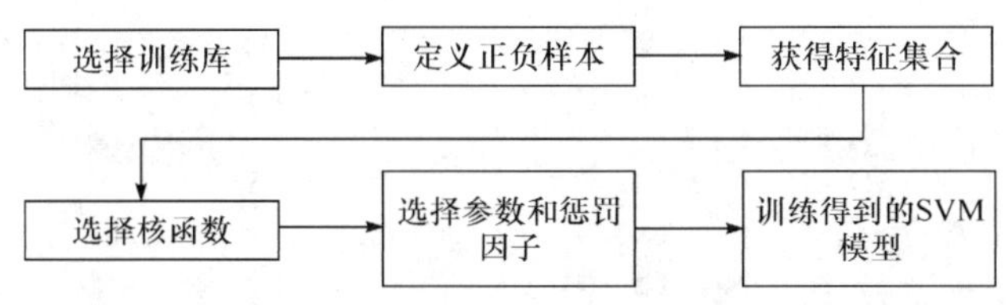


图 5.22　SVM 分类器训练流程

图 5.22 中的前几步已经在 5.3.1 节实现，本节重点介绍 SVM 的训练过程。核函数在 SVM 中的主要作用就是决定特征空间的结构，而核函数的选择与其参数的确定对分类器的类型以及复杂程度起至关重要的作用。较理想的核函数选择方法是：对核函数使用某种方法设置其参数，并通过分类结果来判断哪种核函数最理想。常见的核函数主要包括线性核函数($K(x_i,x_j)=x_i^{\mathrm{T}}x_j$)、多项式核函数($K(x_i,x_j)=(\lambda x_i^{\mathrm{T}}x_j+\gamma)^d$)、高斯核函数($K(x_i,x_j)=\exp(-\gamma\|x_i-x_j\|^2)$)、Sigmoid 核函数($K(x_i,x_j)=(\lambda x_i^{\mathrm{T}}x_j+\gamma)$)等。

选定核函数之后，再设置不同的核参数。第一步需要首先固定惩罚因子 $c$，然后通过设置不同的核参数进行实验，找出最优的参数值。第二步首先固定第一步得到的识别率较高的参数，然后通过选择不同的惩罚因子对测试样本进行大量实验，对识别的效果进行仔细观察，选出最满意的惩罚因子 $c$。

采用 LIB SVM，选择线性核函数 $K(x_i,x_j)=x_i^{\mathrm{T}}x_j$，即将 SVM 用作线性分类器，惩罚因子 $c=100$，其他参数为默认值。具体的训练流程如下：

(1) 对正样本和负样本图像中的 HOG 算子进行计算，构造成一个特征向量，对应的要有一个类标向量，用于指明各个特征向量的类型，最后将其送入线性 SVM 中进行训练。

(2) 训练完成后，获得的是以 XML 为扩展名的分类器，需要将其转换成 OpenCV 中的 HOG 算子可用的检测子形式。

(3) 调用函数 hog.detectMultiScale(mat, peopleList, 0, cv::Size(8, 8), cv::Size(16, 16), 1, 1)；该函数为 OpenCV 中的多尺度检测函数，可对行人目标进行检测。

### 5.3.3　人体识别实验结果及分析

经训练获得一个人体分类器，为了验证其有效性，对 INRIA 中的测试库图像进行测试，部分样本的检测结果如图 5.23 所示。由实验结果发现，再次训练获得的分类器能够有效地对测试图像进行检测。在对 INRIA 数据库进行测试后，对自己搜集的图像进行分类器测试，部分测试的实验结果如图 5.24 所示。

(a) 原始图像

(b) 检测结果

图 5.23　INRIA 库中部分图像检测结果

(a) 原始图像

(b) 检测结果

图 5.24　搜集的部分图像检测结果

为了再次验证 SVM 分类器能够对视频监控中的行人目标进行有效识别，这里对行人视频进行实验，图 5.25 为对视频监控中的行人目标进行识别的实验结果。

(a) 第68帧图像　　(b) 第75帧图像　　(c) 第97帧图像

图 5.25　视频监控中行人识别实验结果

由上述实验测试结果可直观地看出，训练的分类器对人体的识别结果较为理想。然而，在识别过程中存在一些因素对检测效果产生影响，如行人之间的遮挡或被其他物体遮挡、行人姿势的变动以及行人方向的改变等因素，都可能使其产生漏检、误检的情况。

对视频序列中的人体进行检测和识别，检测和识别阶段采用的算法分别为改进的背景差分的三帧间差分法和基于 SVM 的人体识别算法。采用 SVM 训练获得的行人分类器对检测到的运动信息区域进行识别，可以进一步分析判断出行人轮廓中的人数信息。

为了验证算法的有效性，对若干视频序列进行了实验分析。图 5.26 为不同场景中行人检测和识别算法的实验效果。其中，图 5.26(a)为教室场景 1 中第 78 帧图像，图 5.26(b)为教室场景 2 中第 149 帧图像，图 5.26(c)为实验室场景中第 257 帧图像。

通过对不同场景情况下的实验进行分析，进一步验证了改进算法的优越性，同时该算法还能够为行人跟踪和计数奠定良好的基础。但是，若在光照环境复杂、人与人之间遮挡严重以及其他障碍物严重干扰等情况下，该算法存在一定的不足，还有待进一步深入研究。

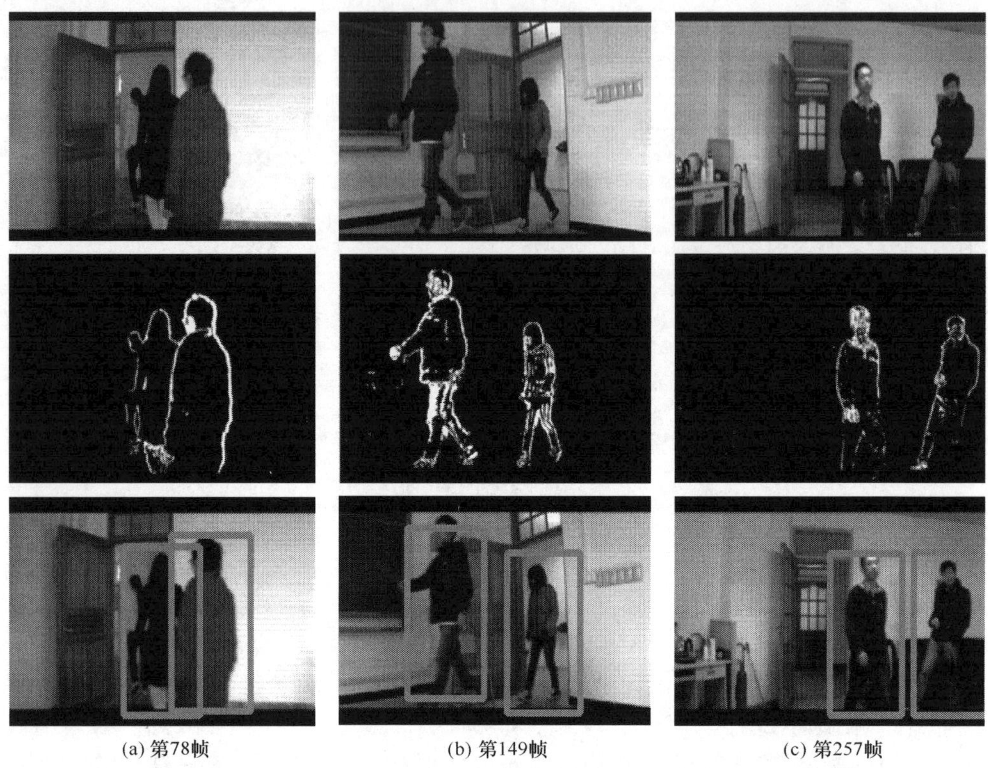

(a) 第78帧　(b) 第149帧　(c) 第257帧

图 5.26　行人检测和识别结果

# 5.4　基于粒子滤波跟踪的人头检测技术

## 5.4.1　改进的粒子滤波剩余重采样算法

重采样是粒子滤波算法的一个重要步骤，对表示粒子和权重的概率密度函数进行重新采样，复制权重大的粒子，增大其在粒子集中的比例，摒弃权重小的粒子。通过判断条件来决定是否进行重采样，从而在确保粒子多样性的前提下解决粒子退化问题。粒子滤波重采样算法最具代表性的有多项式重采样(multinomial resampling)、分层重采样(stratified resampling)、系统重采样(systematic resampling)和剩余重采样(residual resampling)[24]。剩余重采样算法是比较主流的重采样算法，算法较为简单，本书通过研究分析对剩余重采样算法进行改进。

粒子滤波算法利用一群离散的随机粒子来描述系统的后验概率分布。这群粒子组成样本集 $L_{0:t}=\{(x_{0:t}^{(i)},\omega_t^{(i)})\mid i=1,2,\cdots,N\}$，其中 $x_{0:t}^{(i)}$ 表示 $t$ 时刻样本集中第 $i$

个样本(即粒子)的状态,$\omega_t^{(i)}$ 表示该时刻该样本的权重,并且 $\sum_{i=1}^{N}\omega_t^{(i)}=1$。剩余重采样算法主要分为两个步骤:①将粒子集 $\{x_t^{(i)}\}_{i=1}^{N}$ 中的粒子 $x_t^{(i)}$ 复制 $N_t(x_t^{(i)})=\lfloor N\omega_t(x_t^{(i)})\rfloor$ 次;②从粒子集 $\{x_t^{(i)}\}_{i=1}^{N}$ 中随机抽取 $N-\sum_{i=1}^{N}\lfloor N\omega_t(x_t^{(i)})\rfloor$ 个粒子,从而得到重采样后的粒子集。

改进后的粒子滤波算法中剩余重采样的实现流程如下:

(1) 将粒子集 $\{x_t^{(i)}\}_{i=1}^{N}$ 中的粒子 $x_t^{(i)}$ 复制 $N_t(x_t^{(i)})=\lfloor N\omega_t(x_t^{(i)})\rfloor$ 次。

(2) 重采样后粒子总数 $N_t=\sum_{i=1}^{N}N_t(x_t^{(i)})$,更新粒子 $x_t^{(i)}$ 的权重 $\bar{\omega}_t^{(i)}=\dfrac{N\omega_t(x_t^{(i)})-\lfloor N\omega_t(x_t^{(i)})\rfloor}{N-N_t}$。

(3) 若 $N-N_t\neq 0$,即重采样后的粒子总数小于重采样前的粒子总数,则需要从粒子集 $\{x_t^{(i)}\}_{i=1}^{N}$ 中选取权重最大的粒子,即选取 $\omega_t(x_t^{(i)})$ 最大的粒子 $x_t^{(i)}$,将其再复制 $N-N_t$ 次,从而使得重采样后的粒子总数 $N_t$ 满足 $N_t=N$。

(4) 得到重采样后的粒子集 $\{x_{t+1}^{(i)}\}_{i=1}^{N}$。

改进剩余重采样算法的跟踪结果如图 5.27 所示。(a)图中三幅图像分别为视频的第 127、133、144 帧,(b)图中三幅图像分别为视频第 151、154 和 157 帧。从图 5.27 中可以看出,视频背景很复杂,人头目标间距离较近且存在遮挡,但改进后的粒子滤波算法仍能够进行有效的跟踪。

(a) 第127、133和157帧

(b) 第151、154和157帧

图 5.27　改进剩余重采样算法后的跟踪效果

对改进前后的剩余重采样算法进行 Matlab 仿真，状态模型 $x_t$ 和观测模型 $y_t$ 的计算公式为

$$\begin{cases} x_t = 0.5x_{t-1} + \dfrac{25x_{t-1}}{(1+x_{t-1}^2)} + 8\cos(1.2t) + u_t \\ y_t = \dfrac{x_t^2}{20} + v_t \end{cases} \tag{5.7}$$

式中，$x_t$ 表示 $t$ 时刻的状态值；$y_t$ 表示 $t$ 时刻的观测值。

当 $N_{\text{eff}} < N_{\text{th}}$时，进行粒子重采样，$N_{\text{th}} = 2N/3$。每次独立实验的时间步长为 100，状态初始值 $x_0 = 10$。

当粒子总数 $N$ 分别取 500、1000、1500 和 2000 时，改进剩余重采样算法前后的状态估计值如图 5.28 所示。

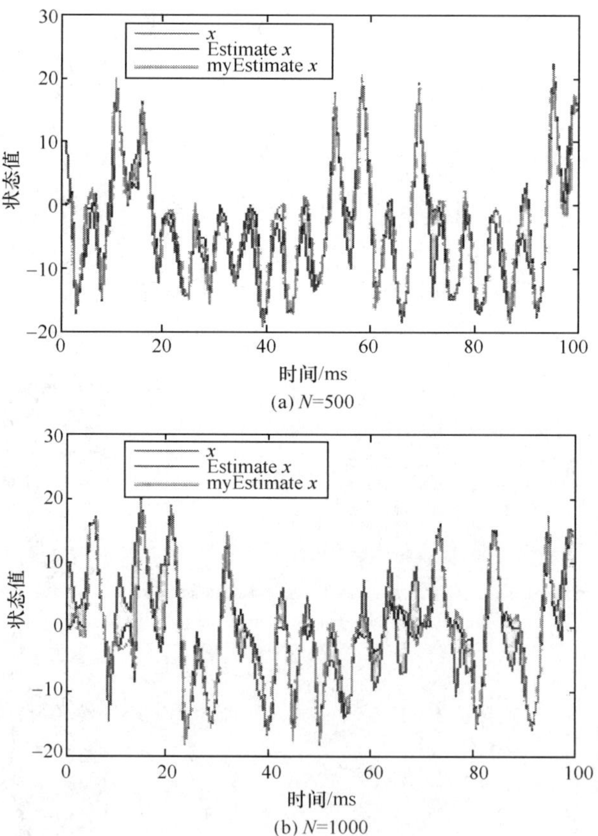


(a) $N$=500

(b) $N$=1000

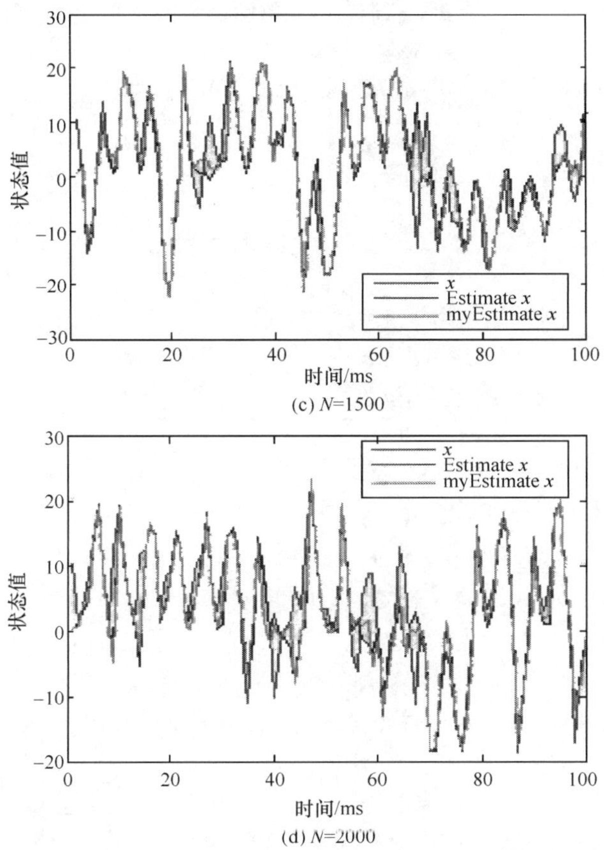

(c) $N$=1500

(d) $N$=2000

图 5.28　改进剩余重采样算法前后的状态估计值(见彩图)

图中,横轴为时间,纵轴为粒子的状态值,$x$ 为粒子的真实状态值,Estimate $x$ 为传统剩余重采样算法对粒子的状态估计值,myEstimate $x$ 为改进剩余重采样算法对粒子的状态估计值。

从图 5.28 中可以看出,改进剩余重采样算法的状态估计值更接近粒子的真实状态值,即改进剩余重采样算法相比传统剩余重采样算法更能真实地表示粒子的状态。

本书分别选取 500、1000、1500 和 2000 个粒子,对传统剩余重采样算法和改进剩余重采样算法从均方根误差(root mean square error, RMSE)和平均运行时间两个方面进行对比,对比结果如表 5.1 所示。其中,$\mathrm{RMSE}=\left[\frac{1}{N}\sum_{i=1}^{N}(x_i-\hat{x}_i)\right]^{1/2}$,$x_i$ 为粒子的真实状态,$\hat{x}_i$ 为估计状态,平均运行时间为 100 个时间点上的平均时间。

表 5.1　性能比较

| 粒子数 | 剩余重采样算法 | RMSE | 平均运行时间/ms |
|---|---|---|---|
| 500 | 传统剩余重采样算法 | 1.6095 | 1.2 |
| | 改进剩余重采样算法 | 1.5415 | 0.9369 |
| 1000 | 传统剩余重采样算法 | 1.5607 | 2.5 |
| | 改进剩余重采样算法 | 1.5018 | 2.1 |
| 1500 | 传统剩余重采样算法 | 1.2262 | 3.4 |
| | 改进剩余重采样算法 | 1.1503 | 3.1 |
| 2000 | 传统剩余重采样算法 | 1.0891 | 4.4 |
| | 改进剩余重采样算法 | 1.0462 | 3.7 |

从表 5.1 中可以看出，改进的剩余重采样算法比传统剩余重采样算法的均方根误差小，即更接近粒子的真实状态。并且，改进的剩余重采样算法比传统剩余重采样算法的平均运行时间明显减少。当粒子数为 500 时，平均运行时间减少了 21.93%；当粒子数为 1000 时，平均运行时间减少了 16%；当粒子数为 1500 时，平均运行时间减少了 8.8%；当粒子数为 2000 时，平均运行时间减少了 15.9%。

为了更加直观地表示改进的剩余重采样算法相对传统剩余重采样算法在 RMSE 与平均运行时间两个方面的优越性，本书给出了剩余重采样算法改进前后的 RMSE 比较(图 5.29)和平均运行时间比较(图 5.30)。

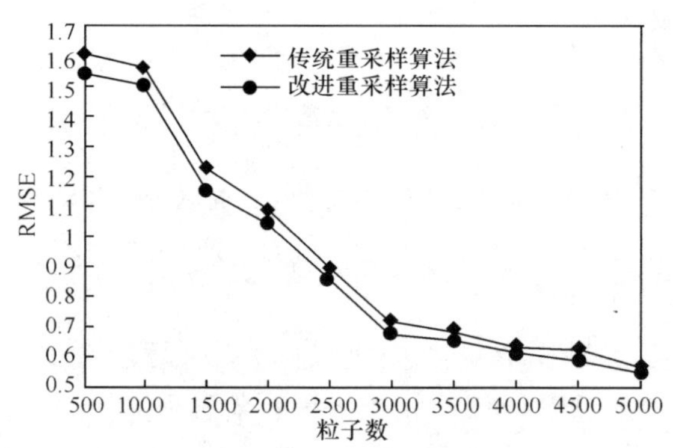


图 5.29　粒子数与 RMSE 的关系

由图 5.29 可以看出，改进剩余重采样算法和传统剩余重采样算法在粒子数增加时，RMSE 减小，即更能准确地估计粒子的真实状态，而当粒子数相同时，改进剩余重采样算法比传统剩余重采样算法的 RMSE 要小。由图 5.30 可以看出，改进剩余重采样算法和传统剩余重采样算法在粒子数增加时，平均运行时间增长，而当粒子数相同时，改进剩余重采样算法比传统剩余重采样算法的平均运行时间要

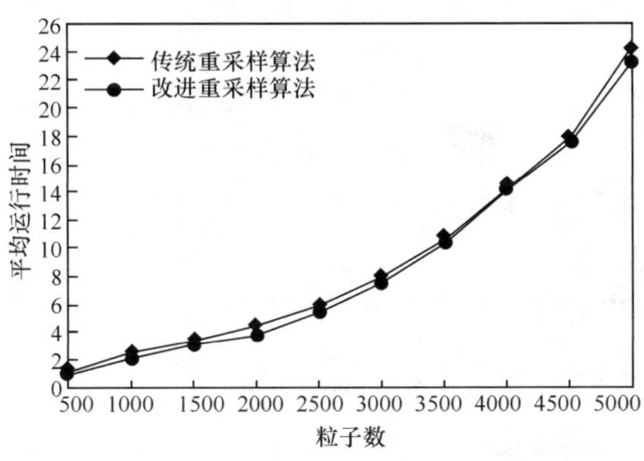


图 5.30　粒子数与平均运行时间的关系

短。总之，改进剩余重采样算法降低了传统剩余重采样算法的 RMSE 与平均运行时间。

### 5.4.2　结合人头检测的粒子滤波算法

研究的人头检测与跟踪算法最终要应用到行人计数上来，在视频中框定计数区域，只有经过该区域的行人才进行计数。因此，对检测的目标队列进行跟踪时，首先要判断该目标是否在计数区域内，只有在计数区域内，才对其进行跟踪。

结合人头检测对粒子滤波算法中的粒子采样范围进行限制，在人头目标检测阶段，将满足条件的目标框出，并记录其目标区域，则粒了的采样范围就在该日标区域内，这样可以提高样本的代表性和算法的实时性。结合人头检测的粒子滤波算法步骤如下：

(1) 在图像中任意绘制一个矩形框作为计数区域，也就是研究的感兴趣区域，保存矩形框的左上、右下角点为$(x_1,y_1)$和$(x_2,y_2)$。

(2) 对待检测视频序列进行去噪和归一化直方图预处理，然后加载训练好的 MB-LBP 特征分类器，按 1.1∶1 的比例逐级扩大检测窗口，并对检测到的人头目标根据目标尺寸范围进行判断，判断其是否是要保留的目标，不是则作为误检目标丢弃，将满足条件的目标 Object 保存到目标队列 lineObject 中。人头目标区域 Object 定义为$\{x,y,w,h\}$，其中$(x,y)$为目标区域的中心坐标；$w$ 和 $h$ 分别为目标区域的长轴和短轴，然后将检测到的人头目标用椭圆框出。

(3) 对目标队列 lineObject 中每个目标$\{x,y,w,h\}$进行判断，若满足式(5.8)，即目标进入计数区域，则提取该目标区域的 HSV 颜色直方图作为目标模板，并判断是否为新目标。如何判断目标是否为新目标，将在 5.5 节进行详细介绍。

$$
\begin{cases} x+\dfrac{w}{2}\geqslant x_1 \\ x-\dfrac{w}{2}\leqslant x_2 \end{cases},\quad \begin{cases} y+\dfrac{h}{2}\geqslant y_1 \\ y-\dfrac{h}{2}\leqslant y_2 \end{cases} \tag{5.8}
$$

(4) 采用序列重要性采样在目标模板内创建最初的粒子集 $x_t^{(i)}, i=1,2,\cdots,N$。

(5) 对第(4)步中的粒子集进行状态转移。

(6) 更新粒子权重，并归一化权重 $\tilde{\omega}_t^{(i)}=\tilde{\omega}_t^{(i)}\left[\sum_{i=1}^{N}\omega_t(x_{0:t}^{(i)})\right]^{-1}$。

(7) 将拥有最大权重的粒子作为目标的位置。

(8) 在目标区域范围内进行重采样。

(9) 检测下一帧图像。

结合人头检测的粒子滤波算法流程如图 5.31 所示，在对视频序列进行去噪以及归一化直方图预处理后，通过设计的检测算法检测视频序列中的行人人头目标，并根据去误检算法去除误检目标，从而确定人头目标队列，然后对目标队列中的人头目标进行判断，判断其是否进入计数区域。若没有进入计数区域则丢弃目标，不对其进行后续处理；若进入计数区域，则提取目标区域的 HSV 颜色直方图作为特征模板，并判断其是否是新目标，若是新目标，则需要生成新的目标模板，若不是新目标，则需要更新模板。

### 5.4.3　粒子滤波的人头检测实验结果与分析

5.2 节详细介绍了采用 AdaBoost 的行人人头目标检测方法，根据该方法将视频图像中的人头目标检测出来，并根据去误检目标算法去除误检目标，再对目标进行跟踪。在对行人人头目标进行跟踪前，首先在待检测视频中任意选择并框定感兴趣区域，即计数区域，只有当行人人头目标进入该计数区域时，才开始对其进行跟踪。本节将分别用传统粒子滤波算法和改进粒子滤波算法对多个场景下录制的视频进行实验，对这些视频中的运动目标进行跟踪，并对实验结果进行对比研究，研究改进前后两种粒子滤波算法对人头运动目标的跟踪效果，实验结果如图 5.32 所示，图中矩形框即为计数区域。

传统粒子滤波算法在整帧图像内进行粒子采样，视频背景中的某些像素会干扰颜色特征值，这些干扰会随着时间逐渐累积并影响目标跟踪，粒子也会随着时间出现退化的现象，粒子不断发散，从而不能稳定地跟踪目标。由图 5.32 可以看出，传统粒子滤波算法由于采样粒子范围没有约束，样本可靠性不高，因此造成预测目标位置不准确，从而对目标进行错误跟踪；而改进的粒子滤波算法可以抑制粒子的发散和退化，能够对目标进行准确跟踪。

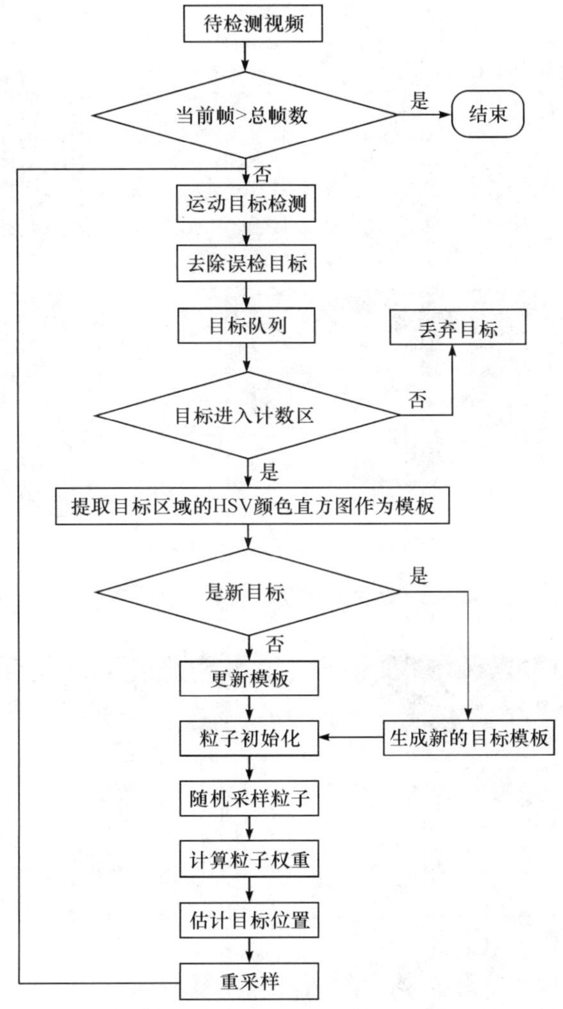


图 5.31　结合人头检测的粒子滤波算法流程

采用改进前后的粒子滤波算法分别对不同场景中录制的视频进行运动目标跟踪，实验场景如图 5.33 所示，实验场景背景较复杂，且有较多干扰因素。

对跟踪结果进行对比研究，改进前后粒子滤波算法的跟踪实验结果如表 5.2 所示，其中跟踪成功率为准确跟踪总帧数与目标在计数区域内总帧数之比。从表 5.2 中可以看出，改进后粒子滤波算法的跟踪成功率高于改进前粒子滤波算法的跟踪成功率。

(a) 传统粒子滤波算法跟踪结果

(b) 改进粒子滤波算法跟踪结果

图 5.32　传统粒子滤波算法与改进粒子滤波算法跟踪结果

(a) 场景1

(b) 场景2

图 5.33　测试视频场景

**表 5.2　改进前后粒子滤波算法对比**

| 算法 | 场景 | 视频总时间/s | 视频总帧数 | 目标在计数区域内总帧数 | 准确跟踪总帧数 | 跟踪成功率 |
|---|---|---|---|---|---|---|
| 传统粒子滤波算法 | 1 | 10 | 250 | 200 | 147 | 0.73 |
| | 2 | 16 | 400 | 270 | 253 | 0.93 |
| 改进粒子滤波算法 | 1 | 10 | 250 | 200 | 194 | 0.97 |
| | 2 | 16 | 400 | 270 | 269 | 0.99 |

# 5.5 行人检测和流量统计系统

## 5.5.1 行人检测系统设计与实现

### 1. 目标进入计数区域

对视频中的行人计数只需要对感兴趣区域内的人头目标进行跟踪，感兴趣区域即为计数区域，从而达到视频监控的目的。

在图像中任意绘制一个矩形框作为感兴趣区域，也就是本书研究的计数区域，保存该矩形计数区域的左上角点的坐标和右下角点的坐标分别为$(x_1, y_1)$和$(x_2, y_2)$，然后需要判断椭圆目标区域与矩形计数区域的相交情况。

矩形计数区域的面积肯定要比椭圆目标区域的面积大，因此矩形与椭圆的相交有 5 种情况，如图 5.34 所示。椭圆与矩形相交的情况主要分为两种：一种是椭圆与矩形的四条边有交点，另一种是椭圆完全包含于矩形中，但这两种情况完全可以归为一类来判断。

在视频中任意标定矩形计数区域时，保存该区域的左上角点的坐标为$(x_1, y_1)$，右下角点的坐标为$(x_2, y_2)$。目标队列 lineObject 中的人头目标区域定义为$\{x, y, w, h\}$，$(x, y)$为目标区域的中心，$w$和$h$分别为目标区域的长轴和短轴。若满足式(5.8)，则认为人头目标区域进入了计数区域，即需要对该人头目标进行跟踪。

如图 5.35 所示，图中的矩形框为手动标定的感兴趣区域，也就是所研究的计数区域，当运动目标进入该区域后，采用粒子滤波算法对其跟踪，并统计目标数目。

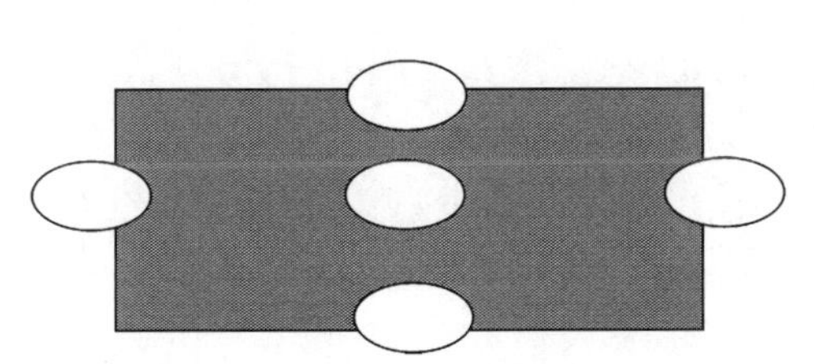

图 5.34 椭圆与矩形相交的 5 种情况

图 5.35 矩形计数区域

### 2. 目标计数算法设计

在检测模块中，最终得到目标队列 lineObject，该队列中保存有人头目标区域

Object,而每个人头目标区域中有两个标识位 status1 和 status2,其中 status1 表示上一帧目标的状态,status2 表示当前帧目标的状态,通过标识位来判断某个人头目标在某一帧时是否是出现的新目标。另外,将目标总数计为 number。

在运动目标跟踪模块中,只有当目标进入计数区域时才对其进行跟踪。目标队列 lineObject 中所有目标 Object 的状态标识位的初始值都是 0,即 status1 和 status2 的初始值均为 0。当某个目标计数区域相交时,将该目标的当前帧状态标识位 status2 设为 1,与其上一帧的状态标识位进行对比,若该目标上一帧的状态标识位 status1 的值为 0,则说明该目标第一次与计数区域相交,即将该目标判断为新目标,目标总数 number 加 1;反之,若该目标的当前帧状态标识位 status2 为 1,其上一帧的状态标识位 status1 也为 1,则说明该目标一直在计数区域内,即将该目标判断为不是新目标,目标总数 number 不变。目标计数模块的详细流程如图 5.36 所示,在运动目标检测模块得到目标队列,判断目标队列中的目标是否与计数区域相交,若相交则对其进行跟踪,否则不对目标进行跟踪;跟踪时判断目标是否为新目标,若为新目标则目标总数增加,否则,目标总数不变。

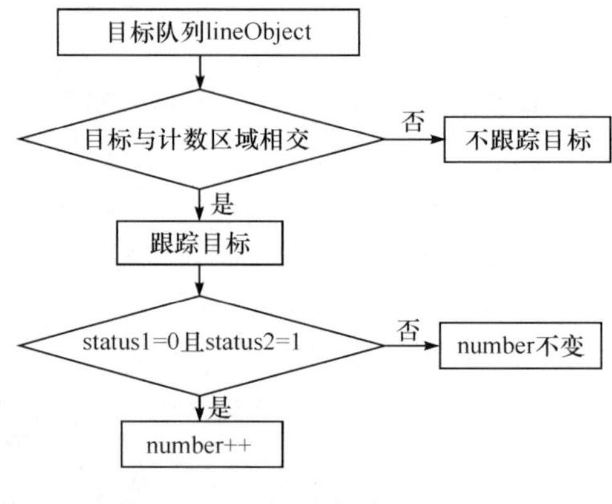


图 5.36 目标计数模块流程

3. 系统设计

行人计数系统的整体算法流程如图 5.37 所示,将整个系统主要分为三个模块,分别为目标检测模块、目标跟踪模块和计数模块。

4. 实验结果及分析

智能视频监控中的行人计数系统首先在待检测视频中框定任意的计数区域,通过检测算法对视频中的行人人头目标进行自动检测,然后对检测到且进入计数区域的行人人头目标进行跟踪,最后对跟踪的行人人头目标进行计数。本章使用

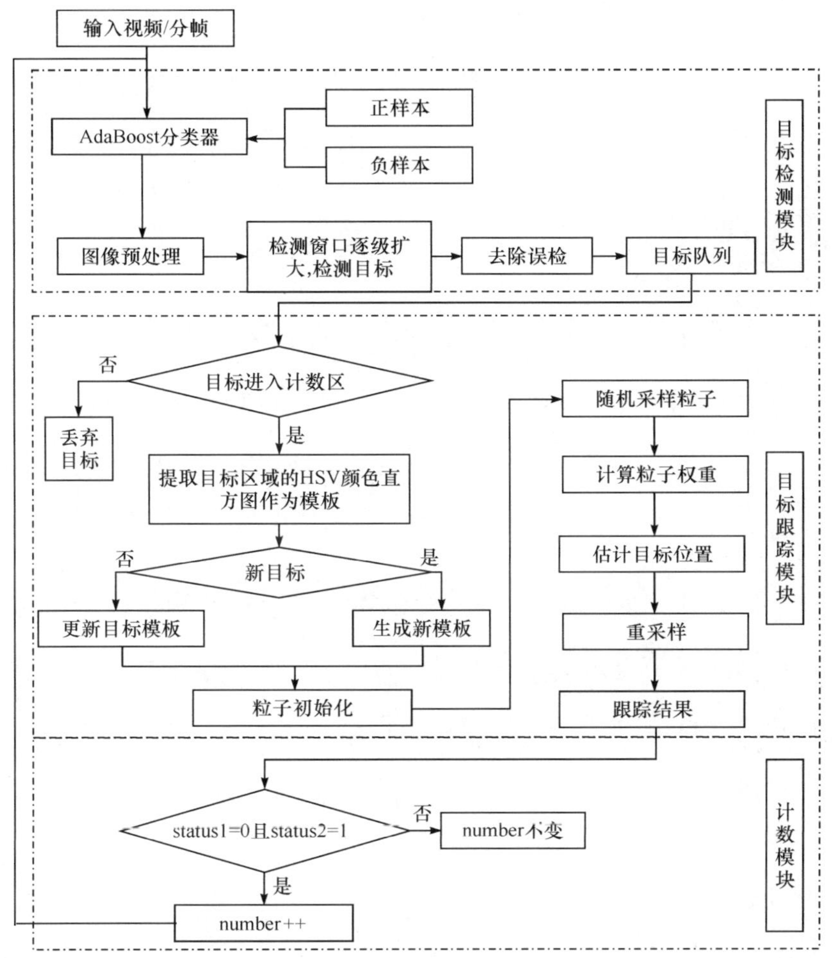


图 5.37　行人计数系统算法流程

的实验视频大小为 320×240 像素，帧速为 25 帧/s。

智能视频监控中的行人计数系统主界面如图 5.38 所示，主要分为视频播放区、视频控制区、画计数区域以及统计结果区。其中，视频控制区包括打开、开始以及关闭三个按钮，可以对加载的视频进行打开、开始检测以及关闭等操作；画计数区域用来在视频中画感兴趣区域，即计数区域；统计结果区用来显示最终的计数结果，并且实时地显示统计的行人总数，可以直观地看出某时刻经过计数区域的行人总数。

1）加载视频

点击行人计数系统主界面中控制区的打开按钮，载入视频，实验视频为录制的视频序列，加载视频后的实验结果如图 5.39 所示。

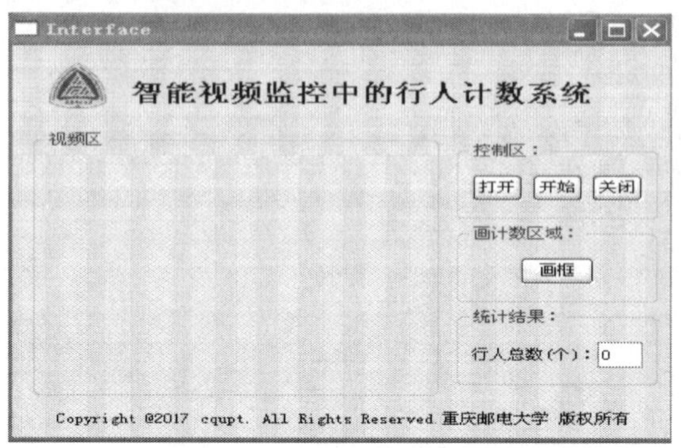


图 5.38　智能视频监控中的行人计数系统主界面

图 5.39　加载视频后的实验结果

2）画计数区域

点击行人计数系统主界面中画计数区域的画框按钮，在视频中框定计数区域，如图 5.40 所示，图中矩形框即为计数区域。

图 5.40　画计数区域

3）行人计数

点击行人计数系统主界面中控制区的开始按钮，行人计数系统开始对经过计数框的行人人头目标进行计数，行人总数显示在统计结果区，如图 5.41 所示。

图 5.41　行人计数

行人计数算法首先在视频中框定感兴趣区域，即计数区域，对经过该区域的行人数量进行统计。首先根据 5.2 节中介绍的行人人头检测算法对多个视频中的行人人头目标进行检测，并用 5.4 节中改进的粒子算法对经过计数区域的人头目标进行跟踪，最后用行人计数算法对经过计数区域的行人人头进行计数，从而统计出行人数量。实验场景如图 5.42 所示。

(a) 场景1

(b) 场景2

(c) 场景3

(d) 场景4

图 5.42　测试视频场景

智能视频监控中的行人计数系统实验结果如表 5.3 所示。其中，误差为实际人数与统计人数差的绝对值与实际人数之比。由表 5.3 可以看出，设计的行人计数算法检测成功率达到了很高的水平，充分验证了算法的有效性。

**表 5.3　行人计数结果**

| 场景 | 视频总时间/s | 实际人数/个 | 统计人数/个 | 误差 |
|---|---|---|---|---|
| 1 | 41 | 14 | 14 | 0 |
| 2 | 70 | 18 | 21 | 0.1667 |
| 3 | 120 | 27 | 29 | 0.0741 |
| 4 | 170 | 40 | 44 | 0.1 |

文献[25]中采集的行人人体正样本图像中有 1000 幅正样本取自 INRIA 数据库,再自行采集其他样本图像构成样本集,通过对行人人体检测和跟踪进行计数,对其计数误差取平均值,结果为 0.0859。实验采用的 1000 幅行人人头正样本图像是从 INRIA 数据库提供的正样本中截取的,并自行采集其他样本图像构成样本集,对行人计数结果的误差取平均值,即为 0.0852。与文献[25]中的计数结果相比,本书设计实现的智能视频监控中的行人计数系统计数更加准确,降低了计数误差。

### 5.5.2 行人流量统计系统设计与实现

1. 系统设计

本书设计的行人流量统计系统设计的框架如图 5.43 所示。

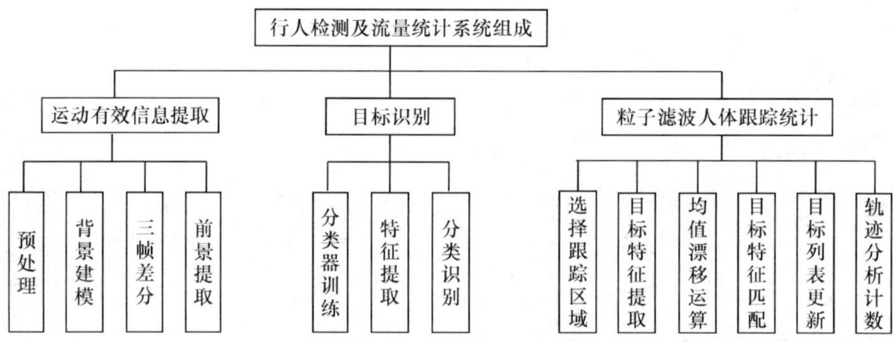


图 5.43 行人流量统计系统组成框架

该系统由三个主要模块组成:运动有效信息提取模块、目标识别模块以及粒子滤波人体跟踪统计模块。这三大模块的主要任务和功能分别如下:

(1) 运动有效信息提取模块。通过采用改进的运动目标检测方法对有效信息区域进行提取,获得前景区域,经过阈值分割和去噪等操作得到前景轮廓特征。

(2) 目标识别模块。采用离线训练好的 HOG 特征分类器对待检测有效信息区域进行分类识别,且可以识别到有效检测区域内静止不动的行人信息,从而实现行人的准确判别。

(3) 粒子滤波人体跟踪统计模块。对检测和识别到的行人目标进行实时跟踪,并通过对人体的轨迹进行分析,判断行人是否通过有效检测区域,以实现行人流量统计功能。

## 2. 系统算法流程

行人检测识别与跟踪计数系统运行的流程如图 5.44 所示。

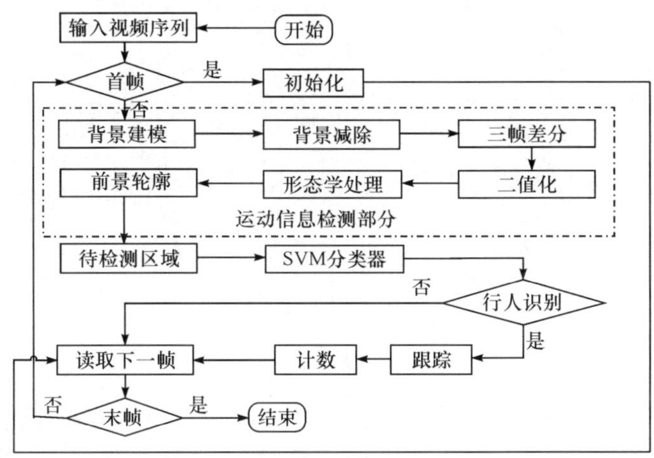


图 5.44　行人检测识别与跟踪计数系统运行流程

该流程描述如下：

(1) 读取视频图像序列，对其进行判断，若是首帧，则对其进行初始化操作。其中，初始化操作主要是对当前帧进行金字塔缩放以减少运算量、申请存储空间、灰度化处理、膨胀腐蚀模块设置以及阈值设置等操作。

(2) 若判断为非首帧图像，则对其进行有效区域的检测，如图 5.38 中虚线框所示。该运动信息检测部分的算法实现步骤主要为：采用混合高斯的背景差分算法和三帧间差分算法的结合对运动信息区域进行提取，然后通过二值化和形态学处理获得行人的前景轮廓。

(3) 行人目标识别阶段，对提取的前景区域进行识别，采用离线训练好的 SVM 分类器进行判断，从而进一步准确地提取行人信息。

(4) 行人跟踪阶段，当行人进入有效检测区域即感兴趣区域时，对行人目标特征进行提取，运用 Mean-shift 算法进行迭代寻优，搜索目标新位置，进行目标特征匹配，然后跟踪列表更新，实现实时跟踪。

(5) 通过对行人对象的运动轨迹进行分析，并和行人的运动轨迹进行关联，判断行人对象是否通过计数区域，以实现计数。程序继续读取视频下一帧，若是末帧则结束程序，否则返回第(2)步。

### 3. 检测区域的选取和计数方法

实验中的视频是采用安装在与地面成一定夹角(小于 90°)的单个静止摄像机斜置拍摄某入口而获得的,如图 5.45 所示。

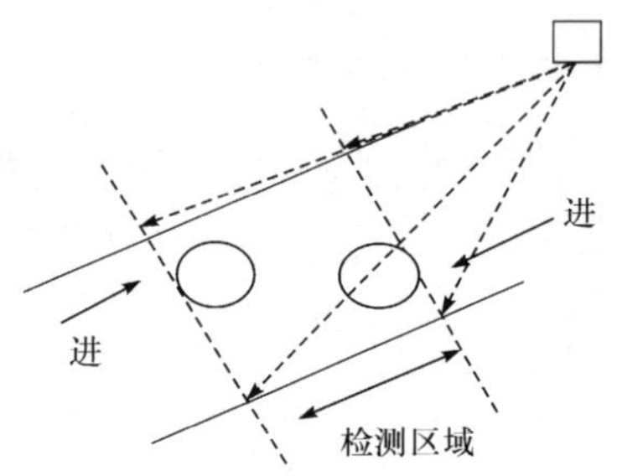


图 5.45 摄像头设置图

采用基于运动轨迹的方式来实现行人计数。基于运动轨迹的计数方式目前主要有两种:一种是单线计数,另一种是矩形计数,示意图如图 5.46 所示。其中,图 5.46(a)为单线计数,当运动轨迹通过单线时,行人数量加 1;图 5.46(b)为矩形计数,该方式是当行人进入第一条计数线时对行人进行跟踪,并绘制轨迹,通过运动轨迹分析行人是否通过第二条计数线,若是,则行人数量加 1。若使用单线计数方式,当行人在计数线处发生遮挡或运动速度过快时,则可能导致统计数据出现偏差。选择使用矩形计数方式时,能够对人体对象跟踪一定的距离,并可减少由于遮挡和漏检出现的偏差,同时还可提高行人计数系统的准确性。

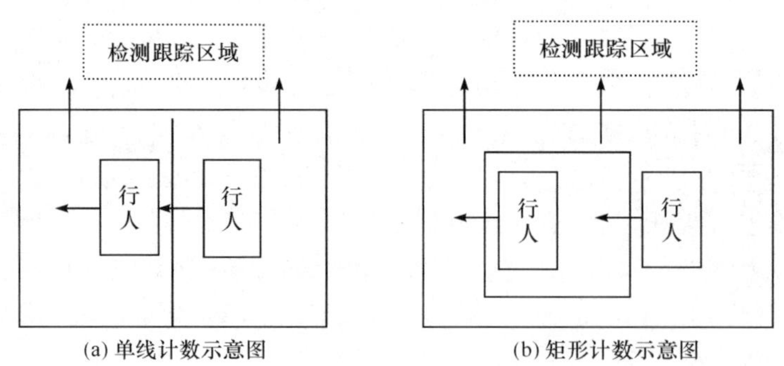


图 5.46 单线和矩形计数示意图

### 4. 行人计数实验分析

为了验证算法的准确性和实时性,收集若干测试视频,其中测试视频每帧图像的大小为 320×240 像素，帧率为 20 帧/s。图 5.47 为对测试视频库进行测试的实验结果截图。其中，图 5.47(a)为运动信息二值图像；图 5.47(b)为行人目标的轮廓信息；图 5.47(c)为目标识别部分；图 5.47(d)为计数结果。

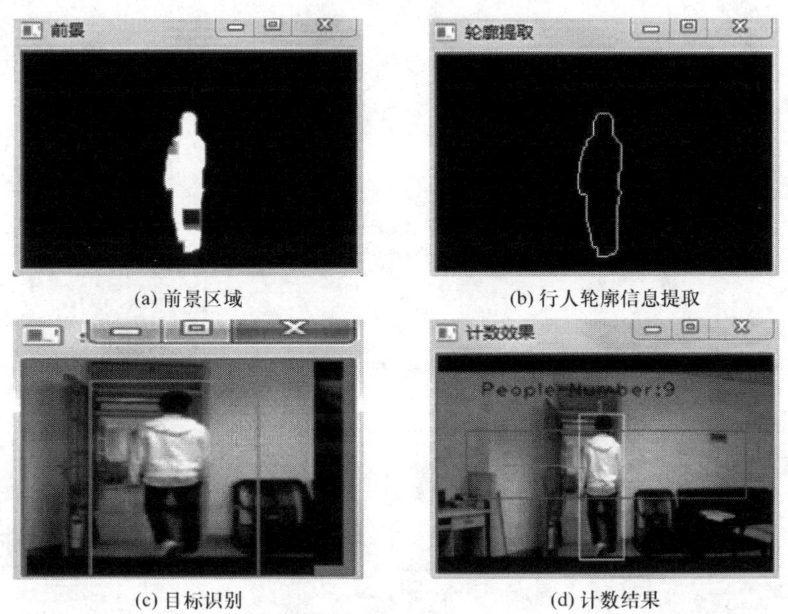


(a) 前景区域　(b) 行人轮廓信息提取

(c) 目标识别　(d) 计数结果

图 5.47　算法实验结果

图 5.48 为教室场景、走廊场景、办公楼出入口处以及实验室场景内部分帧的计数结果截图。其中，图 5.48(a)～图 5.48(c)分别为教室内不同方位的计数结果截图；图 5.48(d)～图 5.48(f)分别为走廊和办公楼出入口处的计数结果截图；而图 5.48(g)～图 5.48(i)为实验室内进行实验的计数结果截图。

运行时，系统采用 SVM 分类器对轮廓中的行人信息进行判断分析，进而判断轮廓内的行人数量。在检测过程中，轮廓消失一般由多种因素导致。第一种情况：当两个或者两个以上轮廓发生融合时，融合的轮廓将作为新的轮廓，同时轮廓内的总人数为被融合的轮廓的总人数之和，如图 5.48(e)所示，方框上面的字体 3 表示识别到的行人有 3 个；第二种情况：当行人目标轮廓发生分离时，再根据行人的运动情况分成对应的小轮廓，如图 5.48(g)和图 5.48(h)所示；第三种情况：当行人轮廓已走出有效检测区域时，更新人数统计信息；第四种情况：当行人目标出现遮挡情况时，比较目标间的包含关系，从而判断轮廓融合中的行人数量，如图 5.48(i)所示，准确地检测到了行人目标遮挡时的人数信息。

(a) 第34帧 (b) 第66帧 (c) 第117帧

(d) 第55帧 (e) 第143帧 (f) 第265帧

(g) 第165帧 (h) 第169帧 (i) 第301帧

图 5.48 不同场景内的计数结果

5. 系统实现及分析

结合行人检测和跟踪计数方法,对行人流量统计系统进行测试。图 5.49 为行人流量统计系统中第 64、301 帧的计数情况。

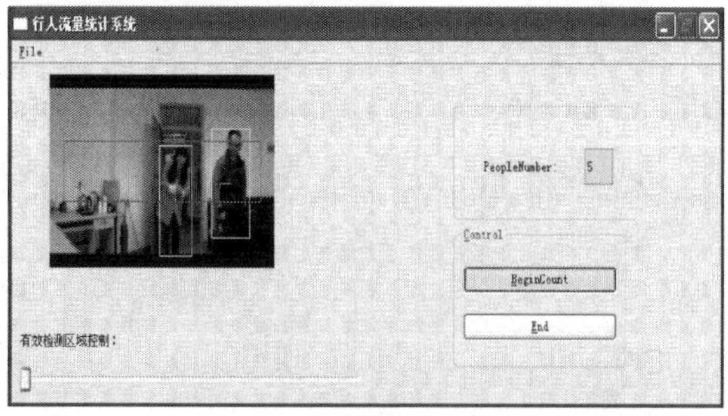


(a) 第64帧

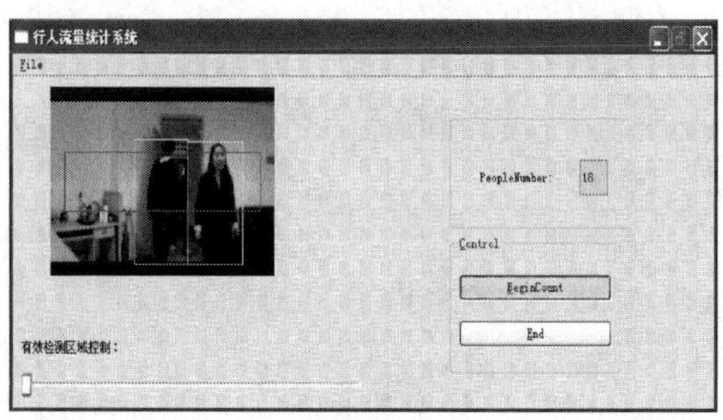


(b) 第301帧

图 5.49　行人流量统计系统实现

图中,"PeopleNumber:"位置为对应的行人统计信息。为了再次验证算法的有效性,通过拍摄的 18 个视频片段对系统进行测试,并对所获得的实验结果和人工计数统计结果进行对比,计算得出系统存在的平均误差,进而分析所设计的计数算法的性能。表 5.4 为行人流量统计系统实验结果分析。

**表 5.4　系统的实验结果分析**

| 视频组号 | 本书方法实验结果 $V_1$ | 人工计数统计结果 $V_2$ | 误差 $r=\frac{\|V_1-V_2\|}{V_2}\times 100\%$ | 平均误差/% |
|---|---|---|---|---|
| 1 | 25 | 26 | 3.8 | 3.78 |
| 2 | 15 | 16 | 6.2 | |
| 3 | 21 | 22 | 4.5 | |
| 4 | 18 | 18 | 0 | |
| 5 | 27 | 25 | 8.0 | |
| 6 | 16 | 15 | 6.6 | |
| 7 | 17 | 17 | 0 | |
| 8 | 26 | 25 | 4 | |
| 9 | 20 | 21 | 4.7 | |
| 10 | 30 | 32 | 6.2 | |
| 11 | 31 | 30 | 3.3 | |
| 12 | 15 | 15 | 0 | |
| 13 | 23 | 22 | 4.5 | |
| 14 | 19 | 19 | 0 | |
| 15 | 26 | 25 | 4 | |
| 16 | 27 | 28 | 3.5 | |
| 17 | 25 | 23 | 8.7 | |
| 18 | 24 | 24 | 0 | |

根据表 5.4 中的数据显示可以发现，行人流量统计系统的准确率还是比较高的，但同时系统也存在一些误差。存在误差的原因是多方面的，如当行人与行人之间遮挡严重、障碍物遮挡以及光照突变等情况引起行人的漏检或误检。针对这些问题，仍需进一步探索和研究。

为了说明算法的计算精度，接下来对算法的计算量进行分析。一个算法的计算量通常通过该算法的时间复杂度来描述，由于算法的时间复杂度反映了程序执行时间随输入规模增长而增长的量级，因此在很大程度上能够反映出算法的优劣。在分析算法的时间性能时，算法所耗费的时间等于算法中每条语句的执行时间之和，而每条语句的执行时间等于语句的执行次数和语句执行一次所需时间的乘积。当算法转换为程序后，每条语句执行一次所需的时间取决于机器的指令性能、速度以及编译所产生的代码质量等难以确定的因素。

一般算法的复杂度分为时间复杂度和空间复杂度。时间复杂度用于度量算法执行的时间长短；空间复杂度用于度量算法所存储空间的大小。表 5.5 为算法计算量分析。为了减少算法运算时间，算法中采用了金字塔缩放技术缩小视频帧的大小，进而保证系统运行的实时性。

**表 5.5 算法计算量分析**

| 算法 | 时间复杂度 | 空间复杂度 |
|---|---|---|
| 运动区域检测 | $O(n\log n)$ | $O(n)$ |
| HOG 特征识别 | $O(n)$ | $O(1)$ |
| 跟踪计数 | $O(n^2)$ | $O(n)$ |

## 5.6 本章小结

本章首先概述了行人流量统计系统的基本组成模块，对系统算法的流程、检测区域的选取和计数方式等分别做了介绍，然后对系统开发时用到的软硬件环境进行了描述，并设计了一个行人流量统计系统，最后对改进的算法进行了实验分析。实验结果表明，改进的检测和跟踪算法能够实现良好的计数效果，并且具有较好的实时性。但是，在检测跟踪的过程中，仍然存在误检、漏检以及跟踪丢失的情况，这将直接影响计数的准确性。在行人遮挡严重、光线恶劣的情况下，对行人进行计数仍有一定挑战，该问题还有待进一步深入研究。

### 参考文献

[1] 卢晓威. 面向视频监控应用的人群分析研究[D]. 上海：上海交通大学硕士学位论文，2015.
[2] 吴培培. 视频监控中的行人统计方法研究[D]. 武汉：华中科技大学硕士学位论文，2012.

[3] Zeng C B, Ma H D. Robust head-shoulder detection by pca-based multilevel HOG-LBP detector for people counting[C]//The 20th IEEE International Conference on Pattern Recognition (ICPR), Istanbul, 2010: 2069-2072.

[4] Zhao X, Emmanuel Delleandréa, Chen L M. A people counting system based on face detection and tracking in a video[J]. Advanced Video and Signal based Surveillance, 2009, 38(13): 67-72.

[5] Dalal N, Triggs B. Histograms of oriented gradients for human detection[C]//IEEE Conference on Computer Vision and Pattern Recognition, San Diego, 2005: 886-893.

[6] Kilambi P, Ribnick E, Joshi A J, et al. Estimating pedestrian counts in groups[J]. Computer Vision and Image Understanding, 2008, 110(1): 43-59.

[7] Freund Y, Schapire R E. Experiments with a new boosting algorithm[C]//IEEE International Conference on Machine Learning, Bari, 1996: 148-156.

[8] Viola P, Jones M. Rapid object detection using a boosted cascade of simple features[C]//IEEE Computer Society Conference on Computer Vision and Pattern Recognition, Kauai, 2001: 511-518.

[9] Corvee E, Francois B. Haar like and LBP based features for face, head and people detection in video sequences[J]. International Workshop on Behaviour Analysis and Video Understanding, 2011, 9(23): 1-10.

[10] Sun H L, Shen J, Chen B. LBP based fast face recognition system on symbian platform[J]. AASRI Procedia, 2012, 1(1): 276-281.

[11] Zhang L, Chu R F. Face detection based on multi-block LBP representation[J]. Lecture Notes in Computer Science, 2007, 4642: 11-18.

[12] Mathanker S K, Weckler P R, Bowser T J, et al. AdaBoost classifiers for pecan defect classification[J]. Computers and Electronics in Agriculture, 2011, 77(1): 60-68.

[13] Morra J H, Tu Z, Apostolova L G, et al. Comparison of AdaBoost and support vector machines for detecting Alzheimer's disease through automated hippocampal segmentation[J]. Medical Imaging, 2010, 29(1): 30-43.

[14] Pavani S K, Delgado D, Frangi A F. Haar-like features with optimally weighted rectangles for rapid object detection[J]. Pattern Recognition, 2010, 43(1): 160-172.

[15] Hiromoto M, Sugano H, Miyamoto R. Partially parallel architecture for AdaBoost-based detection with Haar-like features[J]. Circuits and Systems for Video Technology, 2009, 19(1): 41-52.

[16] Pan Q P. License plate detection algorithm based on haar and MB-LBP features[J]. Journal of Southeast University, 2012, 42(3): 74-77.

[17] Qi M M. Face recognition based on MB-LBP and improved LFDA[J]. Computer Science, 2012, 39(6): 266-269.

[18] 吴一全，朱兆达. 图像处理中阈值选取方法[J]. 数据采集与处理，2007，4(09)：98-101.

[19] Soojin Kim, Kyeongsoon Cho. Trade-off between accuracy and speed for pedestrian detection using HOG feature[C]//IEEE Third International Conference on Consumer Electronics,

Berlin,2013:202-207.

[20] 刘威,段成伟,遇冰. 基于后验 HOG 特征的多姿态行人检测[J]. 电子学报,2015,(2):217-224.

[21] 韩贵金,朱虹. 基于 HOG 和颜色特征融合的人体姿态估计[J]. 模式识别与人工智能,2014,27(9):769-777.

[22] 谢璐,金志刚,王颖. 基于车载视频监控的乘客检测及跟踪算法[J]. 计算机应用,2014,34(12):3521-3525.

[23] 李鸣鹏,高宏,邹兆年. 基于图压缩的最大 Steiner 连通 k 核查询处理[J]. 软件学报,2016,27(9):2265-2277.

[24] 于金霞,刘文静,汤永利. 粒子滤波重采样算法研究[J]. 微计算机信息,2010,16(26):44-46.

[25] 刘超. 基于梯度方向直方图的行人计数方法研究[D]. 北京:北京邮电大学硕士学位论文,2011.

# 第 6 章　视频序列中的遗留物检测方法

遗留物检测技术采用基于计算机视觉的图像处理技术，实现固定场合内行人的物体遗留行为的检测报警功能。本章分析混合高斯背景建模的效果，针对双背景模型建模过程中因学习率过慢导致存在残影问题，提出基于改进的双高斯背景模型静止前景检测算法，并通过对静止前景进行边缘检测以及形态学分析提取运动目标。针对目标跟踪算法的实时性与识别准确性问题，本章首先采用基于前景检测模板和 HSV 空间下 Camshift 算法相结合的运动目标跟踪算法，然后采用基于图像信息熵的关键帧提取技术，提取并显示关键帧。遗留物检测系统的整体流程如图 6.1 所示。

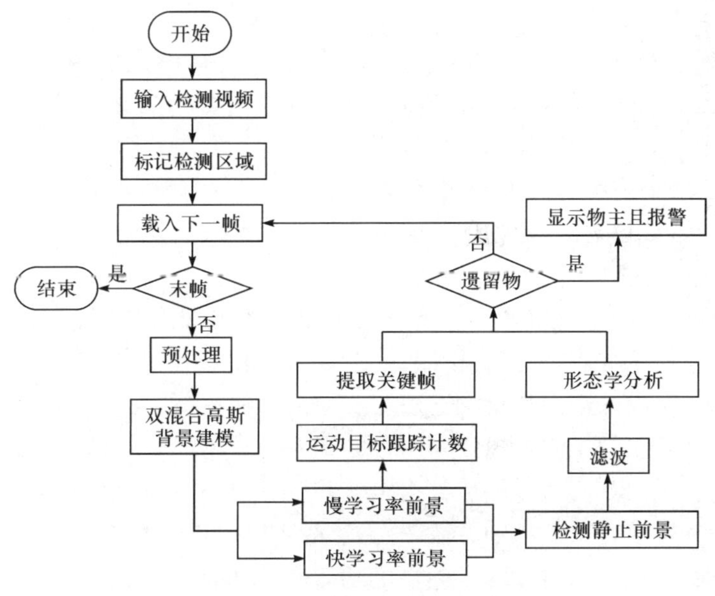


图 6.1　遗留物检测系统流程

## 6.1　遗留物检测技术

视频序列中固定监测区域内物体的遗留检测与通常基于内容的图像检索[1]具有很大不同。基于内容的图像检索方法是在图像库中预先存入大量图像，然后自动提取反映该图像内容的特征。当用户需要查询某一幅图像时，将目标图像输入图像库并提取目标图像的特征向量，再将目标特征向量与图像库中所要查询的图像特征向量进行比较和匹配，根据匹配结果搜索所要的图像或者是与所查询的目标图像最相似的图像。这种检索方式以整幅图像为单位进行查询，需要统计整幅图像的特征向量，同时背景像素或其物体的干扰可能会影响研究人员对图像中比较关心的物体状态的监测。在智能视频序列分析系统中，用户通常只关注和监测具有某种特征的目标，不需要对全部监测区域内的所有物体进行检索。尤其在机场、军事管制区等场景中，用户可能只关心重点监测的区域是否有不明物体遗留。

所谓遗留物检测[2]，是指对某个区域中遗留或遗弃的物体进行自动检测和分析。当物品(包裹、碎块、行李等)在某个防区(飞机场或军事管制区等)被放置或遗弃时，系统可以检测并标记出遗留物，同时也可以通过触发报警达到安全防范的目的。无论是由人携带而来遗弃于防区中的物品(摄像机看到完整的遗弃过程)，或者是被人从防区外扔入防区内的物品(摄像机看到部分遗弃过程)，还是在防区中突然出现的物品(摄像机完全看不到遗弃过程)，系统都可以从场景中正确检测出遗弃物并根据用户的预设进行相应的安全处理。

视频序列中遗留物检测的研究，主要是针对固定监测区域中出现的遗留物。首先检测进入场景的物体，然后分析判断此物体是否为遗留物。若进入场景的物体符合用户预设的遗留检测参数(如停留时间超过某个值)，则进行实时报警、视频记录等处理。如果有物体进入监测区域，但经过检测和分析判断其不符合遗留物检测条件，那么可以选择对此物体忽略或只是对此物体进入场景的视频进行记录，且不会触发实时报警。

遗留物检测算法涉及智能图像处理技术多方面的理论基础，其中主要包括图像预处理技术、前景检测技术、目标跟踪技术等。国内外学者对遗留物检测技术进行了大量研究，常见的遗留物检测算法主要分为两种：一种为基于运动目标行为理解[3]的方法，该方法的主要思想是采用目标跟踪技术判别检测目标轮廓，用以准确定位人体的头、手、脚等部位，然后根据定位建立人体分块模型并依此检测携带物体；另一种为基于双背景模型的方法，该方法的主要思想是对当前图像帧建立两个不同更新率的背景模型，对比两个模型的前景得到可能包含遗留目标的图像。双背景建模的遗留物检测算法是由 Porikli[4] 首先提出的，之后研究人员对基于两次背景建模的思想提出了大量的改进算法。例如，Singh 等[5] 提出了不同背景更新频率的算法检测遗留物，并对遗留物进行跟踪判断其后续状态。周金旺[6] 利用不同学习速率的混合高斯背景建模检测静止前景，并且利用 HOG 特征对检测出的静止前景进行特征分析，排除静止前景为人体的可能性。这些方法的基本思想都是在对比同一个视频序列中不同前景图像的基础上所进行的后续研究，算法在取得了一定进展的同时，仍存在着缺陷。

### 6.1.1　算法约束假设

随着科技的发展，视频分析系统和视频分析算法虽然都取得了不小的进步，但还远远不能与人类视觉系统的分析和处理能力相比较。鉴于外界复杂的环境和目标运动的无规律性，为了便于研究，目前很多研究人员都采用一些假设性的基本约束条件来简化系统或算法的实现难度。目前对基于视频序列的研究，采用的约束性假设条件主要可以分为外部特征假设和运动假设。外部特征假设是对研究对象所在的环境，如光照条件等特征进行约束。运动假设则是对所研究目标和摄像机的运动进行约束。针对遗留检测算法研究进行了以下两类约束假设[7]。

#### 1. 外部特征假设

外部特征假设主要包括对环境的假设和对目标特征的假设。根据监测场景的实际情况，采用这些外部特征假设来对环境和运动目标的外表特征进行约束，可以达到简化算法的目的，同时也可以保证算法应用的一般特性。

对外部特征的假设包括以下 4 点：

(1) 光照恒定或有微小变化。

(2) 背景静止。

(3) 摄像机参数已知[8]。

(4) 特定硬件。

假设(1)针对主要研究的场景(如环境稳定且光照恒定的飞机场、军事管制区等)，降低了光照条件的影响。假设(2)针对的是固定区域监测场景中的背景图像几乎不改变或者很长一段时间才需要更新一次背景的情况。假设(3)对目标绝对位置进行正确判定，同时也排除了硬件设备对所研究算法精确度的影响。假设(4)是指算法研究过程中采用特殊的硬件系统，如使用多个摄像机或红外摄像机等，目前采用的是单目视频下的遗留物检测算法。

#### 2. 运动假设

对场景中的目标运动特性给予如下假设：

(1) 目标在监测区域内。

(2) 摄像机匀速运动或没有运动。

(3) 监测区域内在同一时刻内只有一个目标或目标数很少。

(4) 目标运动平行于摄像机。

(5) 没有遮挡或只有少量遮挡。

(6) 目标运动连续且较为缓慢。

假设(1)确定了算法的应用场所，主要针对某个固定监测区域，超出固定区域的目标不属于研究范围。假设(2)和假设(3)则属于摄像机标定的研究范围,也不在研究所考虑范围之内。假设(4)则主要将目标的运动从三维空间转化到二维空间,同时保留目标本身大量的特征信息,从而便于对其进行研究。假设(5)针对目标运动的一般性,同时考虑研究的侧重点,认为目标在每帧中都是大部分可见的,以此降低对目标检测和提取的难度。假设(6)针对研究的对象为一般运动目标,排除了物体运动过快可能造成摄像机对目标捕捉不全甚至无法捕捉的情况。

对特定的有针对性的算法进行研究时,究竟采用何种约束和算法与实际应用场景以及重要程度紧密相关。通常情况下,采用约束越多的系统越简单,但应用的针对性越强;反之约束越少的系统越复杂,通用性越强。以上是针对研究的遗留检测技术所提出的外部环境假设和运动假设,既简化了算法实现的难度又不失研究的一般性,因此假设是实用且合理的。

### 6.1.2 视频序列图像单帧预处理

视频序列的播放是指设备中图像帧序列按照相应顺序依次显示图像帧的过程,基于视频流图像预处理的主要对象是视频序列中存储的每一帧图像。受摄像头或其他视频设备固有电气特性以及实际环境中电磁干扰等因素影响,当通过摄像头、摄像机或者其他视频设备从实际环境中获取视频图像时,视频图像中通常存在各种噪声,严重干扰了图像的后续处理。这些干扰一般有椒盐噪声、高斯噪声等。同时,考虑到雨、雪、雾、光照等自然条件的影响,图像采集过程中会出现一些原本不需要的像素,所以在进行后续处理之前,需要对视频序列图像进行预处理来提高图像质量,以减少因图像质量问题导致的最终识别结果错误或拒绝识别等情况的发生[9]。

图像预处理是遗留物检测系统实现的第一步,一般包括灰度化、直方图均衡化、滤波、二值化、形态学的膨胀和腐蚀处理等。预处理的作用主要是提高图像的信噪比,尽可能减少图像中的噪声干扰、模糊、图像失真等,提高人们对图像中感兴趣区域的关注度,这样可以避免因图像本身噪声干扰而造成无用的处理工作,降低程序算法的整体运行时间,提高了算法准确率[10]。

在利用背景差分法得到前景图像后,为了得到完整的运动目标轮廓,需要对图像进行边缘检测。边缘检测的基本思想一般可以归纳为:某个像素点特征值与邻近像素点的特征值变化较大时都将其归类为边缘点,而变化相对较小或者无变化时都将其归类为非边缘点。

首先采用基于图像灰度空间下的前景目标检测算法,得到一个灰度化的二值图像。在此基础上,对其进行边缘检测,将灰度特征变化剧烈的部分判定为需要检测的边界信息。图像灰度的变化程度一般可用图像灰度分布的梯度进行描述:目标像素点周围的梯度值较高则为边缘像素,反之则不是。基于 Canny 算子[11]的边缘检测方法将以待处理像素为中心的邻域作为灰度分析的基础,通过计算实现对图像边缘的提取。本书利用 Canny 算子进行边缘检测,实验证明该算法具有很好的边缘检测效果。

基于 Canny 算子的边缘检测算法采用兼顾噪声的滤波性能和边缘特性保持性能的一阶微分滤波器,该算法首先采用二维高斯函数任意方向上的一阶方向导数为噪声滤波器,通过与图像卷积进行滤波。然后对滤波后的图像寻找图像梯度局部最大值,确定图像边缘。根据对信噪比与定位乘积进行度量,得到最优化逼近算子,这就是 Canny 边缘检测算子。它的基本原则是:①算法需要具有很高的准确性,即边缘点的分类要准确,不能或者很少出现错误分类的情况;②在分类准确的基础上,边缘点的选取要靠近现实图像中的边缘中间位置;最后,尽量避免单一边缘被检测出多个边缘线的问题[12]。

首先对视频图像进行前景检测,再利用形态学膨胀腐蚀处理前景图像,最后利用 Canny 边缘检测得到运动目标的轮廓图像,实验结果如图 6.2 所示。

(a) 监控图像　(b) 前景图像

(c) 膨胀腐蚀处理　(d) Canny边缘检测

图 6.2　边缘检测及形态学膨胀腐蚀处理

### 6.1.3　遗留物检测算法

视频序列中遗留物检测的重点在于遗留,遗留体现了所要研究对象的一个重要特点——静止,即所要检测和研究的目标对象在场景中是静止不动的,这与传统的视频序列中运动目标检测是完全不同的[13]。传统的视频序列中运动目标检测主要以“动”为主，也就是以场景中目标对象处于运动状态为出发点提出一些适用于检测动目标的方法（如帧间差分法），从而检测出场景中处于运动状态的物体。

1. 场景分类概述

以研究对象为出发点，首先对出现在场景中的目标情况进行场景分类研究。针对研究的遗留物，将其分为遗留物和运动目标两类。因此，对出现目标的场景也可以分为四类，如图 6.3 所示。在图 6.3 中，较大的浅矩形表示场景的背景，灰色圆形表示运动目标，灰色小矩形则表示遗留物。可以看出，图 6.3(a)和图 6.3(b)所示的场景中没有所要研究的目标对象（遗留物）出现。图 6.3(c)和图 6.3(d)所示的场景中则出现了需要检测分割的目标对象。因此，关于视频序列中遗留物检测的重点则在图 6.3(c)和图 6.3(d)所示的场景中，而前两种情况应该排除。

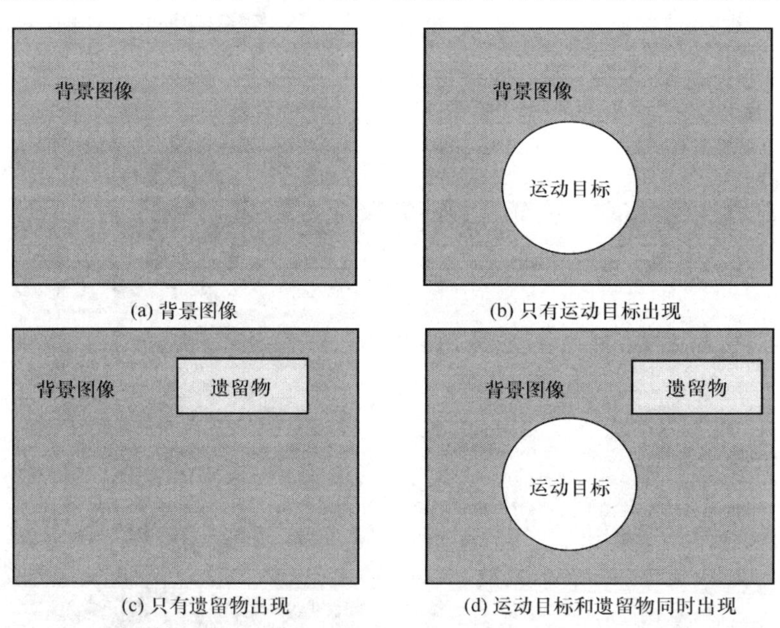


(a) 背景图像　(b) 只有运动目标出现

(c) 只有遗留物出现　(d) 运动目标和遗留物同时出现

图 6.3　出现不同目标的四类场景

2. 场景分类算法原理

在常用检测算法中，帧间差分算法的优点是原理简单、易于实现、复杂度低、对运动目标的变化比较敏感、对周围环境光线的变化不是非常敏感等。背景差分法作为视频序列中常用的一种运动目标检测技术也有其特点：与帧间差分法相比，背景差分法能够获得相对比较完整的目标图像，更重要的是它能够检测场景中的静止目标。

由以上分析可知，帧间差分法无法检测出静止目标，但却可以检测到运动目标；背景差分法则既可以检测到运动目标也可以检测到静止目标。以此为出发点，遗留检测算法通过结合帧间差分法[14]无法检测出静止目标的特性以及背景差分法的优点来进行场景的分类。首先分别对图 6.3(a)～图 6.3(d)所示场景进行帧间差分和背景差分运算，图 6.4～图 6.7 为理想情况下的运算结果，白色部分为检测到的前景。

(a) 帧间差分法检测结果

(b) 背景差分法检测结果

图 6.4　无目标时的检测结果

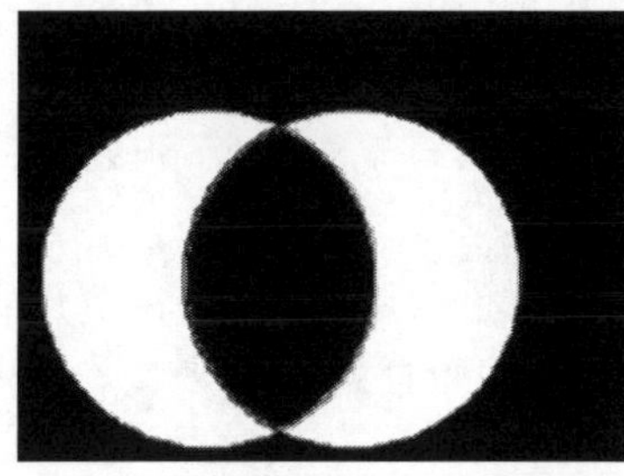

(a) 帧间差分法检测结果

(b) 背景差分法检测结果

图 6.5　只有运动目标时的检测结果

(a) 帧间差分法检测结果

(b) 背景差分法检测结果

图 6.6　只有遗留物时的检测结果

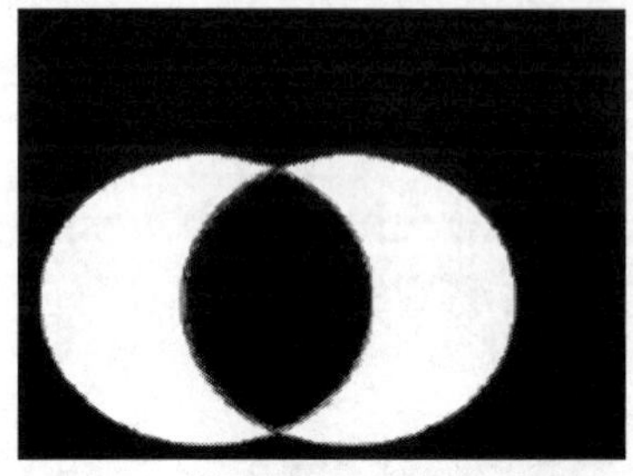
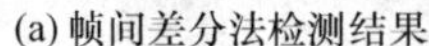

(a) 帧间差分法检测结果

(b) 背景差分法检测结果

图 6.7　运动目标和遗留物同时出现的检测结果

理想情况下，令出现在场景中的运动目标所占区域像素数为 $n_1$，遗留物所占区域像素数为 $n_2$，帧间差分法检测到的场景中前景目标像素数为 $N_1$，背景差分法检测到的场景中前景目标像素数为 $N_2$。

(1) 在图 6.4 所示场景中，由于无任何物体出现，因此经过运算后如图 6.4 所示。通过计算得到的 $N_1$ 和 $N_2$ 都很小，几乎为零，其差值 $m=|N_2-N_1|$，接近零。

(2) 在图 6.5 所示场景中，只有运动目标出现，两种算法都可以检测出运动目标。经过运算后如图 6.5 所示，计算得到的 $N_1$ 和 $N_2$ 都为运动目标所占区域像素数 $n_1$，因此理想情况下 $N_1$ 和 $N_2$ 相等，其差值 $m=|N_2-N_1|\approx|n_2-n_1|$，接近零。

(3) 在图 6.6 所示场景中，只有遗留物出现，帧间差分法无法检测出物体。经过运算后如图 6.6 所示，计算得到的 $N_1$ 几乎为零，而背景差分法几乎可以完整地检测出遗留物，由此可知 $N_2$ 为遗留物所占区域的像素数，其值为 $n_2$。因此，差值 $m=|N_2-N_1|\approx|n_2-0|=|n_2|$ 为非零值，而且远远大于零。

(4) 在图 6.7 所示场景中，既有运动目标出现也有遗留物出现，此时帧间差分法可以检测到运动目标，检测结果如图 6.7(a)所示，则 $N_1=n_1$。背景差分法既可以检测到运动目标也可以检测到遗留物，如图 6.7(b)所示，此时 $N_2=n_1+n_2$。因此，其差值 $m=|N_2-N_1|\approx|n_1+n_2-n_1|=|n_2|$ 为非零值，而且远远大于零。

由以上分析可知场景分类算法的思路为：首先，对视频序列中的每帧图像进行帧间差分法和背景差分法运算，分别计算这两种算法检测到的场景中前景目标像素数 $N_1$ 和 $N_2$；其次，以式(6.1)为判断准则，针对出现目标的不同进行场景分类。其中，$V$ 是一个可以由用户设置的参数，一般以可能出现的遗留物所占区域像素数为参照。

$$\begin{cases} \text{场景一：没有任何目标或只有运动目标，} & m=|N_2-N_1|<V \\ \text{场景二：只有遗留物，} & m=|N_2-N_1|<V \,\&\&\, N_1<V \\ \text{场景三：既有运动目标又有遗留物，} & m=|N_2-N_1|>V \,\&\&\, N_1>V \end{cases} \tag{6.1}$$

### 6.1.4　基于场景分类的遗留物检测算法

场景分类算法可以很好地对出现不同物体的场景进行分类，当确定场景的类型后，就可以有针对性地运用适合于此类场景的遗留物检测算法对目标进行检测和分析：

(1) 当判断结果为场景一时，此时场景中并无遗留物，因此不进行目标检测，而是直接进行下一帧的场景类型判断。

(2) 当判断结果为场景二时，此时只有遗留物出现，根据常用检测算法的特性，可运用背景差分法对目标进行检测和分割。

(3) 当判断结果为场景三时，此时既有遗留物又有运动目标。由于研究的对象是遗留物，因此运动目标是要去除的对象。由前面提到的帧间差分法的特性可知，其无法检测出遗留物，但却可以检测分割出运动目标，而背景差分法却可以检测到两种目标。因此，人们提出一种将背景差分法和帧间差分法相结合的方法进行此类场景的遗留物检测，其原理是运用背景差分法检测的目标图像与帧间差分法检测的目标图像进行差值运算。这样，就实现了从背景差分法检测的目标图像中去除运动目标的目的，从而最终实现对遗留物的检测和分割。

为了更为精确地判断目标的遗留特性，人们提出了将质心判距法运用到遗留物检测算法中，很大程度地提高了检测的准确性。质心判距流程如图 6.8 所示[15]。

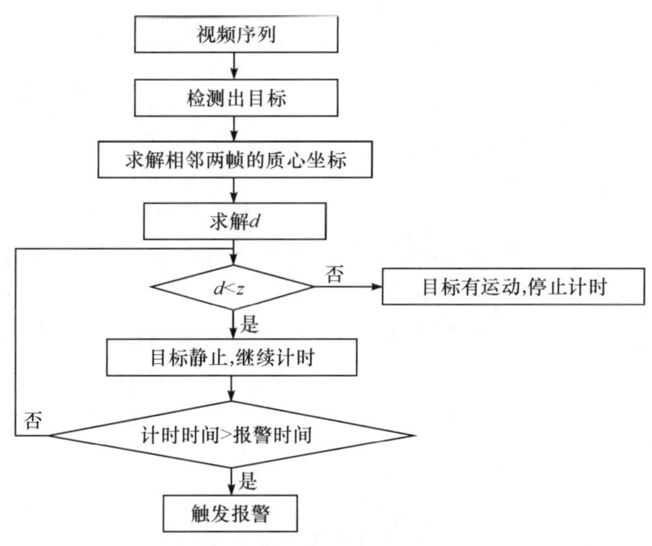


图 6.8　质心判距法流程

质心判距法[15]的基本思想是：当对视频图像提取的目标进行分类后，分别计算每个目标在相邻两帧即第 $k-1$ 帧和第 $k$ 帧中的质点坐标 $(x_{k-1},y_{k-1})$ 和 $(x_k,y_k)$，那么相邻两帧质心距离可表示为

$$d=\sqrt{(x_k-x_{k-1})^2+(y_k-y_{k-1})^2} \tag{6.2}$$

若判断目标为静止则继续计时，判断方法见式(6.3)。

$$\begin{cases}\text{目标静止，继续计时}, & d\leqslant z\\ \text{目标移动，停止计时}, & d>z\end{cases} \tag{6.3}$$

式中，$z$ 为接近 0 的固定值。

当判断目标仍然静止且计时达到预设报警时间时，则系统自动发出报警信息，否则继续由式(6.3)进行判断。

根据遗留物检测算法的描述以及视频序列处理的基本原理，将遗留物检测流程划分为以下 6 个步骤：

(1) 对固定监测场景视频序列进行捕获。这是本研究所依赖的基础，但这一阶段并不属于研究的范围，现在只需对拍摄得到的实时视频序列进行研究分析。

(2) 对视频序列进行预处理。这一阶段主要是对已经捕获的视频序列进行优化处理，减少噪声干扰，增强序列图像质量，为后续的处理提供较好的图像序列。

(3) 对经过预处理的视频序列图像分别进行帧间差分和背景差分运算，并由直方图[5]计算前景目标像素数。

(4) 依据检测算法提出的判断标准，进行场景分类。

(5) 针对不同的场景，运用不同的检测算法实现遗留物的检测。

(6) 当在场景中检测出遗留物时，利用质心判断距法对其遗留特性进行分析。若确定目标为遗留物，则采取安全类防范措施。遗留物检测流程如图 6.9 所示。

### 6.1.5　基于双背景模型的遗留物检测算法

基于双背景模型的遗留物检测算法[16]基本思想是：首先对视频图像帧进行两个不同参数下的背景建模，然后通过对比两个不同的模板得到进入静止状态的前景目标 $S_k(x,y)$，最后得到遗留物前景图像。

如果用数学表达式来描述视频序列，那么视频序列中第 $k$ 帧可以表示为

$$f_k(x,y)=S_k(x,y)+B_k(x,y)+N_k(x,y) \tag{6.4}$$

式中，$S_k(x,y)$ 为第 $k$ 帧前景运动目标；$B_k(x,y)$ 为第 $k$ 帧背景模板图像；$N_k(x,y)$ 为第 $k$ 帧噪声图像。由式(6.4)可以得出一个结论：为了检测出运动目标前景，首先要减小视频帧中噪声的影响，然后从完整图像中分割出 $S_k(x,y)$，最后获取 $S_k(x,y)$ 的特征参数作为后续分析和理解的准备数据。

为了能够得到准确的静止前景目标 $S_k(x,y)$，首先要对视频序列进行前景目标检测。进行视频序列的前景目标检测是进行遗留物检测和大多数智能视频分析

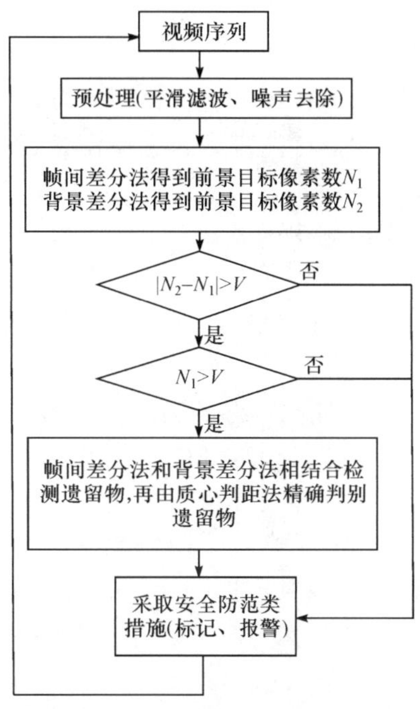


图 6.9　遗留物检测流程

必备的基础性工作。完整的前景目标检测算法可以分为两步:目标检测和目标提取。目标检测过程主要利用视频序列中静态图像之间的时间相关特性,依据每幅图像相同像素点在不同时间点的变化规律确定该像素点在某个时刻属于运动目标像素点还是背景模型像素点。目标提取过程主要利用单帧图像中不同像素点之间的空间特性,依据目标的颜色、连通、纹理等分布特征来提取具体前景中的运动目标,图像分割算法的选取对前景提取算法的准确程度至关重要。

目标检测方法有很多种,每一种方法都有自己独特的特点。目前比较成熟并且运用比较多的是光流法和背景减除法,本书通过实验对比了多种目标检测方法的优劣性,决定采用双高斯背景模型的方法对视频序列进行高斯背景建模,依据前景模板的形态学分析提取前景目标。

### 6.1.6　基于目标行为分析的遗留物检测算法

与基于双背景模型的遗留物检测算法需要进行两次学习速率不同的背景建模相比,基于目标行为分析的遗留物检测算法[17,18]只需对视频图像帧进行一次前景检测。但该算法需要对前景检测出的运动目标进行跟踪。不仅如此,基于目标行为分析的遗留物检测算法更需要对目标的运动信息进行理解。该算法关注目标的运动轨迹、距离、速率等复杂的运动信息,并根据运动的行为分析判断运动目标是否产生遗留。

1）基于时序逻辑和空间运动信息的方法

基于时序逻辑和空间运动信息的方法主要是将遗留物在监控场景中的静止时间和其在视频图像序列中的时空特性相结合来检测遗留物，从而避免了样本训练的过程。该算法主要步骤如下：

(1) 利用前景检测算法检测出前景目标，对检测完毕的图像进行滤波、二值化、形态学处理以及连通性分析等。

(2) 提取前景目标的运动特征信息，并建立静止前景统计模板 $S(x,y)$，用于统计前景像素点中不动的像素点。

(3) 在第(2)步处理的同时提取目标的运动特征信息，对其进行运动目标分析和运动轨迹分析，判定其运动状态，并对其持续性的静止状态进行计时，超过一定时间的目标被判定为可疑遗留物。

(4) 将可疑遗留物目标区域与静止前景统计模板 $S(x,y)$ 中标定的静止前景点区域进行匹配，对比目标区域以及模板统计区域重叠面积，将匹配正确的目标判定为遗留物，并在视频中标记、报警。

2）垂直扫描运动前景的遗留物检测算法

垂直扫描运动前景的遗留物检测算法是一种相对简单的行为分析遗留物检测方法，其主要步骤如下：

(1) 利用改进的混合高斯背景模型检测进入场景中的物体，只需对可选像素进行更新，而不是对视频帧中所有像素进行更新。

(2) 提取前景目标的特征信息，并进行滤波去噪和形态学处理，利用目标分割提取连通目标区域。

(3) 利用垂直扫描线扫描运动目标，区分行人和遗留物，若是遗留物，则其顶部高度与视频顶部的距离不变。

基于目标行为分析的遗留物检测算法思想是：采用类似于人脑的思维方式，即获取运动目标信息并与周边环境信息进行综合对比分析，判断是否有遗留事件发生，具有一定的有效性。基于行为理解的遗留物检测算法属于比较高级的遗留物检测算法，需要综合采用多种视频处理方法，实现相对困难。另外，当周边环境过于复杂时，基于目标行为分析的遗留物检测算法需要关注更多背景图像中的信息，在获取更大信息量的同时，也增加了遗留事件判断条件的复杂程度，因此该方法很难有一个完整且准确的判断条件。针对该算法的复杂度过高、系统难以实现、实时性很难保证等问题，本书从基于两次背景建模的遗留物检测算法出发，采用对比不同学习率下的前景目标来检测遗留物，并根据场景中的运动目标状态进行遗留物主的判断。

# 6.2　基于双混合高斯背景模型的遗留物检测技术

遗留物检测算法过程中需要对检测视频进行两次背景建模,并把检测出的运动目标作为后续处理的基础。因此,一个准确、稳定的背景建模算法对于遗留物检测极为重要。鉴于混合高斯模型具有抗噪性好、检测准确率高等优点,因此采用混合高斯背景模型对视频流进行前景检测。

混合高斯背景模型[19]是利用高斯概率密度函数来量化视频图像帧中每个像素分布规律的函数模型。在传统的视频序列目标检测过程中,人们总是将图像中特征值变化相对较大的像素点判定为前景目标点,变化相对较小或者无变化的像素点视作背景点。最简单的目标检测算法——帧间差分法就是对比相邻几帧像素点,通过设定一定的阈值,将变化超过阈值的像素点视作运动目标。帧间差法总是将当前帧和视频前几帧对比,没有考虑到视频中复杂的背景环境,当视频受到光照变化、颤动等外界影响时很容易出现误判,无法准确地检测出前景目标。

高斯模型将整个视频序列中符合正态分布变化规律的像素点都视作属于当前时间的背景模型点,通过建立一个自适应的变化背景模型,可以很好地解决光照变化、颤动等噪声问题。混合高斯模型同时建立多个高斯背景模型对视频进行描述,具有更好的准确性和稳定性等。

## 6.2.1　遗留物检测算法中的静止前景检测

通过改进后的双混合高斯背景模型[20,21]对视频序列进行两次背景建模,对比获得静止前景,当符合遗留物的判断条件时,报警并提取遗留物主。算法的主要步骤如下:

(1) 输入检测视频序列,载入第一幅图像帧,用鼠标标记待检测区域。

(2) 载入下一个视频帧,若判断为尾帧,则结束程序,否则进行预处理,并对检测区域的灰度特征进行快和慢两种更新速率的混合高斯背景建模,分别得到其前景图像。

(3) 对比前景图像得到进入静止状态的运动目标,利用形态学分析检测遗留物。

遗留物检测系统流程如图 6.10 所示。在视频序列的处理过程中,首先用鼠标对需要监控的场景进行标记,选定 ROI。ROI 的选取减少了视频流中的监控区域,不仅可以使视频监控变得更为准确,还大大提高了监控效率。在不降低算法时间复杂度的前提下,有效地保证了算法的实时性。

在确定了监控区域后,只需对 ROI 进行前景检测,利用两种学习速率不同的高斯模型对视频流进行建模。学习率较快的高斯模型能够很快地将静止下来的运

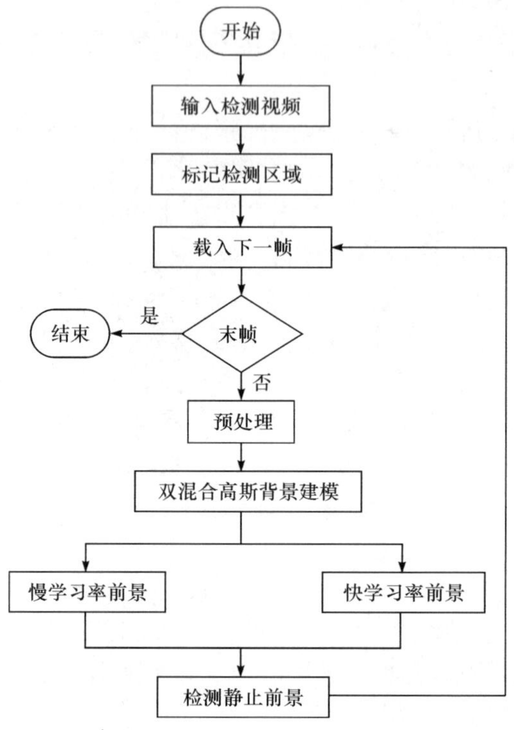


图 6.10 遗留物检测流程

动目标融入背景模型中，而学习速率较慢的高斯模型很难将其融入背景模型中。当有运动目标进入状态时，通过对两个模型的前景目标进行异或运算即可得到静止的前景图像。

由于环境的复杂性，静止前景图像可能会出现噪声和小范围的误检测，如果不消除这些噪声，那么将对系统后续的边缘检测造成很大困扰。因此，对前景图像进行二次处理，消除图像中相对孤立的点，并且对连通区域进行基于形态学的像素个数统计，只把那些区域体积超过阈值的区域视作遗留目标，当系统检测到遗留目标时，报警并且进行遗留物主的判断。

### 6.2.2 改进的混合高斯背景建模算法

混合高斯背景建模的遗留物检测算法对输入视频分别进行学习率不同的两次混合高斯建模，对比两次建模的前景目标得到由运动进入静止状态的目标。通过分析采用不同学习率建模的对比实验得出，当学习率 $\alpha$ 较低时该算法对静止前景具有较好的检测效果[21]。如果在视频建模初期存在运动目标，或者有前景目标长时间静止，那么视频将出现残影，难以消除，极大地影响了算法的检测效果。

针对上述传统混合高斯背景建模的缺点,为了能够快速有效地消除前景检测图像中前景目标的残影,本书采用动态优化学习率的方法对视频进行建模。算法的主要步骤如下:

(1) 依次输入被检测视频。

(2) 预处理,包括灰度化、二值化、中值滤波等。

(3) 判断前一帧是否为视频流的第一帧或者是否有遗留事件发生,若没有则采用最低速率进行视频学习率的更新,否则采用动态优化学习率的方法进行混合高斯背景建模。

(4) 载入下一帧,直至视频流结束。

改进后的混合高斯背景建模不仅可以准确检测前景目标,而且可以迅速地消除视频中的残影,有效地消除因残影而造成前景像素的误判。改进后的混合高斯背景建模算法流程如图 6.11 所示。

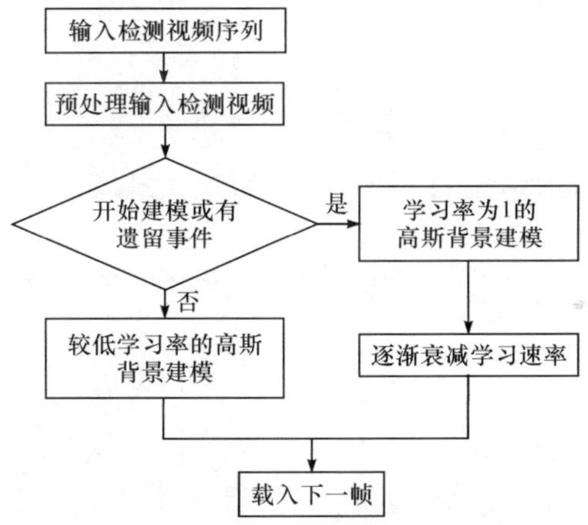


图 6.11 改进后的混合高斯背景建模算法流程

如图 6.11 所示,在对视频进行参数更新之前,首先对输入视频帧进行检测判断,当检测到系统处于建模初始阶段或者遗留物检测过程中发现遗留事件时,采用动态优化学习率的方法对视频序列进行混合高斯背景建模。更新策略为:首先对视频序列前 $k$ 帧进行学习率为 1 的参数更新,其次混合高斯模型的学习率以 $k$ 帧为单位按照式(6.5)进行衰减,直至将学习率分别衰减为 0.0045 和 0.0008,以对检测视频进行快慢两次混合高斯背景建模。

$$\alpha_n=\begin{cases}2^{-\beta(n/k)}, & 2^{-\beta(n/k)}\geqslant\alpha_{\text{THD}}\\ \alpha_{\text{THD}}, & \text{其他}\end{cases} \tag{6.5}$$

式中,$\alpha_n$ 为第 $n$ 帧的学习率;$\beta$ 为衰减速率;$k$ 为混合高斯背景建模的模型个数参数;$\alpha_{\text{THD}}$为阈值。参数衰减率 $\beta$ 以及阈值 $\alpha_{\text{THD}}$ 用以控制两次混合高斯背景建模学习率的衰减速度和学习率的最小值。这里进行的对比实验中,参数 $\beta=1$,$\alpha_{THD}$分别为 0.0045 和 0.0008。实验结果如图 6.12 所示,视频来源于自行拍摄的 caochang1。

(a) 第9帧视频图像　(b) 第20帧视频图像

(c) 第9帧快学习率前景检测结果　(d) 第20帧快学习率前景检测结果

(e) 第9帧慢学习率前景检测结果　(f) 第20帧慢学习率前景检测结果

图 6.12　改进后的混合高斯背景建模

图 6.12 分别为第 9 帧与第 20 帧的检测结果图像,自上而下分别为原始图像、快学习率的背景建模前景图像、慢学习率的背景建模前景图像,在视频开始阶段的误检测已经在第 20 帧基本消除。同样采用像素为 480×320 的检测视频进行学习率为 0.02 的混合高斯背景建模,改进后的算法能够在不损失检测效果的基础上快速消除残影,为进一步的遗留目标提取和运动目标跟踪打好基础。

### 6.2.3　静止前景目标的提取

被检测视频经过两次混合高斯背景建模,得到不同学习率下的前景模板,对比前景模板并且进行形态学分析,判定视频图像中是否含有遗留物。在完全理想的状态下，对视频序列中存在遗留物和不存在遗留物的情况进行基于两种学习率的混合高斯背景建模，检测结果如表 6.1 所示。

**表 6.1　前景检测结果**

| 场景 | 存在遗留物 | 不存在遗留物 |
| --- | --- | --- |
| 快速高斯模型检测前景 | 运动目标 | 运动目标 |
| 慢速高斯模型检测前景 | 运动目标 | 静止前景和运动目标 |

由表 6.1 的检测结果可以发现，当利用快速高斯背景模型算法检测前景时，算法的前景图像中只包含正在运动的物体。利用慢速高斯背景模型算法检测前景时，算法的前景图像中包含运动目标和进入静止状态的前景目标。根据遗留物在视频序列中的运动特点，这个进入静止状态的物体可能就是所要检测并需要报警的遗留物。通过异或两个学习速率的前景检测结果，就能得到静止前景图像。实验结果如图 6.13 所示，视频来源于自行拍摄的 caochang2。

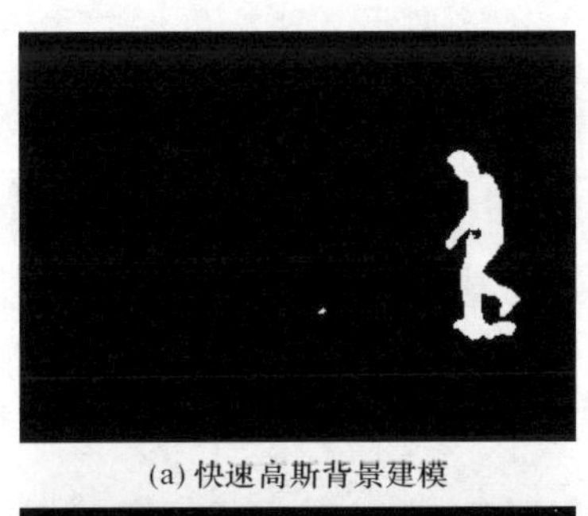
(a) 快速高斯背景建模

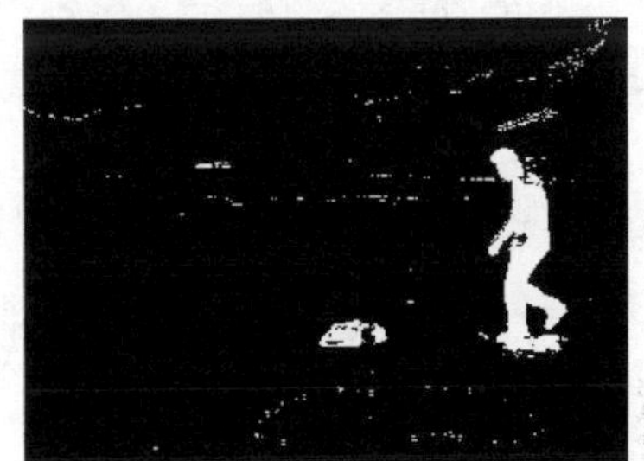
(b) 慢速高斯背景建模

(c) 遗留物检测

(d) 原始视频图报警

图 6.13　遗留目标提取效果

实验视频检测结果如图 6.13 所示，快速高斯背景建模只检测出了场景中的运动目标，慢速高斯背景建模的前景目标中包含运动目标和遗留物。对两个前景模板进行异或运算，得出两幅图像中不同时为白色的像素点。

这些白色像素点中包含噪声点和遗留物，为了得到准确的遗留物轮廓，将对比后图像中像素点再次进行中值滤波以及形态学分析。如图 6.13 所示，经过滤波后可以消除图像中孤立的噪声像素点，经过形态学处理后可以得到相对完整的前景物体轮廓。经过连通区域分析，只提取单块前景中像素点超过一定阈值的物体为遗留物。当检测到超过阈值的前景像素模块时，认定视频场景中发生了遗留事件并且在原始视频图内画圈报警。

## 6.3 遗留物主的提取技术

当智能视频监控系统发现遗留事件时，人们不仅对遗留物感兴趣，而且对发生遗留事件的主人也有很高的关注度。因为系统通常在检测到遗留物后需要对遗留物进行后续处理，如销毁、或者返还给主人等。当恐怖分子故意将炸弹包裹遗留在监控场所或在公共场所下有人不小心丢失个人物品时，智能视频监控系统仅仅检测出遗留事件是不能够满足系统要求的。系统需要进行遗留物主的判断，以便对遗留物进行后续处理，因此智能遗留物检测系统中的遗留物主判断是十分重要的。

遗留物主的判断非常重要，但是目前智能视频监控系统中并没有一种准确度特别高、提取方法特别快的判断方法。由于在发生遗留事件时，遗留物本身是没有主人的，因此当发生遗留事件后，在后续的视频图像帧中判断并且寻找遗留物主是不现实的，而人为地通过查找遗留事件之前的视频图像又太过繁琐并且难以达到实时性的要求。在检测到遗留事件后，依据系统高斯背景建模的学习率，准确提取前几帧视频图像中的运动目标，显示运动目标的关键帧作为遗留物主的判断人选。遗留物主判断系统流程如图 6.14 所示。

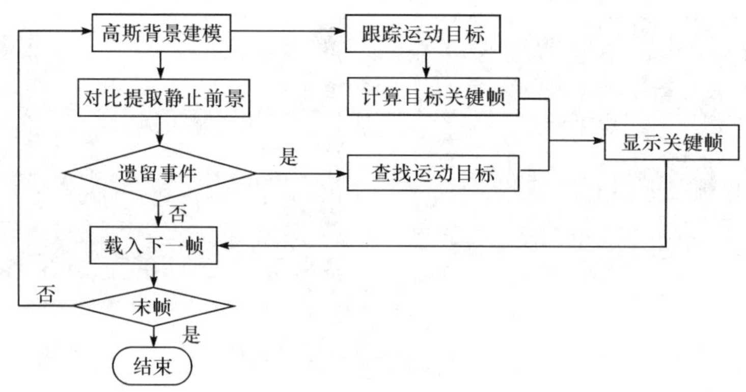


图 6.14 遗留物主判断流程

如图 6.14 所示，视频序列经过两次高斯背景建模分别得到两个前景模板图像，对比两个前景模板可以得到进入静止状态的前景目标。当发生遗留事件时，依据快、慢速建模的学习率，查找前溯一定帧中存在的运动目标并提取该目标的关键帧为遗留物主。为了能够准确地进行遗留物主的判断，一个准确、有效的运动目标跟踪算法是很重要的。本书对目标跟踪算法进行深入研究，利用改进后的目标跟踪算法对目标进行跟踪，并对其运动状态、时间进行统计，在系统检测到遗留物时依据其运动状态显示其关键帧作为遗留物主提取。

### 6.3.1　改进的 Camshift 目标跟踪算法

为了更好地实现遗留物主的判断，在前景检测得到前景运动目标的基础上，利用 Camshift 目标跟踪算法跟踪视频序列中出现的目标。Camshift 算法以 HSV 空间下 H 通道为特征，建立颜色直方图，并且以直方图为目标模式，很好地解决了目标变形以及遮挡问题[22]。

传统的 Camshift 在视频运动目标跟踪方面具有一定的优势，同时也存在一定的局限性，例如当目标颜色与背景颜色区别不大时，经过目标直方图反向投影的概率分布图容易出现较大范围的扩散，从而导致搜索框迅速扩大致使跟踪失败。为了防止上述情况的发生，本书在文献[23]提出的 Camshift 跟踪算法的基础上进行改进，采用条件约束的方法过滤方向投影的概率密度分布图，有效地提高了算法的跟踪效果及准确率。鉴于已在背景建模阶段提取了前景目标，故采用 Camshift 与运动前景模板相结合的目标跟踪算法。该算法流程如图 6.15 所示。

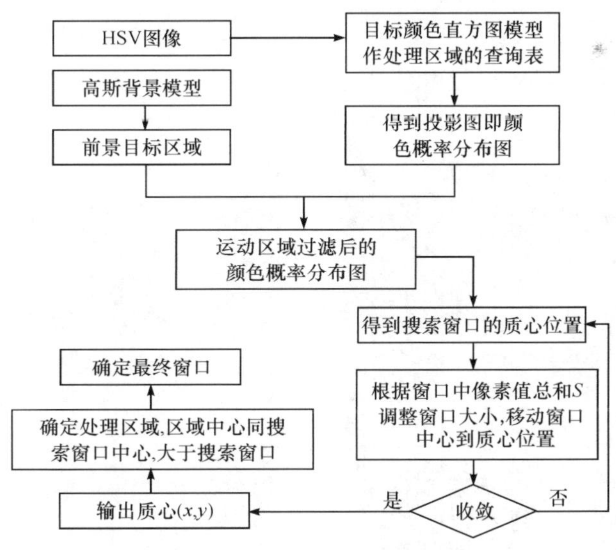


图 6.15　Camshift 算法流程

由于 RGB 颜色空间对光照亮度变化比较敏感，因此为了减少光照亮度变化对跟踪效果的影响，Camshift 算法将图像转化到 HSV 颜色空间进行后续处理[24]。首先，当发现运动目标时，确定初始搜索窗口，使窗口恰好包含整个跟踪目标，然后对窗口中每个像素的 H 通道上的值采样，从而得到目标的色调直方图，将直方图保存下来作为目标的颜色直方图模型。在跟踪过程中对视频序列中的每一个像素，通过查询目标的颜色直方图模型，得到该像素为目标像素的概率，并绘制反向投影图。当目标颜色与附近背景颜色相似时，由于反向投影图中目标与附近目标过于接近，因此致使传统的 Camshift 算法难以收敛，迅速扩大了搜索框，导致跟踪失败[25,26]。

为了克服上述问题，利用混合高斯建模中的运动前景掩模对颜色概率分布图进行过滤，将运动掩模和遗留掩模区域之外目标像素的概率置为零，得到过滤后的反向投影图。

设$(x,y)$为搜索窗口中的像素位置，$I(x,y)$是前景图像中$(x,y)$的像素值。定义搜索窗口中的 $M_{00}=\sum_x\sum_y I(x,y)$、$M_{01}=\sum_x\sum_y yI(x,y)$、$M_{10}=\sum_x\sum_y x\cdot I(x,y)$，其中 $M_{00}$ 为窗口的零阶矩，$M_{01}$ 和 $M_{10}$ 为窗口的一阶矩，则搜索窗口的质心位置为$(x_c,y_c)=\left[\frac{M_{10}}{M_{00}},\frac{M_{01}}{M_{00}}\right]$，然后根据 $M_{00}$ 调整搜索窗口的大小，并且比较窗口中心与质心位置，利用循环迭代方法得到最终的窗口质心和窗口大小，实现跟踪。当视频进入下一帧时，利用上一帧得到的跟踪结果自适应地调整搜索窗口的大小及质心。这里对 480×320 像素的检测视频序列进行传统 Camshift 算法、基于前景模板的跟踪算法与改进后的 Camshift 算法进行对比实验，结果如图 6.16 所示，视频来源于自行拍摄的 caochang3。

(a) 改进后的Camshift算法

(b) 传统Camshift算法

(c) 改进后的Camshift算法

(d) 基于前景模板的算法

图 6.16 目标跟踪效果对比

由图 6.16 可以看出，当目标颜色与背景颜色相似时，传统 Camshift 算法迅速扩大了搜索框致使跟踪失败，而基于前景模板的跟踪算法无法解决目标发生遮挡、绕行的情况。改进后的 Camshift 算法利用运动前景掩模过滤颜色概率分布图，能够有效地解决上述问题，具有较好的跟踪效果。

通过对比实验发现，基于运动目标前景模板和 HSV 空间下的 Camshift 算法相结合的目标跟踪算法对运动目标进行跟踪，在目标发生变形或者被遮挡时可以继续跟踪运动目标。改进后的 Camshift 目标跟踪算法为后续运动目标的关键帧提取打下了良好的基础。

### 6.3.2　基于图像信息熵的遗留物主关键帧提取

为了实现对遗留物主的判断，需要对每个出现在场景内的运动目标进行标记，本书采用对每个目标提取一个关键帧的方法实现对运动目标的标记。运动目标离开场景时，提取该运动目标生命周期内信息熵[27,28]最大的一帧作为该运动目标的关键帧。当发现遗留物时，根据学习速率往回查找一定时间段图像内的运动目标，并显示关键帧作为物主判断。

#### 1. 运动目标关键帧提取算法

对每个运动目标进行关键帧[29]判断时采用基于图像信息熵的关键帧提取算法。熵的概念最早来源于热力学中对体系混乱程度的描述。1948 年，Shannon 提出信息熵的概念，将熵的概念引入信息论中，有效解决了信息点量化度量问题。提取跟踪目标区域内的颜色直方图，并将其作为一种概率质量函数。假定 $h_k$ 表示整幅图像中像素特征值为 $k$ 区间的像素所占的比例，考虑 $h_k=0$ 的实际情况，应附加约束条件：若 $h_k=0$，则 $\lg h_k=0$。因此，图像信息熵可定义为

$$E(f)_i = -\sum_{k=1}^{n} h_k \lg h_k \tag{6.6}$$

图像信息熵代表每一幅图像所含有的信息量的大小，因此本书提取每个跟踪的目标消失前信息熵最大即信息量最大的一帧图像作为该运动目标的关键帧。在运动目标跟踪过程中，实时计算运动目标的图像信息熵，只保留运动目标跟踪过程中信息熵值最大的一帧作为当前跟踪目标的候选关键帧。当有新的视频帧载入后，对比新载入视频帧的信息熵，若重新载入视频帧的信息熵较大，则采用该帧作为该运动目标的候选关键帧，否则保持关键帧不变。依次更新运动目标的关键帧，直至运动目标消失，以关键帧标记该运动目标。

用关键帧标记运动目标是为了系统检测到遗留物时可以顺利地提取运动目标关键帧进而判断遗留物主。因此，当运动目标离开监控场景后，需要对该运动目标计时，统计运动目标离开场景的时间。如果运动目标离开场景时间很长并且在此

期间内没有遗留事件的发生，那么可以排除该运动目标为遗留物主的可能性，此时系统释放掉那些离开监控场景时间过长的运动目标的统计信息。因为智能视频监控系统的内存是有限的，所以及时消除无用的运动目标信息可以减少算法的空间复杂度。运动目标关键帧的提取利用基于信息熵的关键帧提取技术，对载入视频进行实验检测，实验结果如图 6.17 所示，视频来源于自行拍摄的 caochang1、caochang3。

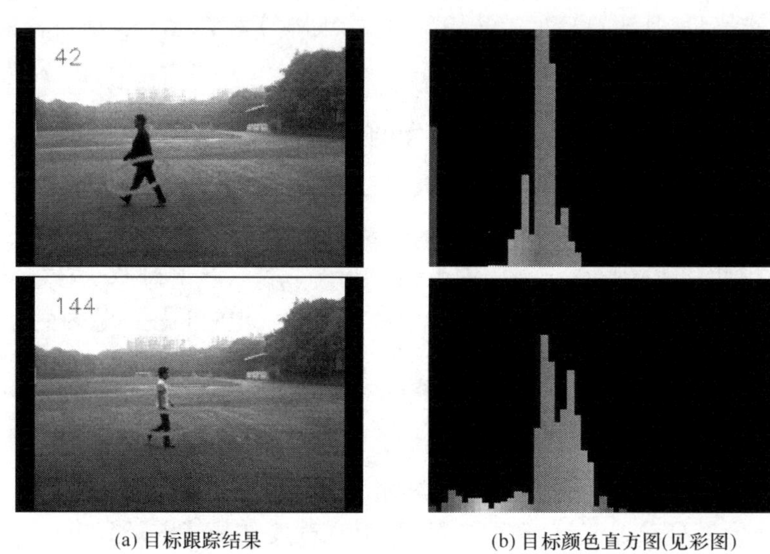


(a) 目标跟踪结果　　(b) 目标颜色直方图(见彩图)

图 6.17　关键帧及其颜色直方图

由图 6.17 可以看出，系统可以准确地跟踪运动目标并且建立目标区域的颜色直方图。计算每一帧信息熵，选取信息熵最大的一帧为运动目标关键帧。统计每个运动目标的关键帧，当检测到遗留物时，为遗留物主的提取做好准备工作。

2. 遗留时间判断

根据两次混合高斯背景模型下前景目标的对比，通过滤波、形态学分析确定视频图像中是否有遗留事件的发生。由于系统检测到遗留物报警时，遗留物已经进入停止状态一定的时间，遗留物主可能已经退出了视频监控的场景。因此，系统需要对遗留事件报警的同时，也要对遗留物处于静止时的大概所在视频帧进行估计判断。遗留事件发生时间的准确判断对遗留物主的提取是非常必要的。

当两个混合高斯背景模型的参数变化时，建模效果以及系统对遗留事件发生到报警的时间间隔也随着参数的变化而变化。为了保证在建模及检测效果的前提下，系统能够只对进入静止状态超过一定时间阈值的遗留物进行报警，通过反复实验，最终采用快、慢混合高斯背景模型的建模个数都为 3、背景阈值都为 0.7、权重值都为 0.1、方差都为 1 的模型参数,快、慢学习率分别采用式(6.5)中的动态学习速率更新机制。实验证明,采用该参数时,系统能够准确地检测运动目标,并且当运动目标进入静止状态大概 3～4s 后报警。

由于检测报警有延迟,因此只有当系统检测到遗留物时,若运动目标的持续出现超过一定帧数,并且连续消失小于一定帧数才可能判定为遗留物主。对运动目标增加统计的时间标签为 $E_{t1}$ 和 $E_{t2}$,分别用以统计运动目标正在持续帧数以及连续消失的帧数。当发现遗留物时,按照式(6.7)对运动目标进行筛选。

$$\mathrm{Obj}=\begin{cases}0, & E_{t1}<t_a \cdot \mathrm{fps}\ \text{或}\ E_{t2}>t_b \cdot \mathrm{fps} \\ 1, & \text{其他}\end{cases} \tag{6.7}$$

式中,Obj 为运动目标的物主判定标签,Obj 为 1 时,可以将该运动目标归类为遗留物主;fps 为视频每秒钟的播放频率;$E_{t1}$ 为运动目标持续出现的帧数;$E_{t2}$ 为运动目标连续消失的帧数;$t_a$ 和 $t_b$ 为时间阈值。$E_{t1}$ 和 $E_{t2}$ 的初始数值都为零,$E_{t1}$ 随着运动目标的跟踪过程递增,运动目标消失后停止,$E_{t2}$ 在运动目标消失后持续递增。一般来说,视频大多采用 30～33 帧/s 的播放速度。采用上述参数模型下的高斯背景建模,可以在 3～4s 时间内检测到遗留物并报警。在获取视频中固有的播放频率后,设置 $t_a$、$t_b$ 分别为 3、4,实验证明,这种方式可以准确地判断出视频中遗留事件发生时图像内的运动目标。

## 6.4　遗留物检测实验结果与分析

1) 视频采集

实验所用的视频图像为已经拍摄完成的视频,以视频序列的形式进行检测。

2) 关键区域提取

为了突显关键区域并且提高系统整体实时性能,现对监控区域进行 ROI 提取。提取效果如图 6.18 所示。图 6.18(a)为被检测的原始图像,选取其 ROI 并且在新窗口显示,结果如图 6.18(b)所示。选取 ROI 生成新的图像,不必对监控视频的所有区域进行检测,提高了整体算法的灵活性和实时性,仿真实验视频来源于自行拍摄的 caochang2。

3) 灰度化处理

选取图像灰度值为图像特征,进行两次混合高斯背景建模。需对载入的视频序列进行灰度化处理,实验结果如图 6.19 所示。

图 6.19(a)为原始视频图像经过 ROI 选取后的效果,图 6.19(b)为经过灰度化处理后的图像。通过实验可以看出,图像经过灰度化处理后,可以将视频序列从 RGB 颜色空间转换到灰度空间,减少了前景检测算法过程中需要分析的图像特征。

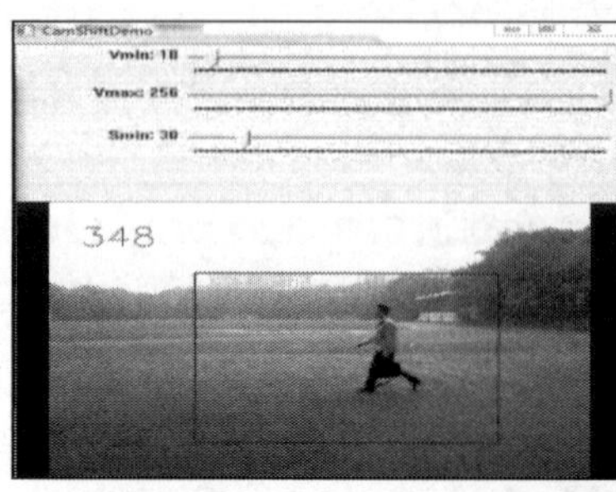

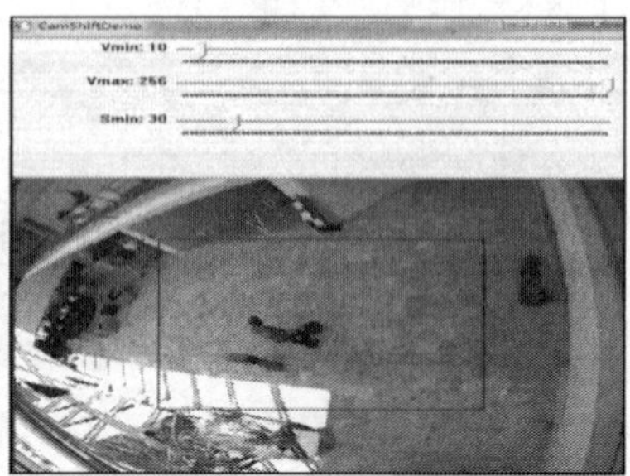


(a) 被检测图像

(b) 标记ROI后的图像

图 6.18　ROI 提取

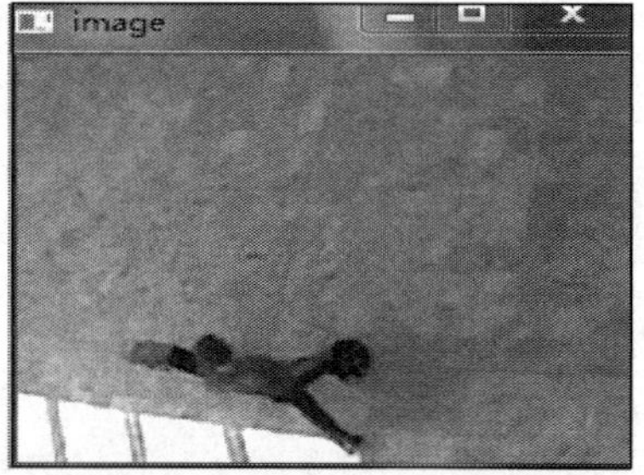


(a) ROI选取后的图像

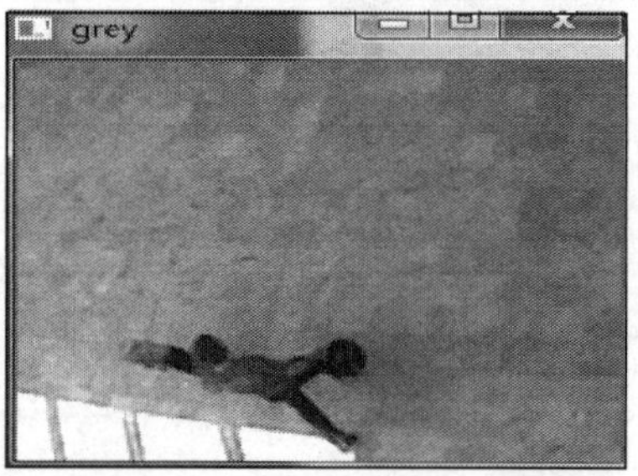


(b) 灰度化处理后的图像

图 6.19　灰度化处理结果

4）前景检测

前景检测模块利用混合高斯背景建模，分别对视频序列进行两种学习率参数下的前景检测，在没有发生遗留事件时的结果如图 6.20 所示，视频来源于 CAVIAR project 以及自行拍摄的 caochang2。

由图 6.20 可以看出，当没有遗留事件发生时，系统对视频序列进行两种学习速率下的混合高斯背景建模，由于图像中的前景目标都处于相对快速的运动状态，因此两种学习率下的检测结果基本相同。

(a) 监控场景

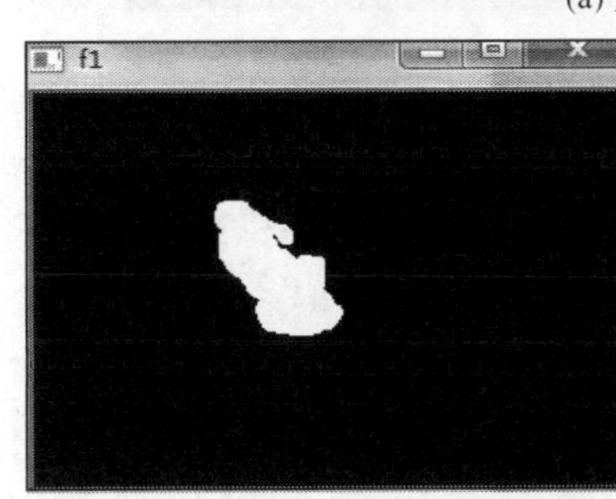

(b) 快速建模检测结果

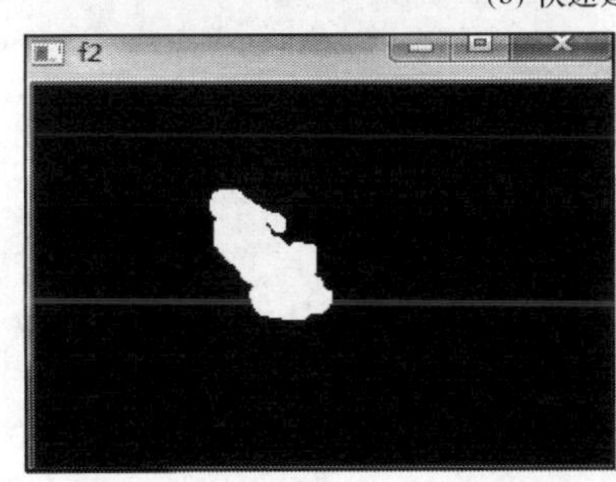


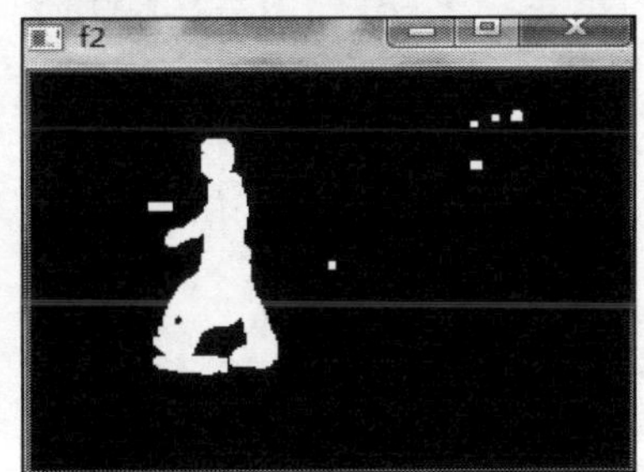


(c) 慢速建模检测结果

图 6.20　建模检测结果

5）遗留物检测

遗留物检测模块通过对比两种学习速率参数下的前景图像，利用滤波及形态学处理，检测遗留物。当没有遗留事件发生时，系统两次前景检测效果图像基本相同，如图 6.20(b)和图 6.20(c)所示。通过异或运算后，得到一个纯黑的图像，此时系统判定被检测视频中未发生遗留事件。

当视频序列中有遗留事件发生时，较快学习率参数下静止状态下的前景目标可以顺利地融入背景之中，由于较慢学习率参数下的背景学习能力较差，因此进入静止状态的前景目标难以融入背景之中，此时两种参数下的混合高斯背景建模的前景检测效果是不同的。通过对比两个前景图像并利用形态学分析，检测得到遗留物。系统的检测结果如图 6.21 所示。

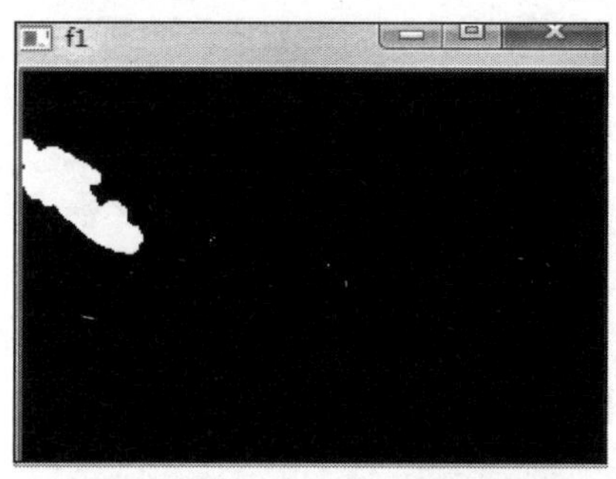


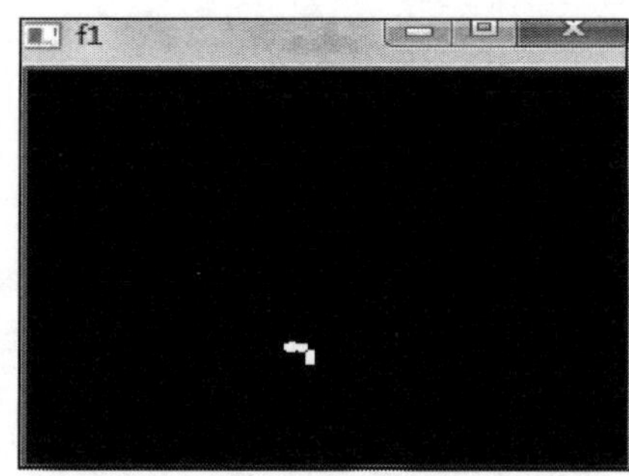


(a) 快速建模检测结果

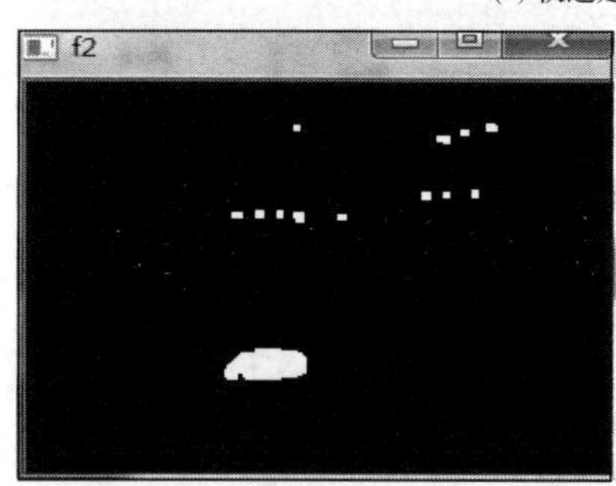

(b) 慢速建模检测结果

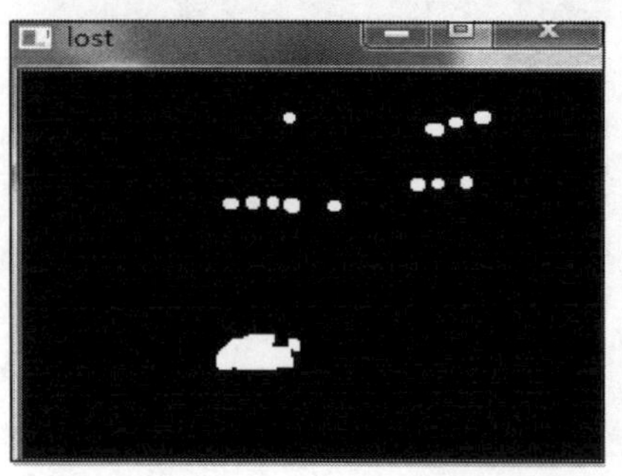


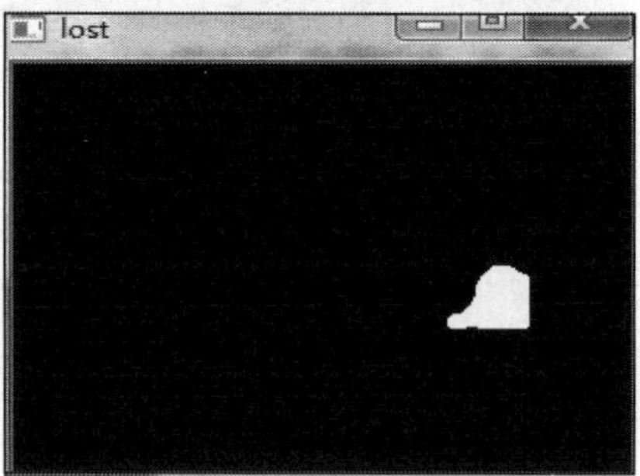


(c) 遗留物检测结果

(d) 原始视频报警

图 6.21　系统的检测结果

如图 6.21(a)和图 6.21(b)所示，两种参数下的前景图像是不同的，较慢学习率参数的前景图像中包含需检测的遗留物。将两幅图像进行异或运算得到遗留物前景图像，如图 6.21(c)所示。此时，在原始视频监控图像中进行画圈报警，如图 6.21(d)所示。

6) 遗留物主提取

当检测到遗留物时，系统程序判断为遗留事件发生，提取视频中的运动目标关键帧作为遗留物主并显示，结果如图 6.22 所示。

图 6.22　遗留物主显示结果

## 6.5　本章小结

本章针对采集到的监控视频中心遗留物检测算法进行了分析，主要针对前景检测和遗留物提取算法进行深入研究和实验，提出了相应的改进算法，提高了整体检测系统的实时性与准确度。首先，在研究大量文献基础上，决定采用双混合高斯背景建模算法进行视频内的静止前景检测，针对建模过程中出现的残影现象，提出了基于动态优化学习率的混合高斯背景建模算法；其次，针对 Camshift 算法中目标颜色相似导致跟踪失败的现象，利用前景检测过程得到的前景模板进行约束，提高了跟踪效果的准确度；最后，当发生遗留事件时，根据运动目标状态提取遗留物主。

在完成理论分析的基础上通过网络下载和现场拍摄获取了一定量的实验素材，进行了多种场景下的视频检测实验。实验结果进一步验证了本书算法的有效性，并且为以后的研究奠定了基础。

## 参 考 文 献

[1] Montesi D, Elmagarmid A K. Integrated video and text for content-based access to video databases[J]. Multimedia Tools and Applications, 1999, 9(3): 227-249.

[2] 程刚. 智能视频内容分析技术及功能应用[J]. 中国公共安全, 2008, 3(8): 128-132.

[3] Zhao H, Durham J, Vickerman R. A new positive curve parameter to friction coefficient ratio Index evaluation[J]. Journal of Tribology, 2011, 133(2): 21-23.

[4] Porikli F. Detection of temporarily static regions by processing video at different frame rates [C]//Advanced Video and Signal Based Surveillance, London, 2007: 236-241.

[5] Singh A, Sawan S, Hanmandlu M. An abandoned object detection system based on dual background segmentation[C]//Advanced Video and Signal based Surveillance, Genova, 2009: 352-357.

[6] 周金旺. 视频监控场景中的遗留物检测研究与实现[D]. 合肥：安徽大学硕士学位论文, 2012.

[7] 李亚辉. 基于双背景模型的视频流中遗留物检测算法研究[D]. 重庆：重庆邮电大学硕士学位论文, 2014.

[8] 冯强. 摄像机参数非一致性影响视频质量的分析处理技术[D]. 西安：西安电子科技大学硕士学位论文, 2008.

[9] Vishwakarma S, Agrawal A. A survey on activity recognition and behavior understanding in video surveillance[J]. The Visual Computer, 2013, 29(10): 983-1009.

[10] Zou X X, Wen J. Detection of object security in crowed environment[C]//2015 IEEE International Conference on Communication Problem-Solving (ICCP), Moreton, 2015: 34-37.

[11] HuoY K, Wei G, Zhang Y D, et al. An adaptive threshold for the Canny operator of edge detection[C]//International Conference on Image Analysis and Signal Processing, Hangzhou, 2010: 371-374.

[12] Yan Z Z, Chu X M, Xie L, et al. Inland ship image edge detection based on wavelet transforms and improved Canny operator[J]. Linear Drives for Industry Applications, 2014, 271: 761-769.

[13] 闫硕. 复杂环境下的遗留物检测方法研究[D]. 北京：北京交通大学硕士学位论文, 2015.

[14] 屈晶晶, 辛云宏. 连续帧间差分与背景差分相融合的运动目标检测方法[J]. 光子学报, 2014, 43(7): 213-220.

[15] 杜倩. 安防监控中的视频分析技术研究[D]. 北京：华北电力大学硕士学位论文, 2012.

[16] 李亚辉,安世全,瞿中. 改进双背景模型的遗留物检测算法研究[J]. 计算机工程与设计,2014,35(6):2192-2196.

[17] Zhang W,Jonathan Wu Q M,Wang G H,et al. An adaptive computational model for salient object detection[J]. IEEE Transactions on Multimedia,2010,12(4):300-316.

[18] Fu H Y,Xiang M,Ma H D. Abandoned object detection in highway scene[C]//International Conference on Pervasive Computing and Applications,Port Elizabeth,2011:117-121.

[19] 王思思,任世卿. 一种改进的基于混合高斯模型的运动目标检测算法[J]. 计算机科学,2015(s2):173-174.

[20] Burget L,Schwarz P,Agarwal M,et al. Multilingual acoustic modeling for speech recognition based on subspace Gaussian mixture models[C]//IEEE International Conference on Acoustics Speech and Signal Processing,Dallas,2010:4334-4337.

[21] 范文超,李晓宇,魏凯,等. 基于改进的高斯混合模型的运动目标检测[J]. 计算机科学,2015,42(5):286-288.

[22] Xu K,Chen S X,Yan G. Moving object detection based on improved Gaussian model[J]. Laser and Infrared,2012,42(7):821-824.

[23] 王玲玲,裴东,王全州. 一种改进的 Camshift 视频目标跟踪算法[J]. 激光与红外,2015,45(10):1266-1271.

[24] Leichter I,Lindenbaum M,Rivlin E. Mean shift tracking with multiple reference color histograms[J]. Computer Vision and Image Understanding,2010,114(3):400-408.

[25] Sun J. A fast meanshift algorithm-based target tracking system[J]. Sensors,2012,12(6):8218-8235.

[26] Ning J F,Zhang L,Zhang David. Robust mean-shift tracking with corrected background-weighted histogram[J]. Computer Vision,2012,6(1):62-69.

[27] Ren L P,Qu Z Y,Niu W Q,et al. Key frame extraction based on information entropy and edge matching rate[C]//Future Computer and Communication (ICFCC),Nagoya,2010,3:91-94.

[28] 王俊平,李超,陈伟华. 基于图像非平坦区域 DCT 特性和 EGRNN 的盲图像质量评价[J]. 计算机学报,2016,39(83):1-18.

[29] 李顺意,侯进,甘凌云. 基于帧间距的运动关键帧提取[J]. 计算机工程,2015,41(2):242-247.

# 第 7 章 运动目标异常行为检测与跟踪方法

视频监控系统功能分为视频获取、储存、传输三个部分，但是视频中出现的异常行为检测，以及分析事故的原因等则完全依靠人工参与，不能够体现出视频监控系统的自主与智能，这就使得人的工作量非常庞大，而且工作人员的精神需要高度集中、时时保持高度警惕。因此，业界对具有实时监测、跟踪、行为分析、判断与预警功能的智能视频监控系统的需求显得十分迫切，准确地检测和跟踪运动目标并对其进行行为识别，更能为后续人工处理减轻负担、提供依据[1]。对运动目标异常行为的判定和检测主要框架如图 7.1 所示。

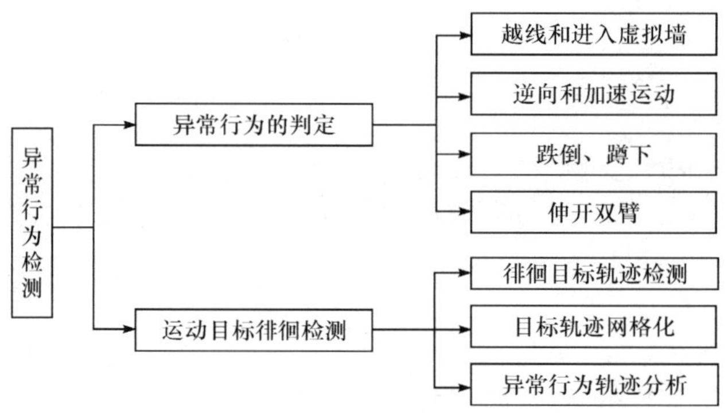


图 7.1 异常行为检测主要框架

## 7.1 运动目标表示与特征提取

异常行为是相对于正常行为而言的，它的定义与使用环境有很大的关联。例如，在养老院老人匀速行走、自然站立等是正常行为，而突然跌倒为异常行为；在取款机前长时间徘徊为异常行为；在马路上人员突然聚集为异常行为等。本书主要研究运动目标的加速奔跑、跌倒、徘徊等异常行为。

由于使用了基于运动目标特征对比的行为识别方法，因此在行为识别之前需要进行特征提取，所提取的特征应具有易于提取、可靠性好、独立性强等特点。识别运动目标行为的特征有运动目标质心、运动速度、运动目标轨迹及其最小外接矩形的宽高比等。

### 7.1.1　运动目标表示

异常行为识别的第一步是运动目标检测,检测到运动目标后提取其最小外接矩形来标记该目标。运动目标区域的外接矩形表示方法如图 7.2(a)所示。

其获取过程如下:首先将运动目标检测结果投影到图像坐标系的 $x$-$y$ 轴上;然后按照从左到右、从上到下的顺序依次扫描坐标系中的投影,并分别记录该区域在 $x$、$y$ 轴上的最大值和最小值[2],即 $x_{max}$、$x_{min}$、$y_{max}$、$y_{min}$。目标的外接矩形即可用区域$[(x_{min}, y_{max}), (x_{max}, y_{min})]$来表示,如图 7.2(b)中 Rec$[P_1, P_2]$所示。

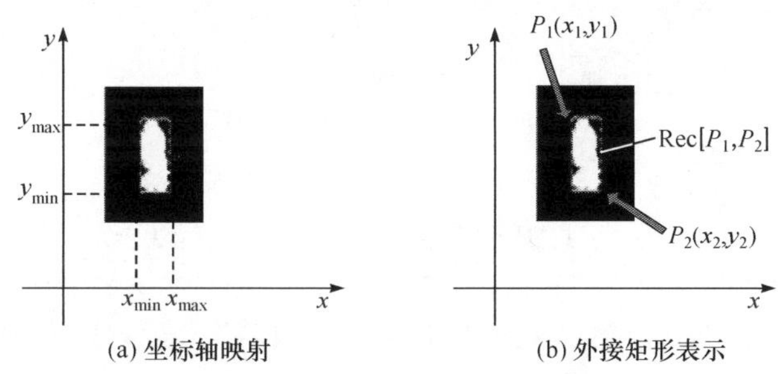

(a) 坐标轴映射　　(b) 外接矩形表示

图 7.2　运动目标外接矩形表示

### 7.1.2　运动目标特征提取

1. 运动目标质心

质心即运动目标质量分布的中心,与其他特征相比,质心的特点是在运动目标发生形变或受外界噪声影响时不会产生较大幅度的偏移,因此在运动目标的行为分析中应用了质心的特征,主要包括位移和速度。由 7.1.1 节可知,运动目标可由其最小外接矩形框 Rec$[P_1, P_2]$来表示,假设运动目标的最小外接矩形所代表的区域为 $S$,则运动目标质心 $C(x_c, y_c)$计算公式为

$$x_c = \frac{\sum_{(x,y)\in S} x f(x,y)}{\sum_{(x,y)\in S} f(x,y)} \tag{7.1}$$

$$y_c = \frac{\sum_{(x,y)\in S} y f(x,y)}{\sum_{(x,y)\in S} f(x,y)} \tag{7.2}$$

式中,$f(x,y)$表示运动目标最小外接矩形区域内像素点的灰度值。

2. 运动目标外接矩形宽高比

由 7.1.1 节可知，运动目标外接矩形为 Rec[$P_1$，$P_2$]，其中 $P_1(x_{\min},y_{\max})$，$P_2(x_{\max},y_{\min})$，则外接矩形宽高比可以表示为

$$Q=\frac{y_{\max}-y_{\min}}{x_{\max}-x_{\min}} \tag{7.3}$$

另外，也可以利用两帧 $Q_n$ 和 $Q_{n-1}$ 之间宽高比的变化率 $K$ 来分析运动目标行为，即

$$K=\frac{|Q_n-Q_{n-1}|}{Q_n} \tag{7.4}$$

3. 运动目标轨迹

运动目标轨迹是其运动行为的具体表现，轨迹分析也是基于特征的异常行为分析的常用方法之一。目标的运动轨迹是该目标在视频场景中运动位置点的序列集合，是一条有向的曲线，它准确地反映了运动目标的运动线路，能够为行为分析提供依据。运动目标在连续视频图像序列中的轨迹表示为

$$L=\{(x_{c1},y_{c1}),(x_{c2},y_{c2}),\cdots,(x_{cn},y_{cn})\} \tag{7.5}$$

式中，$(x_{c1},y_{c1}),(x_{c2},y_{c2}),\cdots,(x_{cn},y_{cn})$为运动目标在视频图像序列中的质心位置。图 7.3 显示了运动目标的运动轨迹，视频来源于 PETS 视频测试集。

(a) 第123帧

(b) 第185帧

图 7.3　运动目标轨迹示意图

## 7.2　运动目标异常行为检测技术

根据提取运动目标的最小外接矩形、质心、运动轨迹等信息，进一步研究运动目标的越线、穿越虚拟墙、逆向运动、加速奔跑、跌倒、徘徊等异常行为的判别方法。

### 7.2.1　目标越线和进入虚拟墙检测

1. 目标越线

在智能视频监控领域，运动目标越线检测主要用于判断运动目标是否穿越警戒线，或者对越线的目标进行计数统计。

1）警戒线设定

运动目标越线的定义如图7.4所示，在视频区域 $OABC$ 中可以任意设定一条虚拟直线 $L$，当目标在虚拟线的一侧运动时，目标从 $p_1$ 运动到 $p_2$，判定目标未越线；当目标从虚拟线的一侧运动到另一侧时，目标从 $p_1$ 运动到 $p_3$，判定目标越线。

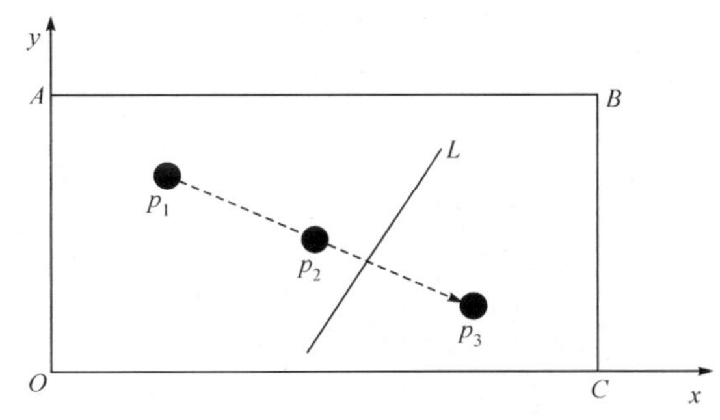


图7.4　目标越线检测

2）计算目标位置信息

通过建立坐标系计算直线方程判断目标位置，建立如图7.4所示的直角坐标系，以 $O$ 为原点，$OC$ 为 $x$ 轴，$OA$ 为 $y$ 轴。设定的虚拟线端点坐标假设分别为 $(x_1, y_1)$ 和 $(x_2, y_2)$，则虚拟线 $L$ 的方程可表示为

$$(y_2-y_1)(x-x_1)-(x_2-x_1)(y-y_1)=0 \tag{7.6}$$

假设目标所在位置坐标为 $(x_0, y_0)$，通过式(7.7)可以判断出目标点与虚拟线 $L$ 的位置关系 LinePos。LinePos＝－1 表示目标在虚拟线的左侧；LinePos＝0 表示目标在虚拟线上；LinePos＝1 表示目标在虚拟线的右侧。

$$\text{LinePos}=\begin{cases}-1, & (y_2-y_1)(x_0-x_1)-(x_2-x_1)(y-y_1)<0\\ 0, & (y_2-y_1)(x_0-x_1)-(x_2-x_1)(y-y_1)=0\\ 1, & (y_2-y_1)(x_0-x_1)-(x_2-x_1)(y-y_1)>0\end{cases} \tag{7.7}$$

3）判断目标是否越线

在目标跟踪过程中，通过式(7.7)对每帧中的目标与警戒线 $L$ 的位置关系进行判断，目标进入监测区域的初始位置信息表示为 LinePos1，后续目标位置信息表示为 LinePos2，通过式(7.8)判断运动目标是否穿越警戒线。若目标未越线则目标的两次位置信息相同，LineStatus=1；若目标触线，则 LineStatus=0；若目标越线则目标的两次位置信息不同，LineStatus=−1。

$$\text{LineStatus}=\begin{cases}-1, & \text{LinePos1}\cdot\text{LinePos2}<0\\ 0, & \text{LinePos1}\cdot\text{LinePos2}=0\\ 1, & \text{LinePos1}\cdot\text{LinePos2}>0\end{cases} \tag{7.8}$$

形象化的运动目标越线示意图如图 7.5 所示。当视频区域出现运动目标时，对运动目标进行跟踪；当运动目标触线时，改变目标跟踪窗口的颜色以示警告；当运动目标越过警戒线时，恢复跟踪窗口颜色；另外可以对触线的目标进行计数。

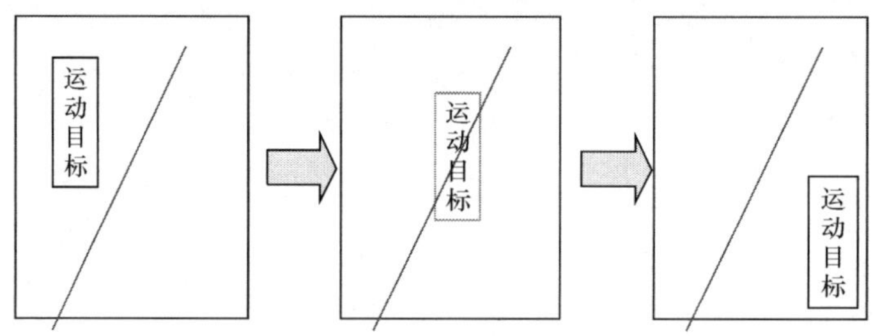


图 7.5　运动目标越线示意图

2. 虚拟墙检测技术

在智能视频监控领域，目标进入虚拟墙检测主要是为了检测或统计区域中运动目标数量，进行区域警戒或者区域目标密度统计。虚拟墙检测主要步骤是设定虚拟墙区域和判断目标位置，虚拟墙的形状分为规则的矩形区域和不规则的多边形区域。

1）设定虚拟墙区域

虚拟墙检测的核心问题是判断目标与虚拟墙的位置信息。如图 7.6 所示，以规则矩形区域为例，在检测区域 $OABC$ 中设定虚拟墙 $DEFG$，当目标出现在 $p_1$ 位置时，判定目标位于虚拟墙外，进行区域统计时不计数；当目标运动到 $p_2$ 位置时，判定目标位于虚拟墙内部，进行区域统计时并计数。

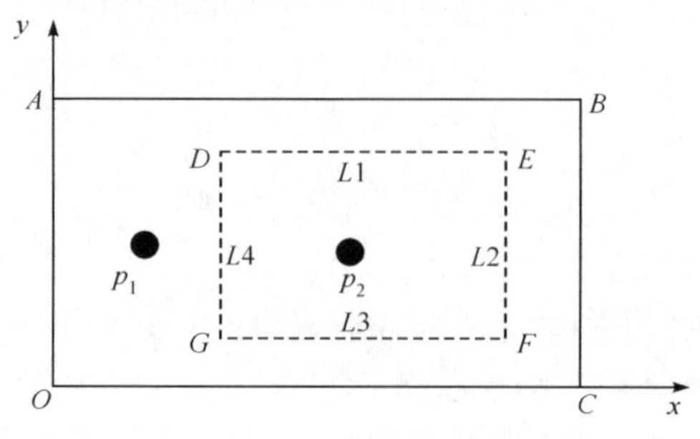


图 7.6　虚拟墙检测

2）判断目标位置

建立如图 7.6 所示的直角坐标系，通过虚拟墙的四个顶点坐标，根据式(7.6)计算虚拟墙四条边 $L1$、$L2$、$L3$、$L4$ 的直线方程，通过计算目标点与四条边的位置关系判断目标点与虚拟墙的位置关系，目标点与四条边的位置关系分别表示为 LP1、LP2、LP3、LP4，通过式(7.8)判断目标与虚拟墙的位置关系，若目标点位于 $L1$ 下面、$L2$ 左面、$L3$ 上面、$L4$ 右面，则判定目标位于虚拟墙内，AreaStatus＝1；当目标点位于任一条边上时，判定目标位于虚拟墙边界上，AreaStatus＝0；其他情况表示目标位于虚拟墙外，此时

$$\text{LineStatus}=\begin{cases}-1, & \text{其他}\\ 0, & \text{LP1}>0\&\&\text{LP2}<0\&\&\text{LP3}<0\&\&\text{LP4}>0\\ 1, & \text{LP1}=0\,||\,\text{LP2}=0\,||\,\text{LP3}=0\,||\,\text{LP4}=0\end{cases}\tag{7.9}$$

3）运动目标进入矩形区域虚拟墙

形象化的运动目标进入矩形虚拟墙示意图如图 7.7 所示。当运动目标接触到虚拟墙的边界时，改变跟踪窗口的颜色以示警告，直至运动目标离开虚拟墙区域。

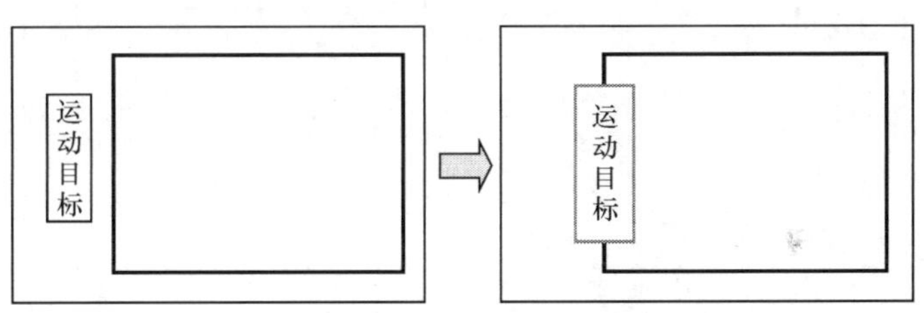


图 7.7　运动目标进入矩形虚拟墙示意图

4）运动目标进入不规则区域虚拟墙

运动目标进入不规则多边形的虚拟墙检测方法主要是通过判断运动目标矩形标记框的 4 个顶点中至少有 1 个点位于不规则警戒区域内，来说明运动目标进入了警戒区域，此时将问题转化为判断一个点是否在多边形中。

判断点 $P$ 是否在多边形内的方法是：以 $P$ 为端点，向左方作水平射线 $L$，这时 $P$ 点可以看做是一个移动的点，让 $P$ 点从多边形之外向多边形之内移动，可以看出，当 $P$ 点与多边形第一次相交时认定为 $P$ 点进入多边形，第二次相交时则认定 $P$ 点离开多边形。也可以将其理解为该射线与多边形的交点问题，可以看出，当 $L$ 和多边形的交点个数为奇数时，$P$ 点在多边形内，为偶数时，$P$ 点在多边形外，但有些特殊情况需要考虑，如图 7.8 所示。

图 7.8(a)：射线 $L$ 和多边形的顶点相交，此时交点个数只能算作 1；

图 7.8(b)：射线 $L$ 和多边形的凹顶点相交，此时的交点不作计算；

图 7.8(c)：射线 $L$ 和多边形的 1 条边重合，此时该边忽略不计。

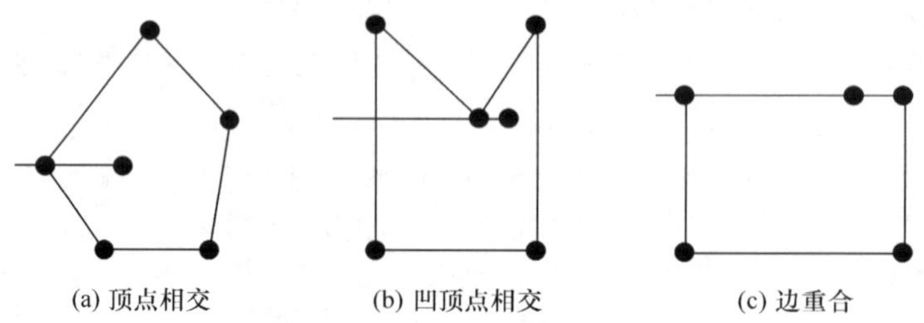


图 7.8 不规则区域虚拟墙检测的特殊情况

目标进入不规则区域虚拟墙的检测如图 7.9 所示。若运动目标接触到不规则多边形,则改变跟踪窗口颜色以示警告,直至离开。

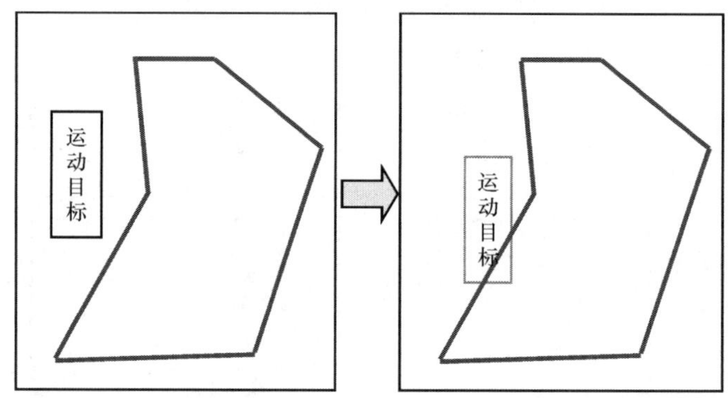


图 7.9 运动目标进入不规则区域虚拟墙

下面考虑射线 $L$ 与多边形相交于顶点的情况,如图 7.8 所示。若该点在其相应的边上是纵坐标较大的点,则对其计数;若该点在其所在边上的纵坐标是最小的,则不对其计数;对 $P$ 点位于多边形边上的情况这里不做过多考虑,仅判定 $P$ 点属于该多边形,算法实现步骤如下:

以 P 为端点,做从右向左的射线 L;

```
COUNT= 0;
for 多边形的边
{
    if s 不是水平的 && P 的横坐标大于 s 的任意一个横坐标值 && P 的纵坐标在 s 的两
        个纵坐标值之间
    {
        if P 在边 s 上
            return true;
        else if s 的一个端点 S0 在 L 上
            if S0 是 s 两端点中纵坐标较大的端点
```

```
            COUNT++;
        else if s 和 L 相交
            COUNT++;
    }
}
```

### 7.2.2　逆向运动和加速运动检测

1. 加速设计

每隔 3 帧取一个运动目标的位置坐标值，依次取 5 个，每次取得位置坐标后，依次更新系统的 5 组位置坐标值，并计算出运动目标当前的速度，进而判断运动目标是否加速，若运动目标大于加速阈值，则表明运动目标正在加速，改变其标记窗口颜色以示警告，如图 7.10 所示。

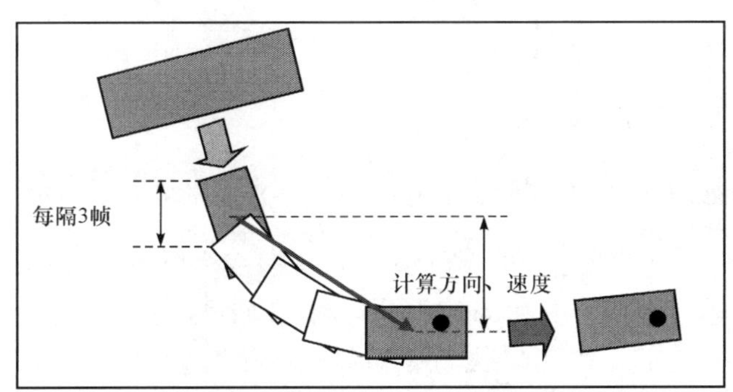


图 7.10　目标加速判断示意图

2. 逆向行驶设计

在判断运动目标进入警戒线之后，对其运动的方向进行判断，当运动目标的运动方向和设定的正方向相反时，判断运动目标的运动行为发生异常，视为逆向，系统发生报警[3]。本书将运动目标运动方向的方向向量和设定的正方向方向向量之间的夹角作为研究对象。

首先，通过鼠标设定运动的正方向，即在视频帧所在的坐标系内，选取起点 $S(x_s, y_s)$ 和终点 $E(x_e, y_e)$，作为正方向的方向向量

$$\mathbf{SE}=(x_e-x_s, y_e-y_s) \tag{7.10}$$

在跟踪过程中，以目标的标识框中心点 $H(x,y)$ 作为跟踪对象，每 3 帧记录一次中心点的坐标，每组记录 5 次。假设中心点的当前坐标为 $(x_n, y_n)$，第一次记录的坐标为 $(x_{n+3}, y_{n+3})$，第二次记录的坐标为 $(x_{n+3\times2}, y_{n+3\times2})$，以此得到第 5 次记录的坐

标为$(x_{n+3\times5}, y_{n+3\times5})$，此时即可计算出当前运动目标的运动方向，用向量表示为

$$\boldsymbol{M}=(x_{n+3\times5}-x_n, y_{n+3\times5}-y_n) \tag{7.11}$$

假设，当运动目标运动方向向量和设定的正方向方向向量之间夹角大于 90°时，判定为运动目标异常，否则，判定为正常运动，如图 7.11 所示。

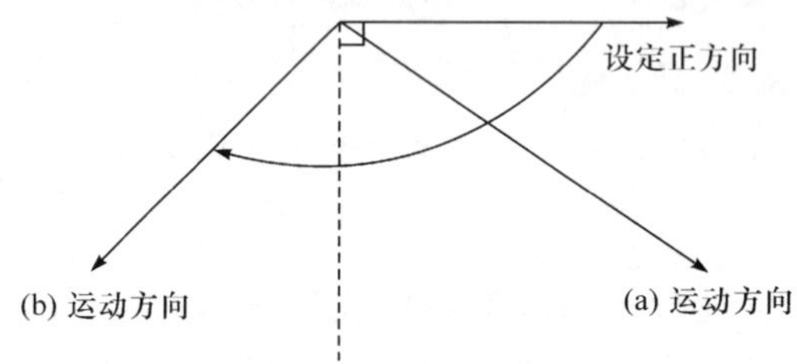


图 7.11　运动目标逆向判断

**SE** 和 $\boldsymbol{M}$ 之间的夹角满足

$$\theta(\mathbf{SE},\boldsymbol{M})=\arccos\left(\frac{\mathbf{SE}\cdot\boldsymbol{M}}{|\mathbf{SE}|\ |\boldsymbol{M}|}\right) \tag{7.12}$$

式中，$\theta(\mathbf{SE},\boldsymbol{M})>90°$为逆向，否则为正向。

### 7.2.3　运动目标跌倒和蹲下行为检测

运动目标跌倒的特点是身体突然由直立状态变为卧倒，并且会保持很长一段时间的卧倒状态，因此质心高度的变化是判断运动目标是否跌倒的一个重要特征。另外，最小外接矩形的宽高比反映了运动目标的姿势信息，可以作为辅助判断依据。人的正常行为都具有一定的规律可循，对视频中人的正常行为(如行走或者慢跑)特征值 $S$ 进行分布统计会出现如图 7.12 所示的类似三角函数的变化规律，由于主要特征值分布在一个特定的范围内，因此通过设定一个特征值的范围来对目标的行为进行判断，考虑到人的一个连续动作一般由数十帧组成，对连续出现若干帧的异常行为进行报警。

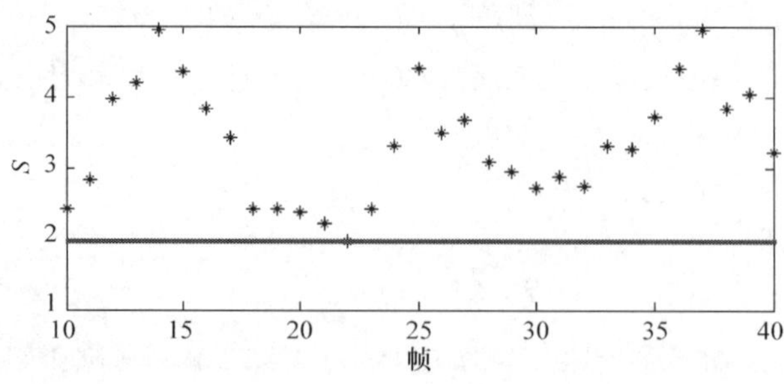


图 7.12　正常行人特征值分布

图 7.13 和图 7.14 分别为行人跌倒、蹲下这两种异常情况下的特征值分布。从图 7.12 中可以看出，正常行为的特征值分布在 2～5，而跌倒、蹲下、伸开双臂三种情况下的特征值均位于 2 以下，因此在设计行人异常行为检测时，将特征值超出 2～5 范围之外连续 5 个采样点的行为视为异常行为。从图 7.13 和图 7.14 中可以直观地看出，异常行为的特征值分布均位于横线以下。

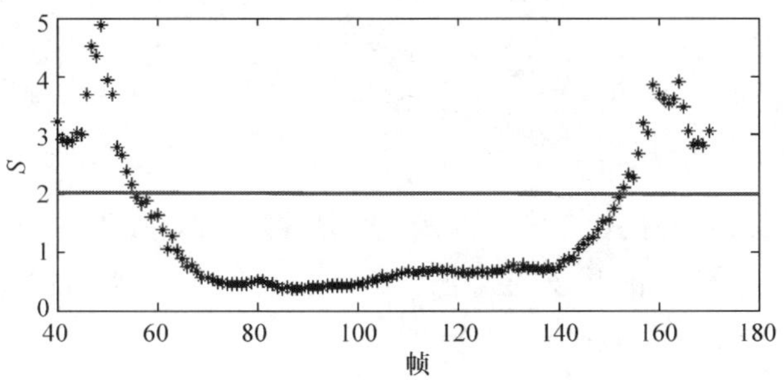


图 7.13　异常情况(跌倒)特征值分布

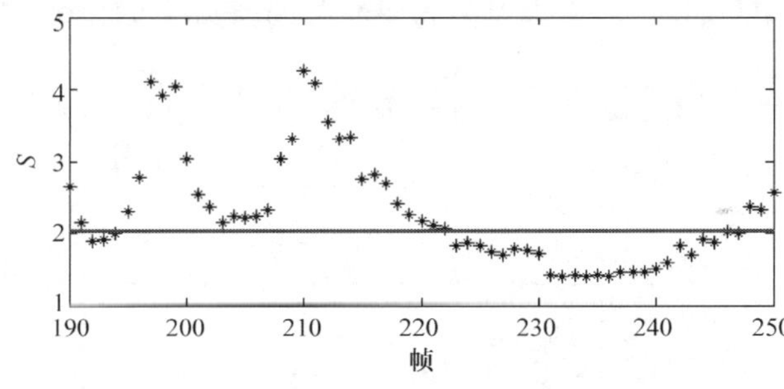


图 7.14　异常情况(蹲下)特征值分布

同时，和运动目标加速、逆向行驶一样，由于考虑到特征值在每帧中的变化极小，因此每隔 5 帧取一次特征值 $S$。

具体判断标准如下：

(1) 每隔 5 帧取一次运动目标的特征值 $Q$，然后通过对比预先已设定的阈值 $T$ 来对运动目标的行为进行判断，若 $Q$ 超过了已设定范围(即 $M_1$ 为 1)，则说明可能发生了跌倒行为。

$$M_1=\begin{cases}1, & Q\leqslant T_1\\ 0, & Q>T_1\end{cases} \tag{7.13}$$

(2) 运动目标质心差值是指第 $K$ 帧质心高度与该帧之前 $m$ 帧内的质心高度均值之间的差值。本书采用运动目标质心差值的分布 $\alpha$ 来判断运动目标的状态。当运动目标正常行走时，质心分布差值 $\alpha$ 会在小范围内变化，当跌倒时，质心会在瞬间发生突变，导致 $\alpha$ 突然增大。

$$\alpha = \left| \frac{\sum_{i=1}^{n} y_{ci}}{n - y_{cn}} \right| \tag{7.14}$$

$$M_2 = \begin{cases} 0, & \alpha \leqslant T_2 \\ 1, & \alpha > T_2 \end{cases} \tag{7.15}$$

式中，$y_{cn}$ 表示运动目标的第 $n$ 个质心纵坐标；$(\sum_{i=1}^{n} y_{ci})/n$ 表示前 $n$ 个质心纵坐标的平均值。

综合条件式(7.14)和式(7.15)可知，当 $M_1M_2=1$ 且持续 $\Delta t$ 时，这时可判定发生了跌倒行为，标记该目标并发出警告。蹲下行为判别方法与跌倒行为大致相同，只是在判别阈值的选取上有所不同。

### 7.2.4 运动目标伸开双臂检测

图 7.15 所示的分布为行人伸开双臂这种异常情况下的特征值分布。

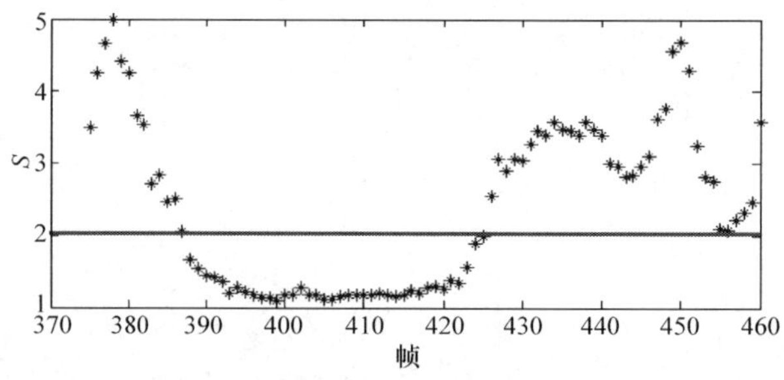


图 7.15 异常情况(伸开双臂)特征值分布

通过对比预先已设定的特征值 $\Delta S$ 的大小范围，来对人的行为进行判断，若人当前的特征值 $S$ 超过了已设定的特征值 $\Delta S$ 的大小范围，则说明人发生了异常行为，从而对其改变标记窗口颜色以示警告。

## 7.3 运动目标徘徊检测技术

目标徘徊行为检测是智能视频监控系统的重要组成部分，它以运动目标检测、跟踪为基础，属于高层的计算机视觉处理。目前应用于目标徘徊的检测方法有很多种，文献[4]通过二维马尔可夫随机游走模型，获取轨迹内容的时空信息跃迁矩阵，提取其平稳分布和边界穿越可能概率作为徘徊判断的准则。文献[5]提出一种基于目标总移动距离和滞留时间的徘徊检测方法，目标移动的距离和滞留时间之和超过预设值即被判定为徘徊行为，但是对于残障、老人等行动缓慢的人群会出现误检。目标徘徊检测是一种复杂的行为模式，表现为目标在某一区域内来回反复运动。基本的徘徊检测方法是根据目标运动信息，在预先设定的防区内，通过目标的滞留时间、运动距离、运动方向等信息来对目标徘徊行为进行判定。在参考这些算法的基础上，本书提出一种轨迹网格化分析方法判定目标徘徊行为并跟踪报警。该方法提高了对徘徊行为的检测分析能力，具有较高的准确性，可以作为实时监控系统中徘徊行为检测的有效方法[6]。

### 7.3.1　运动目标徘徊轨迹检测

目前常见的运动目标徘徊轨迹检测方法有如下三种。

1. 闭合型曲线和螺旋形曲线轨迹

(1) 目标运动路线为闭合曲线[7]（图 7.16），路线起始点为$(x_0, y_0)$，路线终点为$(x_n, y_n)$，则经过点$(x_0, y_0)$，$(x_1, y_1)$到$(x_n, y_n)$的识别过程如下：

设点$(x_m, y_m)$为目标当前所在位置，然后确定点$(x_{m-1}, y_{m-1})$和点$(x_m, y_m)$间的线段与点$(x_0, y_0)$和点$(x_1, y_1)$间的线段，点$(x_1, y_1)$和点$(x_2, y_2)$间的线段，…，点$(x_{m-3}, y_{m-3})$和点$(x_{m-2}, y_{m-2})$间的线段，判断它们所在的直线是否存在交点，且交点是否在线段上。若该条件成立，则说明两条线段出现交叉的情况：若点$(x_m, y_m)$和点$(x_{m-1}, y_{m-1})$之间的线段与之前路径上的线段[除点$(x_{m-2}, y_{m-2})$和点$(x_{m-1}, y_{m-1})$之间的线段]存在交叉点，则判定运动目标轨迹为闭合曲线，否则，令$m=m+1$，并转至下一个运动点。

(2) 目标运动路线为螺旋形曲线[7]（图 7.17），路线的起点为$(x_0, y_0)$，路线终点为$(x_n, y_n)$，经过点$(x_0, y_0)$，$(x_1, y_1)$到$(x_n, y_n)$的识别过程如下：

如果点$(x_m, y_m)$为目标当前所在位置，运动轨迹的中心点用$(X, Y)$表示，通过式(7.16)和式(7.17)计算。

$$X=\frac{x_0+x_1+\cdots+x_m}{m+1} \tag{7.16}$$

$$Y=\frac{y_0+y_1+\cdots+y_m}{m+1} \tag{7.17}$$

轨迹平面由象限坐标轴分成四个区域，根据目标运动轨迹上点和中心点的坐标值大小和正负，判断每个轨迹点属于哪个区域。设定一个阈值，若每个区域内的轨迹点数总和均大于该阈值，则判定当前运动目标正在围绕某个点运动，其运动轨迹曲线为螺旋形曲线。否则令$m=m+1$，并转至下一个运动点。

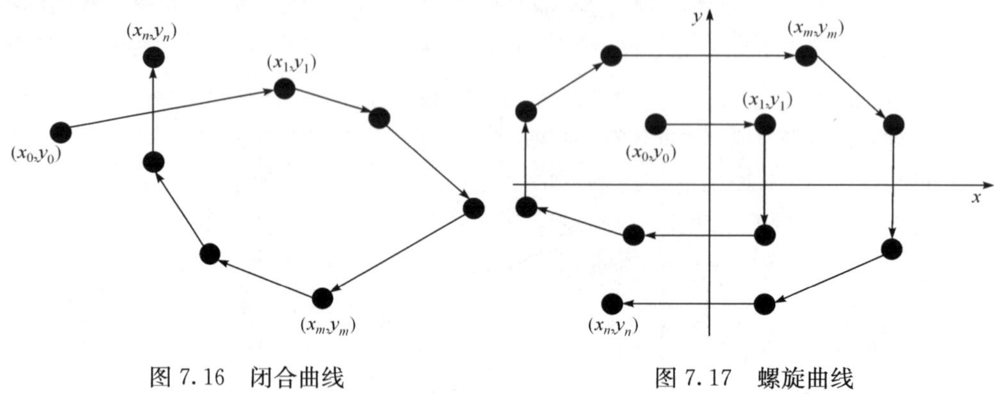


图 7.16　闭合曲线　　　　图 7.17　螺旋曲线

2. 基于子轨迹描述

通过子轨迹对目标的局部运动行为进行抽象[8]，提取轨迹片段中空间位置信息和时间序列信息。取长度为 $l$ 的轨迹 $T$，采用相等间隔为 $\lambda$ 的滑动窗口，将轨迹的流矢量序列 $F$ 截取为一系列长度为 $\xi(\lambda\leqslant\xi)$ 的子序列，子序列得到的轨迹片段就是轨迹 $T$ 的子轨迹。基本原理如图 7.18 所示，该轨迹的子轨迹的集合 $S$ 描述为

$$S=\{s_1,s_2,\cdots,s_i,\cdots,s_n\},\quad s=\{f_{i\lambda-\lambda+1},f_{i\lambda-\lambda+2},\cdots,f_{i\lambda-\lambda+\xi}\} \tag{7.18}$$

式中，$n=\lceil(l-\xi+1)/\lambda\rceil$。

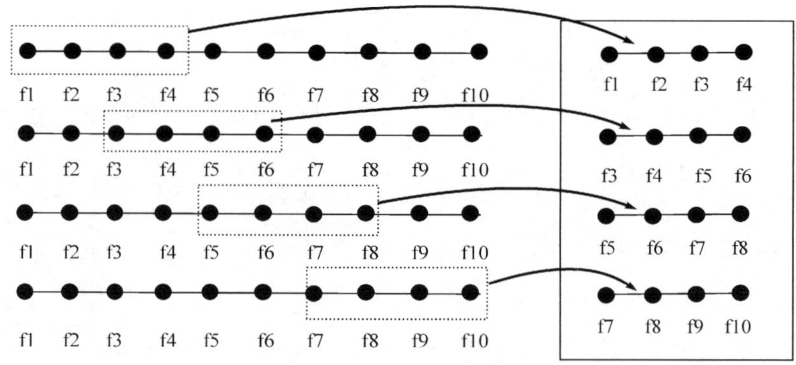


图 7.18　子轨迹提取示例

子轨迹是运动轨迹中的连续子序列，通过轨迹片段的时间序列信息和空间位置信息反映目标的局部运动行为。但该算法需要经过轨迹样本训练得到子轨迹的分布模式，通过子轨迹分布模式重新描述轨迹，提取轨迹特征，所以该算法时间和空间复杂度较高。

### 3. 分段上下文编辑距离算法

文献[9]提出一种从实序列编辑距离(edit distance on real sequence,EDR)和实补偿编辑距离(edit distance with real penalty,ERP)方法中衍生和改进出来的新的度量运动目标轨迹相似度算法,分段上下文编辑距离(sectional contextual edit distance,SCED)算法。

(1) 定义段的结构体。段落信息{起始点的坐标,结束点的坐标,方向,速度,段与段之间的信息{方向变化,速度变化}}。

(2) 由前两个坐标初始化第一段,记录当前段的起始点、速度和方向等信息。

(3) 将指针指向下一个坐标 $S_n$,直到指针到达轨迹末端,分段操作结束。检查 $S_n$ 与 $S_{n-1}$之间的信息关联性,若前进的速度和方向与当前段的记录值相似,则继续保持匀速直线运动。若当前段的长度未达到此段的最大长度,则继续执行第(3)图;否则,转向下一步。

(4) 结束当前段。采用新段的速度、方向等变化信息初始化 $S_n$ 与 $S_{n-1}$,最后转向第(3)步。

$$\mathrm{SCED}(R,S)=\begin{cases}\sum_{i=1}^{n}\mathrm{insert\_cost}(s_i), & m=0\\ \sum_{i=1}^{m}\mathrm{delete\_cost}(r_i,\varnothing), & n=0\\ \min\{\mathrm{SCED}(\mathrm{Rest}(R),\mathrm{Rest}(S))+\mathrm{substitue\_cost}(r_m,s_n), & \\ \mathrm{SCED}(\mathrm{Rest}(R),S+\mathrm{delete\_cost}(r_m,s_n)), & \text{其他}\\ \mathrm{SCED}(R,\mathrm{Rest}(S))+\mathrm{insert\_cost}(s_n)\} & \end{cases} \tag{7.19}$$

式中,$R$ 和 $S$ 表示运动轨迹的数据;$m$ 和 $n$ 表示轨迹数据元素的长度;Rest($R$)表示 $r[1\cdots m-1]$;Rest($S$)表示 $s[1\cdots n-1]$。最终该算法的距离计算式定义为

$$\mathrm{SCED}_{\mathrm{sym}}=(\mathrm{SCED}(R),\mathrm{SCED}(S)) \tag{7.20}$$

该算法采用目标在运动过程中所处不同阶段速度、位置和方向等信息表示运动特征,计算长度不同的轨迹间的距离。该算法中的距离定义,不仅用来计算运动轨迹之间的距离,还可以应用在类似的序列距离度量上。

## 7.3.2 运动目标轨迹的网格化分析

针对目标徘徊检测采用基于轨迹网格化的检测方法来实现,通过跟踪行人得到目标的轨迹,并对行人轨迹进行网格化处理,根据轨迹在网格中的分布情况分析轨迹形状,从而判断运动目标是否具有徘徊行为。本书只关注目标的运动轨迹,而

不关注运动距离、速度等信息，因此可以避免对行动缓慢人群的误检。

1. 目标轨迹网格化

轨迹提取建立在准确的跟踪基础上，将提取的目标轨迹图像网格化，即用 $b\times b$ 大小的网格分割目标轨迹，如图 7.19 所示。网格的大小会影响系统有效方格统计量的结果，$b$ 值的确定需要根据运动目标在具体监控视频中的大小进行合理设置，本书根据实验选择 $b=30$。网格以图像坐标的形式表示，每一个方格用坐标 $(u,v)$ 标记，将轨迹上的点 $(x,y)$ 映射到方格的转换式为

$$\begin{cases}u=\lceil x/b \rceil\\ v=\lceil y/b \rceil\end{cases} \tag{7.21}$$

若图像大小为 $m\times n$，则方格数量为 $\lceil m/b \rceil$ 行、$\lceil n/b \rceil$ 列，记为 $p\times q$。运动轨迹曲线被网格分割成大量的小曲线段，通过对这些小曲线段在整幅图像中的数量和分布判定目标徘徊行为。

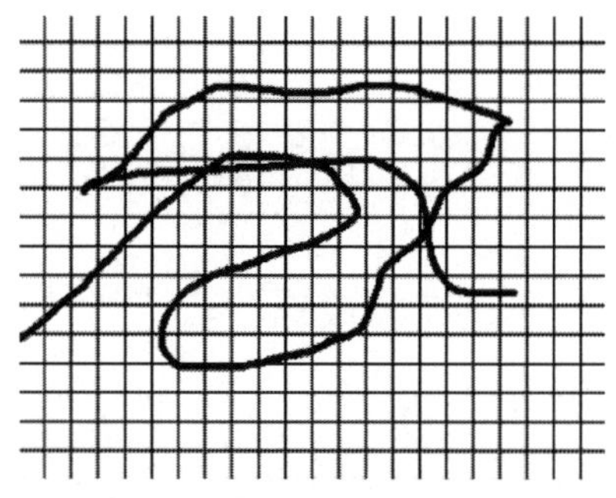

图 7.19　目标轨迹网格化

2. 统计量定义

为方便分析和检测徘徊轨迹，首先定义几个统计量：

(1) 计数变量 $n_{(u,v)}$，轨迹落入某一方格的次数。初始值为 0，轨迹每落在方格里一次，对应的计数变量加 1。该变量体现了轨迹的重叠程度，若轨迹有交点或非常密集，该变量的数值大于 1。

(2) 有效方格数量 $n_{(有效)}$，计数变量大于 0 的方格称为有效方格。初始为 0，当有效方格计数变量由 0 变为 1 时，有效方格数量加 1。该变量体现轨迹占整个监控区域的比例。

(3) 有效方格中计数变量大于 2 的方格数量 $n_{(>2)}$。该变量强调重叠程度较高轨迹情况，确定目标可疑徘徊区域。

(4) 轨迹的中心 $O(\bar{u},\bar{v})$，分别计算有效方格 $u$ 和 $v$ 的均值 $\bar{u}$ 和 $\bar{v}$，如式(7.22)所示，该变量可以确定轨迹在视频中的大概位置。

$$\begin{cases} \bar{u}=\dfrac{\sum u}{n}, \\ \bar{v}=\dfrac{\sum v}{n}, \end{cases} \quad n_{(u,v)}\neq 0 \tag{7.22}$$

(5) 轨迹的近似面积 $S$，由于轨迹覆盖的区域不是规则图形，因此采用下面的方法计算近似面积。首先逐行扫描有效方格，计算每一行最大 $u$ 和最小 $u$ 的差再加 1，对所有行的结果求和。然后再按列进行上面的计算。最后求两次结果的均值作为近似面积 $S$，该变量可以估计轨迹整体在视频中的大小。

(6) 中心 $O(\bar{u},\bar{v})$附近 5×5 区域内非有效方格的数量 $\tilde{n}$，该变量用于精确判断轨迹的形状。

(7) 计数变量总数 $n_{\text{sum}}$和所有计数变量的和，其本质是轨迹的长度。

### 7.3.3　正常行为轨迹分析

假定在监控范围内不会出现障碍物，一般正常的目标轨迹应是一条斜率变化较稳定的，贯穿防区的曲线，分布在网格图中相对狭长的区域，这条近似直线的轨迹所形成的有效方格数 $n$ 应小于对角顶点方格的城区距离，即 $n<p+q$，如图 7.20(a)所示。还有一些原路返回和大角度拐弯轨迹，它们形状简单，在网格图中形成的有效方格数和计数变量总数都相对较小，可以视为正常目标轨迹，如图 7.20(b)和 7.20(c)所示。

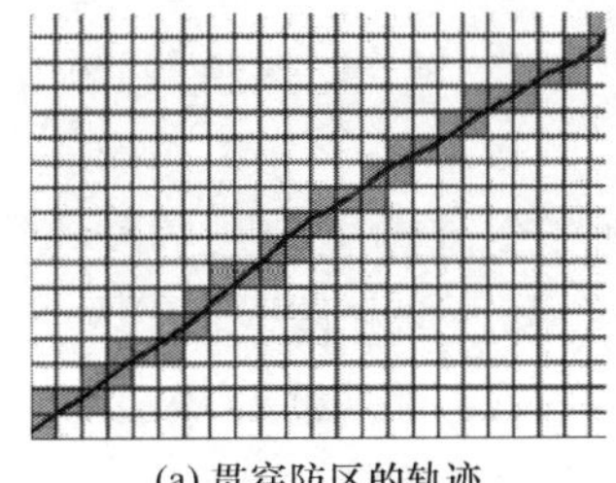
(a) 贯穿防区的轨迹

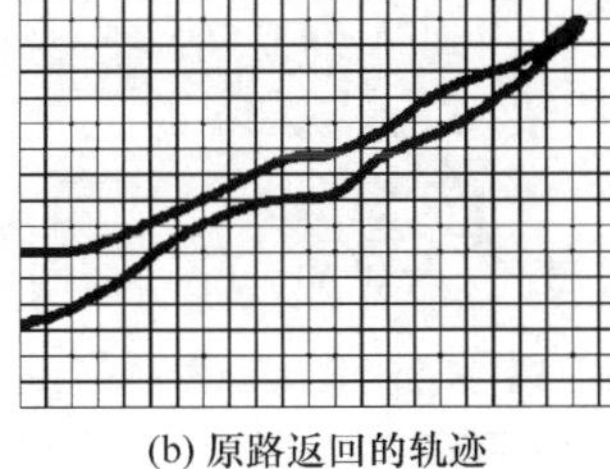
(b) 原路返回的轨迹

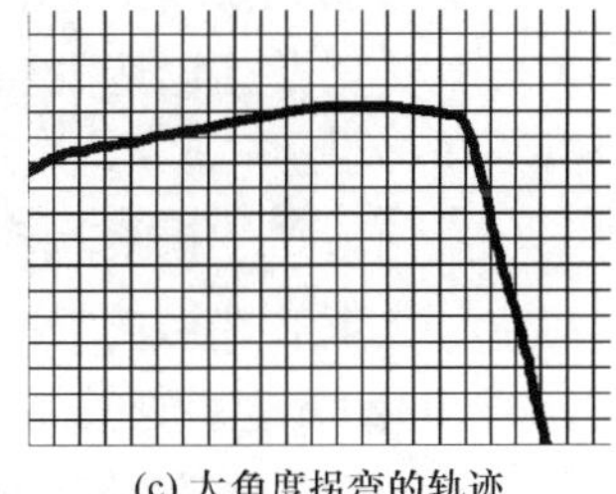
(c) 大角度拐弯的轨迹

图 7.20　目标正常运动轨迹

### 7.3.4 徘徊行为轨迹分析

根据日常行为分析，当运动目标行为属于徘徊时，它在一定范围内的轨迹长度会明显高于正常情况，因此，根据轨迹在网格图中的分布情况来检测徘徊行为。图 7.21 为四种典型的徘徊行为轨迹。

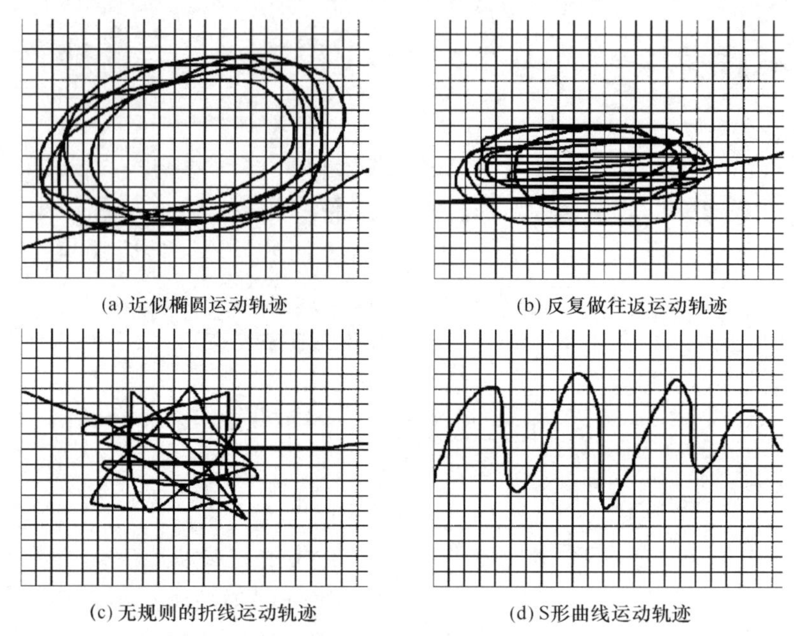


图 7.21　四种典型的徘徊行为轨迹

(1) 近似椭圆运动轨迹。如图 7.21(a)所示，目标徘徊轨迹的重合度很高，因此有效方格的计数变量 $n_{(u,v)}$ 和 $n_{(>2)}$ 相对较大。由于轨迹围成的区域中包含大量的非有效方格，因此 $S$ 大于 $n_{(\text{有效})}$，$\tilde{n}$ 相对较大。

(2) 反复做往返运动轨迹。如图 7.21(b)所示，$n_{(\text{有效})}$ 不大，有效方格的计数变量 $n_{(u,v)}$ 较大，$S$ 与 $n_{(\text{有效})}$ 基本一致，$\tilde{n}$ 较小。

(3) 无规则的折线运动轨迹。如图 7.21(c)所示，轨迹会有有限数量的交点。$n_{(\text{有效})}$ 较大，有效方格的计数变量 $n_{(u,v)}$ 普遍较小，$S$ 大于 $n_{(\text{有效})}$。但是随着时间的增长，重合的部分也就越来越多，在网格中的表现会逐渐向往返运动靠近。

(4) S 形曲线运动轨迹。如图 7.21(d)所示，轨迹没有交点，$S$ 大于 $n_{(\text{有效})}$，$n_{(\text{有效})}$ 较小，有效方格的计数变量 $n_{(u,v)}$ 多为 1。

### 7.3.5 徘徊轨迹检测

滞留徘徊行为在语义上是指目标在一定区域内来回反复地运动，因此，目标运动轨迹是振荡的。目标徘徊检测方法采用轨迹网格化分析方法，通过检测跟踪目标而得到目标轨迹，并对目标轨迹进行网格化分析来进行检测。通过对几种典型轨迹的分析，计算出本书定义的统计量之后，通过与下面的条件比较，可以判断轨迹为何种类型的运动。具体算法步骤为：

1) 异常行为判定

前面的分析得出目标贯穿防区的轨迹满足 $n<p+q$，而原路返回和大角度拐弯的轨迹满足 $p+q<n_{\mathrm{sum}}<2(p+q)$。首先判定轨迹是否为异常轨迹，当轨迹满足 $n_{\mathrm{sum}}>2(p+q)$时，认为该轨迹是异常的。

2) 轨迹分类

(1) 前面分析的四种典型徘徊行为的轨迹中，椭圆运动轨迹和往返运动轨迹重合度高，$S$ 形曲线不会有轨迹重合，折线轨迹介于两者之间。通过比较 $n_{(>2)}$ 的大小可以对轨迹简单分类。当 $n_{(>2)}>\frac{p+q}{2}$时，轨迹可能为椭圆或往返运动，当 $n_{(>2)}=0$ 时，轨迹可能为 $S$ 形曲线。其中$\frac{p+q}{2}$为网格长宽的均值。

(2) 对于椭圆轨迹由于其中间部分没有轨迹，可以通过 $\tilde{n}>15$ 且 $S-n_{(\text{有效})}>20$ 判定。相对应的往返轨迹通过 $\tilde{n}<8$ 且 $S-n_{(\text{有效})}<10$ 判定，其中的几个阈值根据实践经验设置，其大小与网格大小有关。当 $n_{sum}-n_{(\text{有效})}=0$ 时，可以确定为 $S$ 形曲线。当上述情况都不满足时，若 $n_{(\text{有效})}>\frac{pq}{4}$时，轨迹被认为是折线轨迹，其中$\frac{pq}{4}$是网格面积的$\frac{1}{4}$。

3) 报警

若轨迹满足上面四种情况，则立刻发出警告。当 $n_{\mathrm{sum}}>300$ 时，目标轨迹在防区中运动距离较大，不管轨迹是何种形状都要发出警告。

目标轨迹的判别如下：

(1) 当 $n_{\mathrm{sum}}-n_{(\text{有效})}>2(p+q)$，($n_{(u,v)}\geqslant 3$ 的方格数)$>\frac{p+q}{2}$，$\tilde{n}>15$ 且 $S-n_{(\text{有效})}>20$ 时，为近似椭圆运动。

(2) 当 $n_{\mathrm{sum}}-n_{(\text{有效})}>2(p+q)$，($n_{(u,v)}\geqslant 3$ 的方格数)$>\frac{p+q}{2}$，$\tilde{n}<8$ 且 $S-n_{(\text{有效})}<10$ 时，为往返运动；

(3) 当 $n_{\mathrm{sum}}>100$，$S>80$ 且 $\tilde{n}<8$ 时，为折线运动。

(4) 当 $n_{\mathrm{sum}}-n<5$，($n_{(u,v)}\geqslant 3$ 的方格数)$=0$ 且$\frac{S}{n}>1.5$ 时，为 $S$ 形曲线运动。

(5) 对于不满足上述情况，若 $n_{\text{sum}}>300$ 的轨迹，则认为运动目标具有徘徊行为。

## 7.4 运动目标行为检测与跟踪实验结果与分析

使用相应视频对所设计的异常行为检测算法进行正确性验证，所用视频均来自于自然条件下采集的视频，其中每帧图像大小为 320×240，帧频为 25 帧/s，实验中粒子数取 100。实验平台：CPU 为 Intel 酷睿 2 双核 T6500 2.1GHz，内存为 2G 的 Lenovo Y460 笔记本。

### 1. 运动目标越线检测

如图 7.22 所示，在视频窗口中，当有目标接触到警戒线时，运动目标标记窗口就会由红色变为白色以示警告。检测窗口中左上方的黄色矩形为系统的过滤窗口，可以自定义调整，用来过滤检测到的非目标前景。

(a) 运动目标未越线

(b) 运动目标越线

图 7.22 运动目标越线检测（见彩图）

### 2. 带有方向的运动目标越线检测

如图 7.23 所示，由于设置了正方向，在视频窗口中当有逆向运动的目标碰到警戒线时，目标标记窗口会改变颜色以示警告，正向运动的目标碰到警戒线的情况标记窗口则不会改变颜色。可以看到检测窗口左上角除了有灰色过滤窗口，还有一条线段即为视频播放之前自定义设定的正方向。

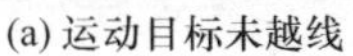

(a) 运动目标未越线

(b) 运动目标越线

图 7.23　带有方向的运动目标越线检测

3. 运动目标进入虚拟墙检测

如图 7.24 所示，当有运动目标进入虚拟墙以及接触到虚拟墙的时候运动目标标记窗口会改变颜色以示警告。

(a) 有运动目标未进入

(b) 有运动目标进入

图 7.24　运动目标进入虚拟墙检测

4. 运动目标伸开双臂检测

如图 7.25 所示，主要针对进入视频区域的行人，当行人的运动情况正常时标记窗口为灰色，若目标的行为发生异常，标记窗口则变为白色以示警告。

(a) 正常运动目标

(b) 异常运动目标(蹲下)

(c) 异常运动目标(伸臂)

图 7.25　人体动作异常行为检测

5. 运动目标加速运动检测

如图 7.26 所示，当视频图像中的运动目标加速运动时，标记目标的窗口会由灰色变为白色以发出警告。

(a) 目标正常运动

(b) 目标准备加速

(c) 目标加速报警

图 7.26　运动目标加速检测

6. 运动目标逆向运动检测

在实验中，首先来确定监控的区域，如图 7.27 所示，在视频场景中划定一个矩形区域，设为固定区域(灰色矩形框)；其次，规定原始正方向，即参照正方向，实验中假设自左向右为正方向，由图 7.27 可以看出，和正方向一致的行人是正常的灰色，当目标自右向左逆向运动时，行人就会产生异常情况，系统及时报警(跟踪目标的最小外接矩形框灰色为正常，白色为报警)，当行人转身时，其运动方向和正方向一致，即显示正常，目标的外界矩形框为灰色。

和图 7.27 相似，图 7.28 中当车辆以正方向行驶进入固定区域时，跟踪矩形框正常(灰色)，若反方向行驶进入固定区域，则发生报警，跟踪矩形框变成白色。

(a) 目标正常运动　　(b) 目标准备加速　　(c) 目标加速报警

图 7.27　行人逆向运动检测

图 7.28　车辆逆向运动检测

7. 人体动作跌倒行为检测

如图 7.29 所示，当运动目标正常运动时以灰色窗口标记，当目标跌倒时标记窗口则变为白色以发出警告。

(a) 目标正常行走　　(b) 目标身体倾斜　　(c) 目标跌倒报警

图 7.29　运动目标跌倒检测

8. 徘徊行为检测

图 7.30 和图 7.31 显示了徘徊行为的检测结果、轨迹和轨迹网格化分布。当

运动目标正常运动时用灰色窗口标记，当目标发生徘徊行为时标记窗口则变为白色以发出警告。

(a) 目标运动场景

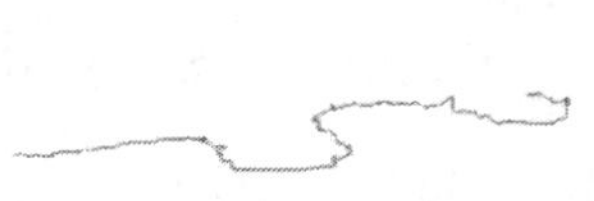

(b) 提取轨迹图

(c) 计数变量分布

图 7.30　近似S形徘徊判定

(a) 目标运动场景

(b) 提取轨迹图

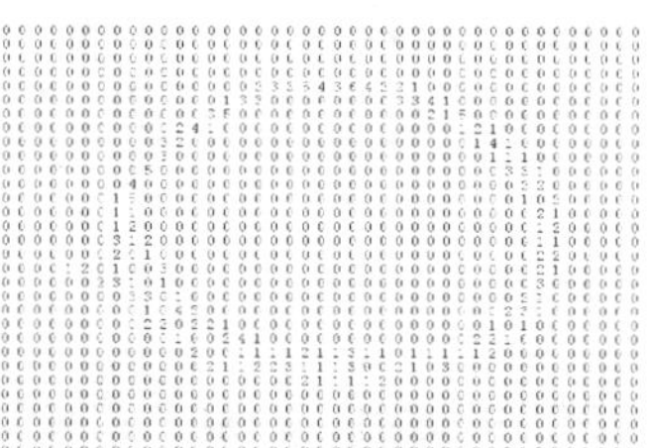

(c) 计数变量分布

图 7.31　近似椭圆徘徊判定

为了进一步的测试异常行为检测算法的性能，本书还统计了加速奔跑，跌倒，徘徊(S形，椭圆)的检测成功率、漏检率和效率，所用实验视频为图 7.26～图 7.31 中的场景。

$$\text{成功率}=\frac{\text{检测成功总帧数}}{\text{检测目标总帧数}} \tag{7.23}$$

$$\text{漏检率}=\frac{\text{检测失败帧数}}{\text{检测目标总帧数}} \tag{7.24}$$

由表 7.1 可以看出，所设计的算法漏检率低、准确率高，充分验证了算法的有效性。另外，平均单帧的处理时间均小于理论值，说明该算法具有很好的实时性。

**表 7.1　各异常行为检测算法性能比较**

| 算法 | 场景 | 视频总帧数 | 出现检测目标总帧数 | 检测成功总帧数 | 成功率/% | 漏检率 | 平均帧处理时间/ms |
|---|---|---|---|---|---|---|---|
| 加速 | 图 7.26 | 1352 | 724 | 703 | 95.16 | 1.23 | 25.40 |
| 逆向 | 图 7.27 | 2453 | 1985 | 1893 | 95.38 | 5.52 | 27.78 |
| 跌倒 | 图 7.29 | 864 | 316 | 301 | 95.42 | 4.58 | 21.05 |
| 徘徊(S) | 图 7.30 | 2198 | 1732 | 1622 | 93.38 | 6.62 | 27.78 |
| 徘徊(椭圆) | 图 7.31 | 2987 | 2263 | 2095 | 92.57 | 7.43 | 29.83 |

# 7.5　异常行为检测系统的设计与实现

## 7.5.1　异常行为检测系统体系结构

异常行为检测系统通过对视频文件或者实时监控画面进行处理，利用外部库的支持对视频中的运动目标进行检测和跟踪，在此基础上对应用层进行开发，对视频中运动目标的行为进行分析[10]，如图 7.32 所示，系统主要由外部支持库、算法开发层、应用层三个部分组成。

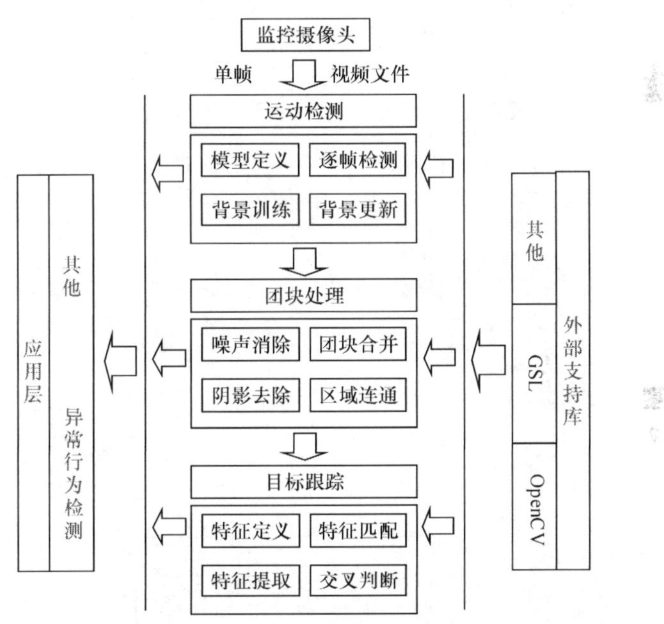


图 7.32　智能视频监控系统体系架构

1）外部支持库

外部支持库包括开源计算机视觉库 OpenCV 和 GSL 数学函数库。GNU 科学计算函数库 GSL(GNU scientific library)是一个强大的 C/C++数值计算函数库，作为 GNU 项目软件的一个部分是自由软件，遵循 GPL 协议，OpenCV 是 Intel 公司开发的一个跨平台的计算机视觉库，提供大量的基础算法。

2）算法开发层

算法开发层包括运动检测、团块处理、目标跟踪三大模块，每一个模块都由若干个小功能组成，此层形成了中间层，向下一层的应用提供开发接口。

3）应用层

应用层根据算法开发层的接口进行视频监控应用开发，包括目标越线、目标进入虚拟墙、目标逆向行驶，目标加速，当然此接口还可扩展到其他异常检测方面。

系统整体算法流程如图 7.33 所示。

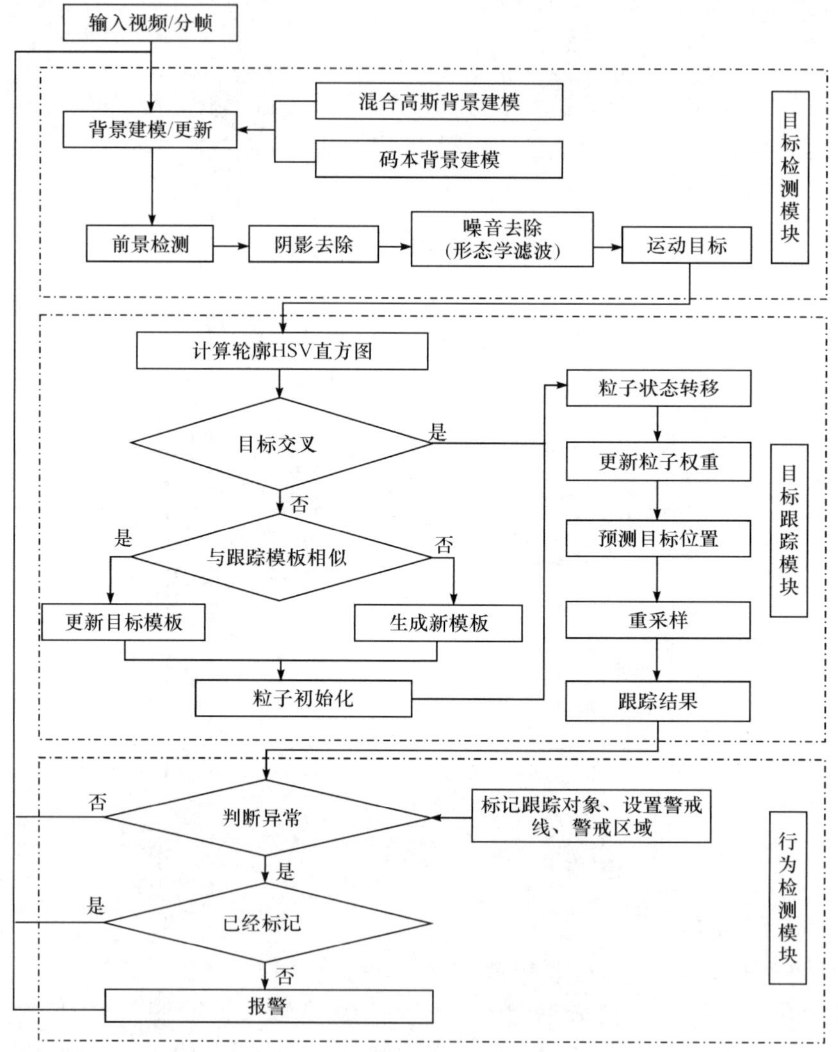


图 7.33　智能视频监控系统体算法流程

## 7.5.2　异常行为检测系统接口设计与实现

高内聚、低耦合是程序接口设计应该遵循的一个基本原则，下面以运动目标检测和运动目标跟踪两个模块为例进行接口设计。

1. 运动目标检测

这里利用 PCA-Codebook 模型进行运动目标检测的接口设计，如图 7.34 所示。

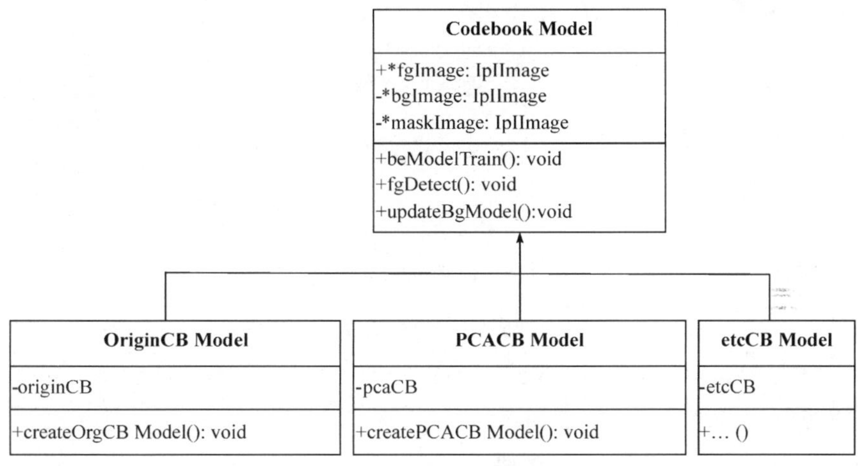


图 7.34　运动目标检测接口设计

图 7.34 中，CodebookModel 作为基类，由每一个具体的改进算法继承，接口的定义如下。

(1) bgModelTrain()：实现对背景模型的训练。

(2) fgDetect()：对视频帧逐帧运动检测，生成二值图像。

(3) updateBgModel()：对背景模型进行更新，以适应场景的变化情况。

2. 运动目标跟踪

目标跟踪实际上就是确定每帧中各目标位置的过程，目标跟踪模块中目标特征的定义以及部分接口定义如图 7.35 所示，核心接口主要包括计算颜色直方图、颜色直方图归一化、比较颜色直方图相似度、归一化权重、比较粒子权重、粒子重采样等。

### 7.5.3　异常行为检测系统设计与实现

异常行为检测软件对硬件的需求比较低，目前市场的个人计算机都可以满足其软件运行需求（表 7.2）。

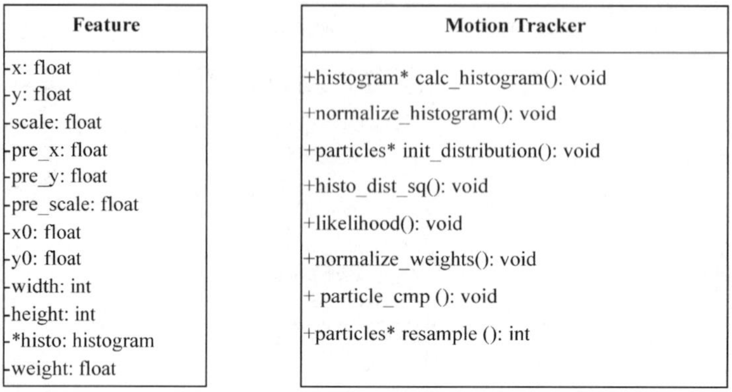

| Feature |
| --- |
| -x: float<br>-y: float<br>-scale: float<br>-pre_x: float<br>-pre_y: float<br>-pre_scale: float<br>-x0: float<br>-y0: float<br>-width: int<br>-height: int<br>-*histo: histogram<br>-weight: float |

| Motion Tracker |
| --- |
| +histogram* calc_histogram(): void<br>+normalize_histogram(): void<br>+particles* init_distribution(): void<br>+histo_dist_sq(): void<br>+likelihood(): void<br>+normalize_weights(): void<br>+ particle_cmp (): void<br>+particles* resample (): int |

图 7.35　目标跟踪模块接口设计

**表 7.2　异常行为检测软件开发环境**

| | |
| --- | --- |
| 软件开发的硬件环境 | DualCore AMD Athlon 5000B 处理器，HP Compaq dx2355 台式机，内存 2G |
| 开发平台 | Windows XP/Windows 10 |
| 开发工具 | Microsoft Visual Studio 2010，OpenCV 2.4.9，GSL1.8 |
| 开发语言 | Visual C/C++ |
| 软件平台 | 软件支持操作系统：Windows XP/Windows 10，用户计算机需要安装 OpenCV 2.4.9 开发包 |
| 软件运行最低配置 | 处理器 i3 1.40GHz，1G DDR RAM，60GB Disk |
| 软件运行的硬件环境 | CPU 500Hz 以上，内存 128M 以上 |
| 软件运行环境 | Windows XP/Windows 10 |

软件的主界面如图 7.36 所示，分为视频播放窗口、阈值调整窗口、过滤框设置窗口、状态设置窗口、警戒区域设置窗口，阈值调整窗口主要对检测阈值进行调整调整，通过过滤框设置可以过滤检测结果中的干扰噪声，警戒区域设置可以选择警戒线或者任意多边形，通过状态设置对检测目的和效果进行设定。视频播放中可以单击暂停按键，视频播放窗口会显示两个小的窗口分别是前景检测结果和阴影去除、轮廓优化后的检测结果，通过滑动阈值调整滑块可以对前景检测效果进行优化。

图 7.37 为系统进行运动异常行为检测的实验结果，其中主要有画正方向、显示轨迹等功能。

图 7.38 为系统进行人体动作异常检测的结果，当检测区域中的行人出现跌倒、蹲下、伸开双臂等异常动作时，系统会将检测窗口变为白色以示警告。

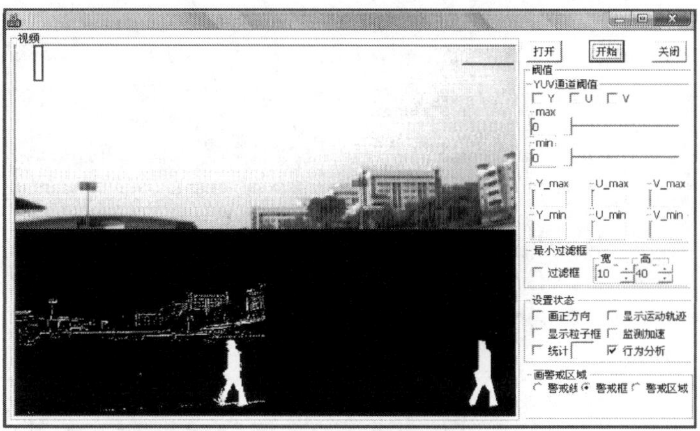


图 7.36　异常行为检测系统界面

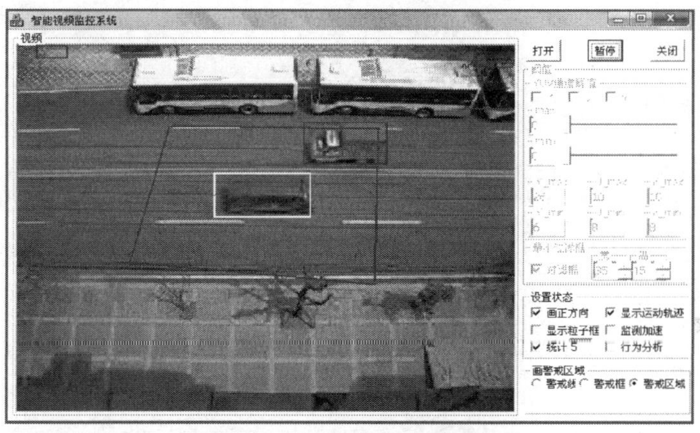


图 7.37　运动异常行为检测

图 7.38　人体行为异常检测

## 7.6 本章小结

本章主要研究了基于改进的 Codebook 背景建模和粒子滤波算法的异常行为检测系统，设计并实现了判别运动目标异常行为的方法，主要包括运动目标的越线、穿越虚拟墙、逆向运动、加速奔跑、跌倒、徘徊等异常行为检测，实验结果和仿真数据都表明了本章设计的异常行为检测算法具有较高的准确性，此外，关于异常行为特征的判别还可以进一步研究和改进。

### 参考文献

[1] Qu L. Research on Activity Analysis and Semantic Retrieval in Distributed Intelligent Visual Surveillance System[D]. Hangzhou:Zhejiang University,2008.

[2] 董坤. 视频监控中运动人体检测与异常行为分析研究[D]. 南京：南京邮电大学硕士学位论文，2013.

[3] 关兴. 智能监控中运动目标的行为探测跟踪算法研究[D]. 重庆：重庆邮电大学硕士学位论文，2013.

[4] 瞿中，张宁. 运动目标轨迹网格化分析与徘徊行为检测研究[J]. 微电子学与计算机，2014，31(4)：60-67.

[5] Zin T T, Tin P, Toriu T, et al. A Markov random walk model for loitering people detection [C]//The Sixth International Conference on Intelligent Information Hiding and Multimedia Signal Processing, Darmstadt, 2010:680-683.

[6] 张宁. 视频序列图像中目标徘徊检测算法研究[D]. 重庆：重庆邮电大学硕士学位论文，2014.

[7] 张起贵. 基于视频序列的徘徊检测跟踪算法的研究与实现[D]. 太原：太原理工大学硕士学位论文，2011.

[8] 张一. 智能视频监控中的目标识别与异常行为建模分析[D]. 上海：上海交通大学博士学位论文，2009.

[9] Poppe R W, Poel M. Example-based pose estimation in monocular images using compact fourier descriptors [J]. Centre for Telematics and Information Technology, University of Twente, Enschede, 2005, 68(3):647-651.

[10] 张庆庆. 智能监控系统中的异常行为检测研究[D]. 重庆：重庆邮电大学硕士学位论文，2012.

# 索　　引

# 彩　　图

(a) 原始彩色图像

图 2.1　利用分量法得到的灰度图像

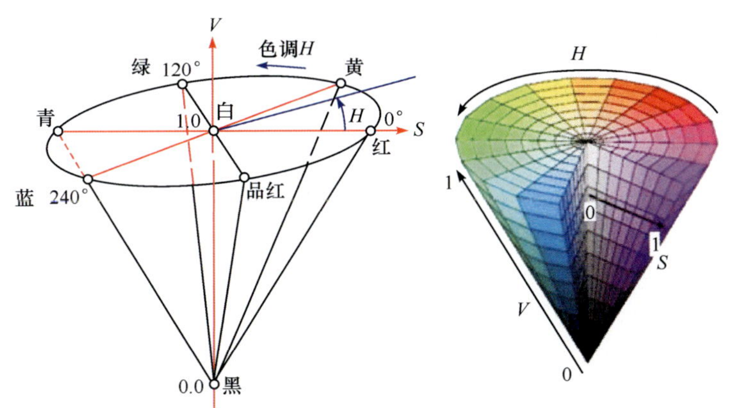


图 2.18　HSV 颜色模型

图 2.46　粒子滤波跟踪结果

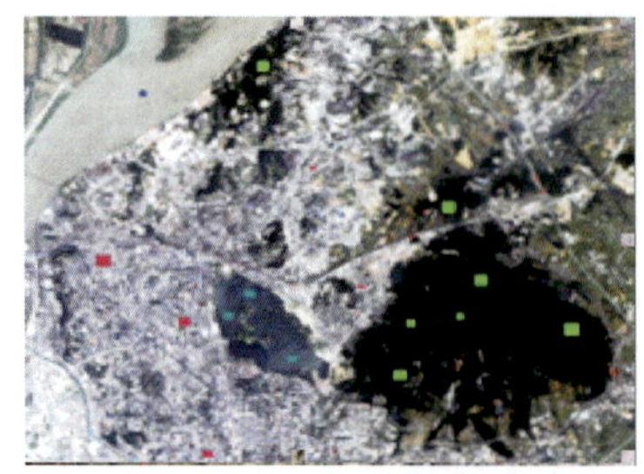

(a) 原始卫星图像

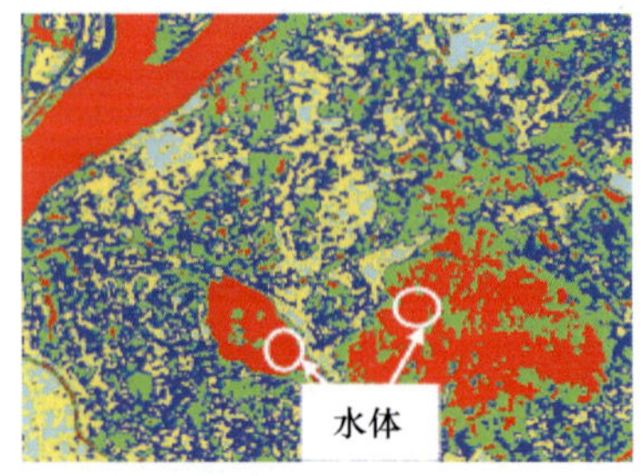


(b) K-means聚类后得到的伪彩色图像

图 3.8 迭代后的卫星图像聚类结果

(b) K-means聚类后伪彩色图像

图 3.10 迭代后的人物图像聚类结果

(b) K-means聚类后伪彩色图像

(c) 提取目标到新背景后结果

图 3.11 存在阴影干扰情况下原始 K-means 算法处理结果

(b) K-means聚类后伪彩色图像

(c) 提取目标到新背景后的结果

图 3.12 存在阴影干扰情况下改进 K-means 聚类算法处理结果

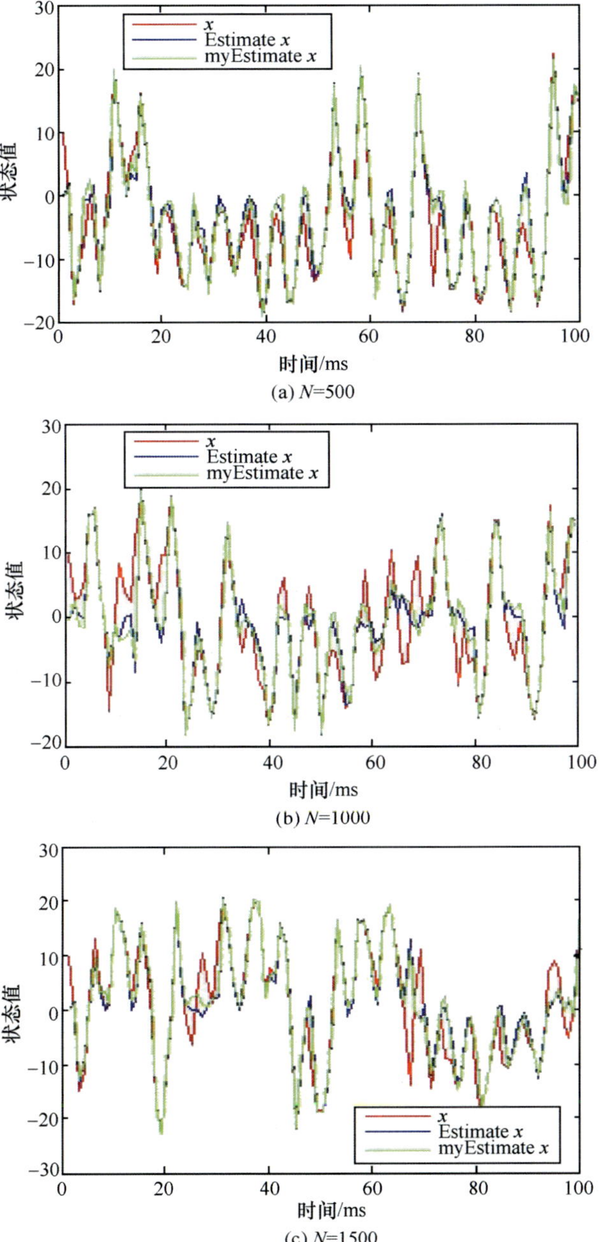


(a) $N$=500

(b) $N$=1000

(c) $N$=1500

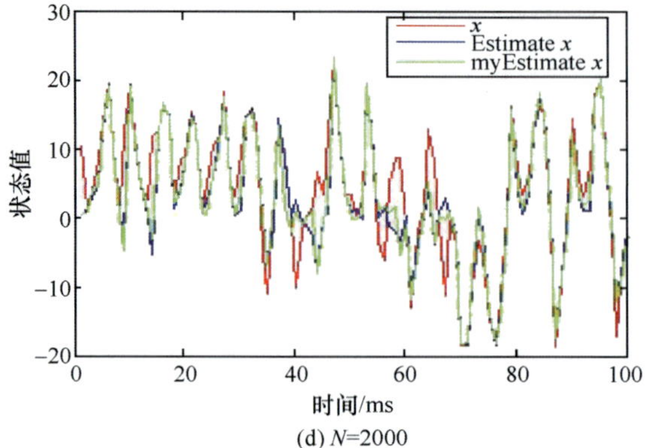

(d) $N$=2000

图 5.28　改进剩余重采样算法前后的状态估计值

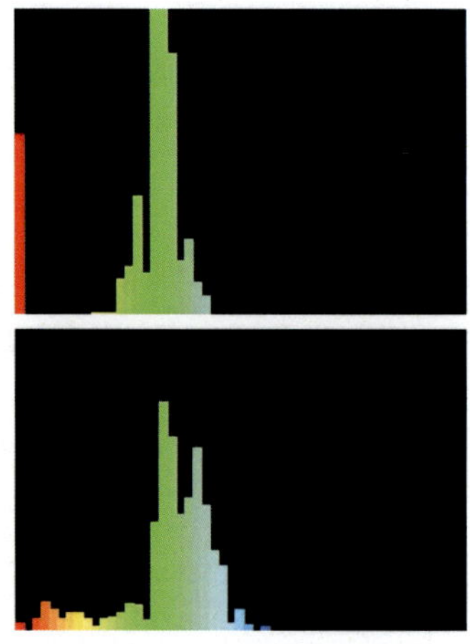
(b) 目标颜色直方图

图 6.17　关键帧及其颜色直方图

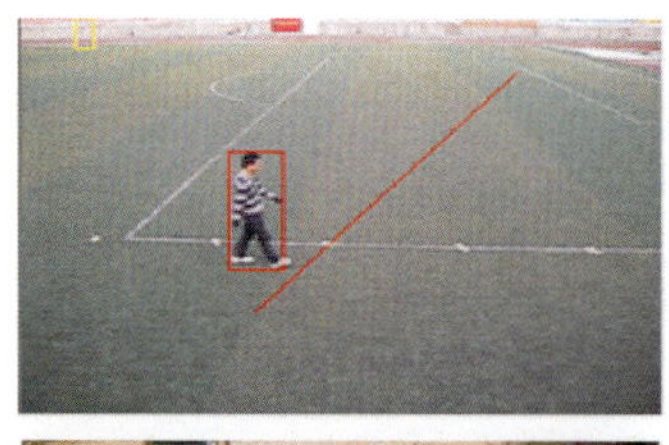

(a) 运动目标未越线

(b) 运动目标越线

图 7.22　运动目标越线检测